图说中华水文化丛书

图说中华水崇拜

◎ 向柏松 著

中国水利水电出版社
www.waterpub.com.cn

《中华水文化书系》编纂工作领导小组

顾　问：张印忠　中国职工思想政治工作研究会会长
　　　　　　　　中华水文化专家委员会主任委员
组　长：周学文　水利部党组成员、总规划师
成　员：陈茂山　水利部办公厅巡视员
　　　　孙高振　水利部人事司副司长
　　　　刘学钊　水利部直属机关党委常务副书记
　　　　　　　　水利部精神文明建设指导委员会办公室主任
　　　　袁建军　水利部精神文明建设指导委员会办公室副主任
　　　　陈梦晖　水利部新闻宣传中心副主任
　　　　曹志祥　教育部基础教育课程教材发展中心副主任
　　　　汤鑫华　中国水利水电出版社社长兼党委书记
　　　　朱海风　华北水利水电大学党委书记
　　　　王　凯　南京市水利局巡视员
　　　　张　焱　中国水利报社副社长
　　　　王　星　中华水文化专家委员会副主任委员
　　　　王经国　中华水文化专家委员会副主任委员
　　　　靳怀堵　水利部海委漳卫南运河管理局副局长
　　　　　　　　中华水文化专家委员会副主任委员
　　　　符宁平　浙江水利水电学院党委书记

领导小组下设办公室
　　主　任：胡昌支
　　成　员：李　亮　淡智慧　周　媛　杨　薇　李晔韬　王艳燕　刘佳宜

《中华水文化书系》包括以下丛书：

《水文化教育读本丛书》
《图说中华水文化丛书》
《中华水文化专题丛书》

《图说中华水文化丛书》编委会

主　任：周金辉
副主任：李　亮
委　员：（按姓氏笔画排序）
　　　　王英华　王瑞平　吕　娟　朱海风　任　红
　　　　向柏松　李红光　武善彩　贾兵强　靳怀堾

丛书主编：靳怀堾
丛书副主编：朱海风　吕　娟

《图说中华水崇拜》编写人员

向柏松　著
靳怀堾　主审

责任编辑：李　亮　LeeL@waterpub.com.cn
文字编辑：张炜琰
美术编辑：李　菲
插图创作：北京智煜文化传媒有限公司
插图配置：李　亮

丛书各分册编写人员

《图说治水与中华文明》　贾兵强　朱晓鸿　著／靳怀堾　主审
《图说古代水利工程》　王英华　杜龙江　邓俊　著／吕娟　主审
《图说水利名人》　任红　陈陆　刘春田　等　著／程晓陶　主审
《图说水与文学艺术》　朱海风　张艳斌　史月梅　著／李宗新　主审
《图说水与风俗礼仪》　史鸿文　王瑞平　陈超　编著／李宗新　主审
《图说水与衣食住行》　李红光　马凯　程麟　刘经体　编著／吕娟　主审
《图说中华水崇拜》　向柏松　著／靳怀堾　主审
《图说水与战争》　武善彩　欧阳金芳　著／朱海风　主审
《图说诸子论水》　靳怀堾　著／赵新　主审

弘扬先进水文化
推进治水兴水千秋伟业
——《中华水文化书系》总序

水是人类文明的源泉。我国是一个具有悠久治水传统的国家，在长期实践中，中华民族创造了巨大的物质和精神财富，形成了独特而丰富的水文化。这是中华文化和民族精神的重要组成，也是引领和推动水利事业发展的重要力量。面对当前波澜壮阔的水利改革发展实践，积极顺应时代发展要求和人民群众期盼，大力推进水文化建设，努力创造无愧于时代的先进水文化，既是一项紧迫工作，也是一项长期任务。

水利部党组高度重视水文化建设，近年来坚持从水利工作全局出发谋划水文化发展战略，着力把水文化建设与水利建设紧密结合起来，与培育发展水利行业文化紧密结合起来，与群众性宣传教育活动紧密结合起来，明确发展重点、搭建有效平台、突出行业特色，有力发挥了水文化对水利改革发展的支撑和保障作用。特别是2011年水利部出台《水文化建设规划纲要(2011—2020年)》，明确了新时期水文化建设的指导思想、基本原则和目标任务，勾画了进一步推动水文化繁荣发展的宏伟蓝图。

水文化建设是一项社会系统工程，落实好规划纲要各项部署要求，必须统筹协调各方力量，充分发挥各方优势，广泛汇聚各方智慧，形成共谋文化发展、共建文化兴水的强大合力。为抓紧落实规划纲要明确的编纂水文化丛书、开展水文化教育等任务，中国水利水电出版社在深入调研论证基础上，于2012年组织策划"中华水文化书系"大型图书出版选题，并获得了财政部资助。为推动项目顺利实施，水利部专门成立《中华水文化书系》编纂工作领导小组，启动了编纂工作。在编纂工作领导小组的组织领导下，在各有关部门和单位的鼎力支持下，在所有参与编纂人员的共同努力下，经过历时一年的艰辛付出，《中华水文化书系》终于编纂完成并即将付梓。

《中华水文化书系》包括《水文化教育读本丛书》《图说中华水文化丛书》《中华水文化专题丛书》三套丛书及相应的数字化产品，总计有26个分册，约720万字。《水文化教育读本丛书》分别面向小学、中学、大学、研究生和水利职工及社会大众等不同层面读者群，《图说中华水文化丛书》采用图文并茂形式对水文化知识进行了全面梳理，《中华水文化专题丛书》从理论层面分专题对传统水文化进行了深刻解读。三套丛书既有思想性、理论性、学术性，又兼顾了基础性、普及性、可读性，各自特色鲜明又在内容上相互补充，共同构成了较为系统的水文化理论研究体系、涵盖大中小学的水文化教材体系和普及社会公众的水文化知识传播体系。《中华水文化书系》作为水利部牵头组织实施的一项大型图书出版项目，是动员社会各界人士总结梳理、开发利用中华水文化成果的一次有益尝试，是水文化领域一项具有开创意义的基础性战略性工程。它的出版问世是水文化建设结出的丰硕成果，必将有力推动水文化教育走进学校课堂、水文化传播深入社会大众、水文化研究迈向更高层次，对促进水文化发展繁荣具有十分重要的意义。

文化是民族的血脉和灵魂。习近平总书记明确指出："一个国家、一个民族的强盛，总是以文化兴盛为支撑的，中华民族伟大复兴需要以中华文化发展繁荣为条件。"水文化建设是社会主义文化建设的重要组成部分，大力加强水文化建设，关系社会主义文化大发展大繁荣，关系治水兴水千秋伟业。我们要以《中华水文化书系》出版为契机，紧紧围绕建设社会主义文化强国、推动水利改革发展新跨越，认真践行"节水优先、空间均衡、系统治理、两手发力"新时期水利工作方针，不断加大水文化研究发掘和传播普及力度，继承弘扬优秀传统水文化，创新发展现代特色水文化，努力推出更多高质量、高品位、高水平的水文化产品，充分发挥先进水文化的教育启迪和激励凝聚功能，进一步深化和汇集全社会治水兴水共识，奋力谱写水利改革发展新篇章，为实现"两个一百年"奋斗目标和中华民族伟大复兴的中国梦提供更加坚实的水利支撑和保障。

是为序。

2014 年 12 月 28 日

《图说中华水文化丛书》序

古人说："水者，何也，万物之本原也，诸生之宗室也"（《管子》）；"太一生水。水反辅太一，是以成天。天反辅太一，是以成地"（《太一生水》）。又说："上善若水。水善利万物而不争，处众人之所恶，故几于道"（《老子·八章》）；"知者乐水，仁者乐山"（《论语·雍也》）。

水，是我们人类居住的地球上分布最广的一种物质，浮天载地，高高下下，无处不在。水是生命之源，是包括人类在内的万千生物赖以生存的物质基础。现代人经常仰望星空，不断叩问"哪个星球上有水？"因为有水的地方才会有生命的存在。"水生民，民生文，文生万象"。水养育了人类，它给万民带来的恩惠远远超过世间其他万物；同时，人类作为大自然的骄子，不但繁衍生息须臾离不开水，创造文化更少不了水的滋润和哺育。

文化者，人文教化之谓也，民族灵魂之光也。中华文明是地球上最古老、最灿烂的文明之一。中华本土文化源远流长，博大精深。考察中华民族文化的发展史，不难发现，水与我们这个民族文化的孕育、发展关系实在是太密切了，中华文化中的许多方面都有水文化的光芒在闪耀。比如，人们习惯把黄河称为中华民族的母亲河和中华文明的摇篮，在一定意义上道出了中华文化与水之关系的真谛。

水文化是一个非常古老而十分新颖的文化形态。说它非常古老，是因为自从在我们这个星球上有了人类的活动，有了人类与水打交道的"第一次"，就有了水文化；说它十分新颖，是因为在我国把水文化作为一种相对独立的文化形态提出来进行研究，是20世纪80年代末以后的事。

那么，何谓水文化呢？

水文化是指人类在劳动创造和繁衍生息过程中与水发生关系所生成的各种文化现象的总和，是民族文化以水为载体的文化集合体。而人水关系不但伴随着人类发展的始终，而且几乎涉及社会生活的各个方面，举凡经济、政治、科学、文学、艺术、宗教、民俗、体育、军事等各个领域，无不蕴含着丰富的水文化因子，因而水文化具有深厚的内涵和广阔的外延。

需要指出的是，文化是人类社会实践的产物，人是创造文化的主体。而水作为一种自然资源，自身并不能生成文化，只有当人类的生产生活与水发生了关系，人类有了利用水、治理水、节约水、保护水以及亲近水、观赏水等方面的活动，有了对水的认识和思考，才会产生文化。同时，水作为一种载体，通过打上人文的烙印即"人化"，可以构成十分丰富的文化资源，包括物质的——经过人工打造的水环境、水工程、水工具等；制度的——人们对水的利用、开发、治理、配置（分配）、节约、保护以及协调水与经济社会发展关系过程中所形成的法律法规、规程规范以及组织形态、管理体制、运行机制等；精神的——人类在与水打交道过程中创造的非物质性财富，包括水科学、水哲学、水文艺、水宗教等。与此同时，这些在人水关系中产生的特色鲜明、张力十足的文化成果，反过来又起到"化人"的作用——通过不断汲取水文化的养分，能滋润我们的心灵世界，培育我们"若水向善""乐水进取"等方面的品格和情怀。

随着物质生活水平的大幅度提高，人们对精神文化的追求越来越强烈。水文化作为中华文化的重要组成部分，如何使之从神秘的殿堂中走出来，让广大民众了解和认知，也就成了一个大的问题。目前，水文化还是个方兴未艾的学科，有关理论和实践方面的书籍虽说也能摆一两个书柜，但大多因为表达过于"专业"，不太适应大众的口味和需求。有道是，曲高和寡。就水文化而言，深入深出，只有少数专家学者能消费得起，而大多数人则望而却步，敬而远之，更遑论"家喻户晓，人人皆知"了。

但用什么方式把水文化表达出来，让"圈外人"都能看懂、理解，当然，如能在懂得、感悟的基础上会心一笑，那是再好不过了。思来想去，还是深入浅出最好，但如何走出水文化高高在上的"象牙塔"，做到平易亲和，生动活泼，让广大读者乐于接受呢？这需要智慧，需要创意。

好在中国水利水电出版社匠心独运，诸位编辑在思维碰撞、智慧对接中策划出"图说"——这种读者喜闻乐见的方式，来讲述人与水的故事；继而经过多位水文化学者和绘画专家的经之营之、辛勤耕耘，终于有了这套《图说中华水文化丛书》。要说明的是，尽管这套丛书有九册之多，但在水文化的宏大体系中，不过是冰山一角，管中窥豹。

在设计这套丛书的编写内容时，一方面，我们注意选择了水与人们生产生活关系最密切的命题，如衣食住行中的水文化、文学艺术中的水文化等，力求展示人水关系的丰富性和广泛性；另一方面，也选取了一些"形而上"的命题，如先秦诸子论水、治水与中华文明、中华水崇拜等，力求挖掘人水关系的深刻性和厚重性。在表达方式上，我们力求用通俗易懂的语言讲述人水关系的故事，强调知识性、趣味性、可读性的有机融合。至于书中的一幅幅精美的图画，则是为了让图片和文字相互陪衬，使内容更加生动形象，引人入胜，从而为读者打开一扇展现水文化风采和魅力的窗口。

虽然我们就丛书编纂中的体例、风格、表述方式等有关问题进行了反复讨论，达成了共识，并力求"步调一致"，落到实处，但因整套丛书由多位作者完成，每个人的学养、文风和表达习惯不同，加之编写的时间比较仓促，不尽如人意的地方在所难免，敬请读者批评指正。

靳怀堾

2014年12月16日

溯千年文化之源
解古老崇拜之谜
——前言

水是万物之源。

水是农业的命脉。

水崇拜作为一种植根于农业社会生活土壤中的自然宗教，在中国这个以农业为本的国度里，延续了数千年，涉及到政治、经济、文艺、哲学、宗教、民俗等多种领域，影响甚广。

由水与生命、农作物生长的密切联系而产生的对水的种种神秘力量的崇拜，渗透到中国百姓生活的各个方面、各个角落，形成了与水有关的种种民俗事象。如诞生礼俗中的洗三、送水礼、冷水浴婴；婚俗中的泼水、喷床、喝子茶；葬俗中的浴尸、洗骨葬；节俗中的洗澡节、沐浴节、泼水节；巫俗中的符水禁咒等，不胜枚举。

人们由对水的神灵化幻想，创造出难以计数的司水神灵，形成庞大繁杂的水神家族。这些水神神灵以木雕、泥塑、图纹、物象等形式显现于世，又以绚丽浪漫的神话传说而传之久远。其中，既有体现中华民族勤劳勇敢、公而忘私的优秀品质的治水英雄水神大禹，也有屡为洪患、人人唾弃的水怪无支祁；既有金刚怒目的雷神，又有凄婉哀怨的汉江二妃；既有索取财色、贪婪自私的河伯，又有朝云暮雨、爱洒人间的巫山神女。凡此种种，展现出一派形形色色的人间世态。

中国水神的大家族既有杂乱无绪的一面，又有趋向整合、整饬的一面，由众多动物组合而成的龙神即是这种整合、整饬的产物。龙包含了一切水神的根本含义——司水——降雨止雨，概括综合了多类水神的形态特征，因而成为中国水神的象征符号，具有指代泛称一切水神（包括动物水神、半人半兽水神、气象水神、人物水神等）的功能。这种高度的概括性使龙神成为在中国最具影响力的水神神灵。在漫长的传承演变过程中，龙神对中国的历史与文化产生了深远而广泛的影响，以至于成为中国的象征、成为炎黄子孙共同崇拜的具有始祖性质的神灵。

历史的鲜活已经凝结，然而透过那些有关历朝历代频繁举行的祈雨活动与花样翻新的祈雨仪式的记载，我们仍能感受到古人——上至天子，下至黎民百姓，对诸种水神狂热崇拜的宗教激情。一代君主商汤，因七年大旱、颗粒无收，不得不亲自行桑林之祈，以引咎自责、积薪自焚来感动水神降雨。他面向苍天喟然长叹："余一人有罪，无及万夫。万夫有罪，在余一人。无以一人之不敏，使上帝鬼神伤民之命。"这苍凉的声音，至今仍使人感受到其慷慨悲壮的宗教情怀。

中国历史上有不少著名的文学家为官一方，在主持本辖区的祈雨活动时，他们写下了不少祈雨文、祈雨诗、祈雨词。如东晋曹毗的《请雨文》、唐代柳宗元的《雷塘祷雨文》、李商隐的《郑州祷雨文》、司空图的《移雨师文》、宋代曾巩的《福州鳝溪祷雨文》、苏轼的《中大乙宫祈雨青词》等。这些祈雨诗词文，大都向天地山川诸多水神诉说旱情严峻、庄稼枯焦、危及民众生存等情形，并祈请神灵怜悯天下苍生、及时降雨的内容，充满了悲天悯人的人文精神和对水神诚惶诚恐、虔敬信仰的情绪。

兹录苏轼《祷雨社稷诗》，以见一斑：

噫，我侯社，我民所恃，祭于北墉。答阴之义，阳亢不返，自春徂秋，迄冬不雨，嗣岁之忧，吏民嗷嗷，谨以病告，赐之雨雪，民敢无报！

神食于社，盖数千年，更历圣主，讫莫能迁，源深流远，爱民宜厚，雨不时应，亦神之疲，社稷惟神，我神惟人，去我不远，宜轸我民。

农民所病，春夏之际，旧谷告穷，新谷未穑，其间有麦，如瞩得凉，如行千里，驰担得浆，今神何心，悭此雨雪，敢求其他，尚悯此麦。

惟神之生，稼穑是力，勤身为神，尚莫顾息，矧今在天，与天同功，召呼风云，孰敢不从。岂惟农田，井竭无水，我求于神，亦云亟矣。

祈祷者以诗歌形式，祈请司水神灵降雨，既责备神灵，也诉说苦衷，情理水乳交融，且一咏三叹，理彰情浓。目的在于惊风雨、泣鬼神，却也感人至深。

民间举行的盛大祈雨活动，则另有一番激动人心的热烈景象。男女老幼会聚巡游，万人空巷。人们拥着水神（多半为龙）浩浩荡荡走向祭祀场所。一路上锣鼓喧天，要求降雨的口号声、哭喊声此起彼伏。巫师一边走，一边用柳枝蘸水，沿途拂洒，口中念念有词。其场面声势浩大，十分壮观。

建立在水的多种物质与精神功能基础上的水崇拜，还引发了不少先贤哲人关于水的哲理思考：

管子说："水者，何也？万物之本原，诸生之宗室也。"

孔子说："逝者如斯夫，不舍昼夜。"又说："智者乐水，仁者乐山。"

孟子说："源泉混混不舍昼夜，盈科而后进，放乎四海，有本者如是，是之取尔。"

老子说："上善若水，水善利万物而不争，处众人之所恶，故几于道。"

庄子说："水静则明，浊则混。水静犹明，而况精神圣人之心静乎？"

在这些充满智慧的言谈中，水已不仅仅是说明事理的喻体，而是成为了人性的象征，具有生命。

水崇拜所包含的水或水汽生人、生天地万物的原始生命观，是多种涉及生命现象的理论源头。"气"的思想、"天人合一"的思想、道教的宇宙观、风水"聚气"的理论等，无不与此源头有着极深的渊源。

图说中华水崇拜，能打开一扇探寻中国传统文化奥秘的窗口。

向柏松

2015 年 1 月

目录

弘扬先进水文化 推进治水兴水千秋伟业——《中华水文化书系》总序
《图说中华水文化丛书》序
溯千年文化之源 解古老崇拜之谜——前言

1 第一章 水与水崇拜
2 水崇拜的产生
4 何为水崇拜

7 第二章 水崇拜的原始意义
8 祈雨求丰年
10 祈求生殖繁衍

23 第三章 水生型神话
24 原始水生神话
27 再生水生神话

33 第四章 水崇拜文化内涵的演变
34 祈雨求丰年内涵的演变
42 祈生殖繁衍内涵的演变

49 第五章 水崇拜的原始对象
50 史前文化遗迹与典籍记载
52 民众中的活态传承

57 第六章 河川水神
58 黄河河神
61 洛水女神
63 湘水水神
65 洞庭水神
66 济水水神
68 长江诸水神
69 淮河水神
72 江西水神
75 运河水神
76 四海海神

83 第七章 动物水神	**105 第八章 气象水神**	**145 第十章 人物水神**
84 鱼与鱼神	106 雨与雨神	146 黄帝
87 蛇与蛇神	107 云与云神	148 蚩尤
89 猪与猪神	110 虹与虹神	150 共工
91 蛙与蛙神	115 风与风神	155 羿
94 牛与牛神	121 雷与雷神	158 夸父
99 半人半兽水神	124 闪电与闪电神	162 女娲
		164 大禹
	127 第九章 龙——水神动物的组合	168 李冰父子
	128 龙的组合对象——水神动物	172 屈原
	138 龙的组合历程	

177　第十一章　兼职司水神灵
178　山神与司雨水
183　石神与司雨水

191　第十二章　水崇拜的仪式
192　巫术祈雨仪式

209　第十三章　水崇拜与古代政治
210　祭祀祈雨（止雨）是重要的政事活动
213　编造水神神话为神权政治服务
216　水情与政治兴衰的联系

223　第十四章　水崇拜与道教
224　水崇拜生命观与道教的宇宙观、长生不死观念
229　水崇拜的水神信仰与道教的神仙谱系
233　水崇拜信仰、仪式与道教的法术、仪式

239　第十五章　水崇拜与风水
240　从风水的"聚气"说起
242　气的原型与水崇拜
243　风水之法，得水为上
248　寻龙问砂为聚气

252　参考文献
254　后记

第一章 水与水崇拜

水崇拜的产生

人类为什么会产生对水的崇拜？这首先在于水对人类的生存有着巨大影响，水与人类的生存息息相关，水带给人类的祸福远远超过了其他一切自然物，因而成为人类最早产生并延续最久远的自然崇拜之一。

人的生命须臾不可缺水，我们的远古祖先大都傍水而居，以便汲水，因此具有悠久历史的村落、城镇大都靠近水源。水能促使植物，尤其是农作物生长，带给人类维持生存的生活资料。人类在以采集植物为生的原始社会早期，就体验到了雨水与植物生长之间的关系：只有雨水充沛，植物才能旺盛生长，人们才能采集到植物的较多的叶、茎、果实和根块。进入农耕时代后，原始农业的丰收几乎完全建立在风调雨顺的基础上，人类恳切希望获得充沛适量的雨水。水又能带给人类舟楫之便。一切能通航的水域都为人类提供了最为经济、实惠、简便的交通条件，是人类最早的物资交流、文化传播的天然渠道。水中又生存着无以数计的动物和植物，直接为人类提供了取之不竭、用之不尽的生活资料。水带给人类的利益是多方面的和至关重要的。但同时，水也带给人类无穷无尽的灾害。大雨滂沱，山洪暴发，江河四溢，洪水滔天，毁坏房屋，淹没庄稼，吞噬人畜，带给人类以毁灭性的灾难。我国西南地区至今仍广为流传的洪水神话，就保留了人类对洪水的恐惧记忆——久旱不雨，河溪干涸，大

共工，是中国古代神话中的水神，掌握洪水

地龟裂,庄稼枯死,颗粒无收,人们面临着饥饿与死亡。总之,水带给人类的祸福,导致了人类对水的依赖与恐惧,从而产生了对水的崇拜。

由于中国上下几千年一直处于农耕经济社会,农业对于水的过分倚重,又使得中国人对水的崇拜有增无减,而且愈演愈烈。因此,与农业社会相适应的功利性目的,又成为水崇拜在中国延续发展、长久不衰的主要动因。

水崇拜的产生,还有一个决定性的条件,那就是首先必须将水神灵化、人格化。

水的人格化,是视水与人同"性",即认为水也具有与人相同或相似的思想、感情、意欲、行为等。毫无疑问,一切自然崇拜的自然物,都是被视为与人同性的。因为"驱使人去崇拜某个对象的那种感情,显然是以这个观念为前提:即人认为对象并不是对这种崇拜无动于衷的,它有感情,它有一颗心,而且有一颗感知人类事务的心"。❶水的神灵化,就是赋予水以超自然的幻想的力量,由此,便产生了水灵、水神。

东晋顾恺之《洛神赋图》局部。洛神,又名宓妃,是汉族神话中的女神,伏羲氏之女,因迷恋洛河两岸美景而降临人间,她教会当地部落结网捕鱼等多种生存技巧

水灵,即水之灵魂。水灵有人的性格,但没有具体的形象,它总是与水体或水体的各种变化形式相联系,如江、河、湖、海、溪、井、泉、云、雨、虹等。它是一种模糊不清、"稀薄细微"的物体,是幻想中的超自然力的存在。所以在直观形式上对水灵的崇拜,往往表现为对水体的直接崇拜,即直接对水体祭祀祈求。

水神,是由水灵发展而来,有具体的形象。水神主要有动物水神与人物水神。动物水神,大多数取自实际存在的动物。这些动物多半是水生动物或与雨水有着某种联系的动物,所以被奉为掌管雨与水的水神。也有幻想的动物,但也是根据实有动物幻想出来的,如龙神。人物水神多半是由动物水神演化而来。那些半人半兽的水神,即反映了

---

❶《费尔巴哈哲学著作选集》下卷,三联书店1962年出版,第679—680页。

这种演化的痕迹。当然，有些人物水神则直接取自神话传说与历史中的人物，但仍与动物水神有着密切的联系。

水灵、水神，这两种不同层次的水崇拜对象，都是水的人格化与神灵化相结合的产物。

何为水崇拜

在中国，由于历史悠久，地域广大，民族众多，水崇拜呈现出纷繁复杂、多姿多彩的状况。因而，为其划分一个基本的范围很有必要。从最宽泛的角度而言，水崇拜的范围应包括两个层面的内容：第一层面，对水的种种神秘力量的崇拜。水的神秘力量有最初的含义和引申的含义之分。第二层面，对掌管水与雨的神灵的崇拜。人们对这些神灵施行仪式，祈求赐予雨水及其神秘的力量或消除雨水。第二层面内容是在第一层面内容的基础上产生和发展起来的，人们只有对水的神秘力量产生了崇拜，才有可能创造出司水的神灵。根据对水崇拜范围的界定，我们可以进一步分析水崇拜的构成元素。水崇拜作为一种文化现象，主要是由下列文化元素构成的：

水崇拜的对象。最初的对象是水灵，即无生命的自然物，其中主要是水体以及与雨水有关的自然现象。水灵崇拜后来发展为水神崇拜。此外，其他自然崇拜、动物崇拜中的对象由于兼有了司雨水功能，也可视为水崇拜的对象。

水崇拜的意义。水崇拜的意义即人们崇拜水的功利性目的。水崇拜的功利性目的多种多样，丰富多彩，这是人们不断扩大水的神秘力量、水神的神性，增加水神的神职所致。但水崇拜最原始最基本的功利性目的却只有两个：祈雨求丰年与祈求生殖繁衍。其一，祈求适时、适量的雨水，使农作物茁壮生长，以获得五谷丰收；其二，祈求人类自身的繁殖。这与先民相信水生人、生万物的观念有关。先民们以各种仪式向水祈求生命的力量，以获得人类自身的繁衍。祈雨求丰年，祈生育求繁殖，是最初的人类的基本要求，因而是水崇拜最原始的意义。

水崇拜的仪式。仪式是自然崇拜的外在表现，是人类祈求崇拜对象的主要形式。中国各民族历史上的水崇拜仪式极为丰富,且变化多端,花样层出不穷。从历史演变的角度来看,早期的仪式较为简单,后来则渐趋繁杂。从类型的角度来看,主要可分为巫术仪式、祭祀仪式以及巫术与祭祀相结合的仪式。

水崇拜的禁忌。禁忌是人们崇拜神灵的表现。出于对某种神灵的崇拜心理,人们尽量表现出对它的尊重,禁止做有损它的神圣与利益的事。在中国古代,出于对水灵、水神的崇拜,产生了不少有关水的禁忌。如摩梭人崇拜水灵,不能在河里或水潭里洗女人的衣服和小孩的屎尿布,洗涤这类衣物的污水也不能倒进河、潭里,否则会亵渎水之神灵;家有亲人出远门,在家者当天不能将水泼到火塘的铁三脚架上,否则会给路上的亲人带来不吉利,这大概是基于这样的迷信观念:把水泼在火塘中的铁三脚架上,烫伤了水灵,水灵便会在外出者身上施行报复。此外还有:洗过尸体的水不能用脚踩;水烧沸后,要赶快端下,不能继续煮着等。摩梭人还笃信人所常患疾病如化脓、腰折、头痛、腹泻、目赤流泪等都是触犯水灵所致。对水灵的触犯往往表现为砍伐了水源周围的树木,或是在泉水边野合、大小便,使清净的水遭受了污染。由上述可见,有关水的禁忌虽源于人们对水灵的迷信崇拜,却也起到了保护环境和水资源的作用,随着迷信色彩的逐渐消逝,这些禁忌便转化为良好的社会习俗。

水崇拜的神话。水崇拜神话即水生人、水生成天地万物的神话。这些神话使得水崇拜的对象、观念、仪式、禁忌等更为合理、更为神圣。

对水灵的触犯表现包括砍伐了水源周围的树木,这种水崇拜的禁忌转化成了良好的社会习俗

第二章 水崇拜的原始意义

水崇拜的原始意义是与早期人类求生存、求繁衍的基本要求分不开的。为了促成植物尤其是农作物的丰收，获取生存的资料，原始人向掌管雨水的神灵祈求充沛适量的雨水，这便构成了水崇拜的原始意义之一：祈雨求丰年。在原始人看来，水是生命的源泉，为了求得人类自身的繁衍，保障子嗣绵绵瓜瓞，原始人便向水、水之神灵祈求生殖的力量，这便构成了水崇拜的原始意义之二：祈求生殖繁衍。

祈雨求丰年

原始农业的丰收完全建立在风调雨顺的基础上。然而雨水并不能尽如人意适时适量而降，时而多时而少，多则成涝，少则为旱。旱、涝都对农业的收成构成严重的威胁。获得充沛适量的雨水就成了原始人强烈的渴求。而处于生产力水平低下时期的原始人又对降雨的知识知之甚少，以为冥冥之中有一种神秘的力量在操纵雨水，从万物有灵观念出发，这种神秘的力量便被认为是水灵水神所有。所以，原始人遇旱便祈水灵水神降雨，遇涝则祈水灵水神止雨，平时则祈水灵水神带来风调雨顺。由此可见，崇拜水的最基本的意义在于祈求充沛适量的雨水，促使农作物生长、获得丰收。

相关考古资料以及文献资料，都证明了我们的祖先早就认识到了雨水对农作物的生长所起的决定性作用。在距今七千年的河姆渡文化遗址中，发掘出一种称之为骨耜的

晚清民众以芭蕉叶扎制的龙游行祈雨

农具。宋兆麟考证说，这既是翻地农具，又是水利工具。骨耜的制作及使用，说明当时人们十分重视水利对农业生产的作用，已经懂得引水灌溉农田。

殷商时代距原始社会不远，殷商甲骨文应保留了不少原始人的思想意识，其中也应包括原始人的崇拜水意识。甲骨文中，卜雨之辞占了很大比例，而且有些卜雨辞把卜雨与祈丰年直接联系起来，反映了祈雨求丰年的原始意义。

在卜辞中，年与禾为同类，均指谷子或谷类。《说文》中说："年，谷熟也。"又"稔，谷熟也。""年"和"稔"同训谷熟，年是稔的假借字，可作"禾"字解。卜辞中的黍、乘都是粮食作物。上组卜辞表明，卜雨的意义在于获取黍、年、禾、乘等粮食作物的丰收。

《诗经·小雅·信南山》中说：雨水"生我百谷"。

《尸子·君治篇》中说："神农氏理天下，欲雨则雨，五日为行雨，旬为谷雨，旬五日为时雨，正四时之制，万物咸利，故谓之神。"

《左传》中说："如百谷仰膏雨焉。"

《尔雅》中说："甘雨时降，万民以嘉，谓之醴泉。"

《毛诗》中说："以祈甘雨，以介我稷黍，以谷我士女。"

古人对雨水，尤其是顺应农作物的需要而降临的雨水——膏雨、甘雨，十分重视，因为雨水直接关系到农作物的收成，而农作物的收成又直接关系到人的生存。

由此可见，自有农业文明以来，中国人对水的崇拜，就不能不包含祈求适时适量的雨水以求得丰年的含义。祈雨求丰年是水崇拜最古老、延续最久远的原始意义之一。尽管后世水崇拜在内容和形式上都发生了一连串的变异，但这一古老的意义却始终没有消失，因为这一意义始终是与中国几千年的农业经济相适应的。本书的相当一部分篇幅都将证明这一点。

传统年画多子多福反映出先民们祈求繁衍的原始愿望

绵绵瓜瓞以植物象征着族群的生生不息

祈求生殖繁衍

原始先民还向水祈求生殖力量，以使人类自身得以繁衍。祈求人类自身的繁殖，对原始人群来讲，其重要意义不亚于祈求丰年。在生活资料极度匮乏、生存环境十分险恶的情形下，原始先民的寿命非常短暂，因此要维持种族延续，就必须大量繁殖后代。原始先民当然不懂生儿育女的道理，他们只能从"相似律"的思维方式和"万物有灵"的观念出发，根据自然界一些比较直观的生命现象来推测人类自身生殖繁衍的原因，从而对某些自然物产生生殖崇拜。水能使植物发芽、生长、结实，这是原始人观察到的现象。原始人又惯于把人与植物等量齐观，视为同类。一些民族往往把某些植物当作自己的图腾祖先就是明证。人与植物既然属于同类，水能使植物生长，也就能使人生育繁殖了。所以向水祈求生育就成为水崇拜的原始意义之一。后世形形色色的乞子、婚仪等习俗还保留着这种原始意义。

云南永宁纳西族有洗浴、饮水的乞子习俗。久婚不育的妇女，须由巫师、丈夫和伴娘陪同，来到有水的山洞。先是巫师施行巫术，然后乞子妇和伴娘跳入洞中水池洗澡。浴毕，乞子妇还要来到一种叫做"久木鲁"的石头旁喝水。"久木鲁"为乞子石之意，尖端有凹坑，坑内积满了水。巫师将上下穿通的竹管插入水中，让乞子妇嘴含竹管吸饮石坑内的水，吸饮三次方告结束。据说，经过如此洗浴、饮水后的妇女，就能怀孕生育。洗浴、饮水，象征着把水的生殖力量传到妇女身上或注入她的体内，使其受孕、生育，犹如以水浇灌植物，促其生长、结实一样。

古代上巳节，女子们来到河边洗手洗脚，而这个节日的原始意义，便是乞子

古时有在上巳节临河祓禊的活动。《周礼·女巫》中说："女巫掌岁时祓除衅浴。"郑玄注释为上巳习俗："岁时祓除，如今三月上巳，如水上之类，衅浴以香薰草沐浴。"可见周时已将洗浴作为上巳节的基本活动。宋代《太平御览》引西晋成公绥的《洛禊赋》中说："考吉日，简良辰，祓除解禊，同会洛滨，妖童媛女，嬉游河曲，或振纤手，或濯素足。"可见上巳节的洗浴往往只是洗洗手、洗洗脚。洗浴既然是上巳节的主要活动，那么，它所蕴含的意义是什么呢？《后汉书·礼仪志上》中说："是月上巳，官民皆洁于东流水上，曰洗濯祓除，去宿垢痰，为大洁。"此处所说洗浴的目的是为了祓除不祥、去病消灾。此说已非上巳节洗浴的本义，而是魏晋以降的后起之义了。其实，上巳节临水祓禊的原始意义是乞子，这在一些文献中时有披露。《北齐书·窦泰传》中说："泰母梦风雷暴起，……寤而惊汗，遂有娠，期而不产，大惧。有巫曰：'渡河湔裙，产子必易。'"渡河湔裙，就是洗浴祓禊活动。经过河水的洗浴，就能达到顺产的目的。《汉书·外戚传》明确地指出了祓禊的乞子功能："武帝即位，数年无子。平阳主求良家女十余人，饰置家。帝祓霸上，还过平阳主。"《汉书》注引孟康的话说："祓，除，于霸水上自祓除，今三月上巳祓禊也。"武帝为祈子，采用的正是三月上巳祓禊方法。祓禊以洗浴获得生殖力量，体现了水生殖崇拜的意义。

傣族等民族的泼水节，最初也有乞子的意义。傣历新年，盛行泼水习俗，男女老少提着桶、端着盆来到街上，互相泼水。泼水的近现代意义在于表示祝福、消灾除病，然而其原始意义当与祈雨、乞子有关。傣族古歌《十二月》在叙述"泼水节"的来源时，描绘了亚热带旱季逢雨的情景："五月到了，遍地烧起燎原大火，干枯的树枝堆堆拢来，茂密的野草一起割倒。六月下了一场急雨，带来了欢乐的新生命，辽阔的大地啊，正是播种的季节……。"气候炎热，野火遍烧，又正值播种季节，迫切需要雨水，只好祈雨。泼水就是祈雨的一种模拟巫术。在原始巫术中，祈雨与乞子经常相伴相随。泼水节中，

傣族的泼水节，其原始意义与祈雨、乞子有关

有青年男女泼水交际恋爱的活动。男女各方尽情地朝意中人泼水，泼水之后，还要通过丢花包进一步交流感情。由此看来，泼水与抛绣球等民俗活动一样，具有缔结婚姻的功能，而婚姻的目的就是生子。因此，向意中人泼水，潜含有祝对方生殖力强的意义。这从泼水的某些表现形式也可看出：泼水者拉开对方的衣襟，舀起一瓢清水往里倒，让水沿着脊梁流下去——活脱脱是沿着农作物根部浇水动作的再现。

上古有男女在河边相会交际、择偶欢娱的习俗。这种习俗融婚恋与乞子为一体，让两者同步进行，颇有意味。在河边恋爱，边恋爱边乞子，河水就是乞子的对象。《墨子·明鬼》中说："燕之有祖泽，当齐之社稷，宋之桑林，楚之云梦也，此男女之所属而观也。""祖""社""桑林""云梦"都是男女相会欢娱的场所。"云梦"即水边的欢娱场所。《初学记》卷五引《五经通义》中说："郑国有溱洧之水，男女聚会，讴歌相感。"《后汉书·鲜卑传》中说："此春季大会，洗乐水上，饮宴毕，然后婚配。"这些记载都表明，曾经有一种婚配与水有密切关系。《诗经》中有不少篇章描写了这种婚俗。

《郑风·褰裳》中描写女子催促对岸的男子："你如果爱我，就挽起裤脚涉水过溱河"。

溱水、洧水边的恋歌。《郑风·溱洧》描绘了仲春时节青年男女在溱水、洧水边聚会的盛大场面。男女相约赴会，调笑戏谑，互赠芍药，极尽狂欢。《郑风·褰裳》描写一对男女隔河戏谑的场面，女子催促男子涉水过河求爱："你如果爱我，就挽起裤脚涉水过溱河"，"你如果爱我，就挽起裤脚涉水过洧河"。

淇水边的恋歌。《卫风·淇澳》中描写道，在弯弯的淇水边，翠绿的竹林里一位女子爱上了一位穿着华丽的贵族男子。"淇水弯弯处，绿竹长得修长而美丽。有个文采四溢的君子，精美如玉如雕……"《卫风·有狐》写一位贫穷得无衣裤的男子，踽踽独行经过淇水的堰坎口、渡口，岸边这些男女相会的必经之地，寻求配偶。一位女子不嫌他贫穷，向他求爱，并为他的无衣无裤而担忧。《卫风·氓》写一位女子倾诉她不幸的遭遇，有一段回忆当初女子与男子在淇水边见面的情景。那男子嬉皮笑脸，拿男人的布袋来换取女子的丝织品，以交换爱情的信物，女子拒绝了他，送他过了淇水。后来，女子还是嫁给了他，婚后三年却遭遗弃。

汝水边的恋歌。《周南·汝坟》写一女子沿着汝水堤岸行走，等待、寻找自己的爱人，并以砍柴排遣寻不着爱人时的忧愁。歌中唱道："沿着汝水堤岸行走，砍了柴火又剔枝，未等到君子，忧愁如清晨之饥饿。"

汉水边的恋歌。《周南·汉广》是一首失恋者的歌。失恋也在水边。男子在汉水边遇上了游女，倾心爱慕而不可得。汉水游女即汉水水神二妃，原出湘水与洞庭，也出没于长江与汉水。

相传郑交甫也曾于汉水遇上二妃，意欲亲近而遭奚落。看来二妃虽美丽动人，却是可望而不可及。这首诗中的男主人公不是郑交甫之类的轻薄之徒，对汉水游女是真心诚意的思慕，然而也只能望水兴叹。"汉水上有游女，要想追求她不可能，汉水茫茫宽又广，想游过去难上难，汉水滔滔长又长，驾只木船也难靠岸。"这首诗歌似乎反映了当时这样一种情况，少男少女在特定时节到河边寻觅配偶，按习俗，男方如相中对岸的女子，就要过河求爱。《褰裳》《关雎》都反映了这种习俗。涉河、过河本身就潜含着向水乞子之义。今天的湖北利川民歌《龙船调》以男子把船渡过河的情节来表达男女恋情，恐怕也是这种习俗的遗存吧。《汉广》一诗中的男子终于不能过河，并非汉水宽不能过，而是求爱不得，诗中极言汉水难以渡过，是比喻女子高不可攀。热恋中的男女，刀山火海也敢过，况一区区汉水乎。

汾水边的恋歌。《魏风·汾沮洳》是写一位女子在汾水边采摘植物时赞美爱人的歌。汾水边可能是女子与她的爱人初次相遇的地方，所以女子在汾水边独自采摘植物时，触景生情，想起了她心上人的美好品质，禁不住以歌赞扬。

济水边的恋歌。《邶风·匏有苦叶》写一女子在河边等待对岸的情人。歌以葫芦叶苦起兴，然后进入正题，女子默默祈愿情人过河来求爱，并相信济水虽深也能过，水深可以腰拴葫芦泅渡，水浅则可以提起裤脚涉水。正是济水春潮上涨时，河石上雌雄野鸡咯咯鸣唱求配偶，更牵动痴心女子思春情怀，女子迫切渴望情人过河来求爱，祈愿他不要等到河里冰块完全消散再过河。女子久久地等待情人，焦躁不安，不肯离去。河岸边等待过河的人正纷纷上船过河，只剩下孤独的女子在等待情人。这首歌把女子在河边等待心上人的那一份痴情表现得淋漓尽致。

蒹葭苍苍，白露为霜，有位伊人，在水一方……《秦风·蒹葭》中的这首情歌美妙动人，其产生原因也来自于水边择偶习俗

无名河边的恋歌。有些恋歌中出现的河流，没有具体所指，在此归为一类。《鄘风·柏舟》写一位女子铭记在河边与爱人相会的情景，向母亲发誓永不变心，希望母亲能体谅女儿的心情。歌中突出描写了初会水边时，那小伙子在水上荡舟时留给女子的美好形象。"荡着小小柏木船，划过那条河的中流。划船的那人头发两边垂，实在是我的好配偶。"《周南·关雎》中的"关关雎鸠，在河之洲，窈窕淑女，君子好逑。"表达了一位男子对河边采摘荇菜的女子的恋情，成为千古绝唱。《秦风·蒹葭》中的男子所追求的美丽女子，由于隔着河岸，竟若天仙之飘忽不定，忽而在岸边，忽而在草滩，忽而在水中央。扑朔迷离，含蓄之美动人心弦。不过，也许那女子本身就只是男子眼前出现的幻影。幻影之所以出现在水边，男子之所以到水边来追求幻影，完全是因为水边为男女相会择偶的场所。这首情歌之美妙动人，来源于水边择偶习俗。可以说，没有水边择偶习俗，就不会产生出这首歌的美妙意象。兹录译文一段："蒹葭苍苍，白露为霜，有位伊人，在水一方。往上游寻她，道路多阻又漫长。往下游寻她，宛在水中央。"（只作个别词语的译释，基本保持了诗的风貌）

湖畔、池畔的恋歌。《陈风·泽陂》写女子日夜思念在荷花湖畔遇上的一位美男子："在那湖水边，长满蒲草和荷花。有一美男儿，想他却无法接近他。夜来失眠，泪如雨下"。《陈风·东门之池》，写男女在护城河边相会诉衷肠："东门外的护城河，可以浸泡大麻。河边美丽的淑女，可以同她对歌"。

此外，《诗经》中还有一些诗篇虽不是直接产生于水边的恋歌，但诗中提及婚配也常常与水相联系。有《邶风·新台》《卫风·竹竿》《邶风·泉水》等。至此，我们可

以作一个统计，《诗经》中水边的恋歌以及与水边婚恋有关的歌，共计17首。作为一部只有305首的我国最早的诗歌总集，有如此众多的诗篇描写或涉及的婚恋择偶场面，且均以水为背景，绝非偶然，这是以水生殖崇拜为底蕴的婚俗在《诗经》中的反映。男女选择水边来交际恋爱，借水来发展爱情，是青年男女对婚姻的一种寄托，是他们祈愿婚姻美满、生子繁衍的曲折表达。

在讨论完《诗经》中17首水边恋歌之后，我们发现一个有趣的现象，青年男女在河边约会有相当一部分是隔河相会，即男在一岸，女在另一岸。《褰裳》《有狐》《汝坟》《汉广》《关雎》《匏有苦叶》《蒹葭》等俱如此。17首中至少有7首反映了同一现象，就不能仅仅归结为居住地域不同的缘故。即使约会的男女是隔河居住，也完全可以事先过河在同一岸边约会。这里面，一定有某种文化因素在起作用。我们知道，《诗经》所反映的水边婚恋习俗，与原始的野合习俗相距不远，但是《诗经》成书的时代，又已是以孔子为代表的儒家思想兴起的时代。因此，儒家"男女之大防"等观念必然会对这种水边男女相会的"野合习俗"产生影响。当然，其影响又必然是有限度的，不至于达到废除这种习俗的地步。于是，便出现了一种变通的形式：男女隔水相会。在这种变通习俗中，男女仍可享受自由恋爱相交的权利，只不过多了一层防范，即水的阻隔。当男女双方未达成默契时，便不能越过这水。反之，当双方相悦相慕时，男方便可越水与女子相近相亲。《褰裳》《匏有苦叶》等都是女子同意了男子的求爱、召唤男子过河相会时所唱的歌。而当男子的求爱遭到女子的拒绝时，我们便看到了一幅幅这样的画面：女子在对岸左躲右闪，一会儿好像在上游，一会儿好像在下游，一会儿又好像在水中央。女子既然不同意求爱又为何不肯离去呢？要知道，这种男女相会是众多的男女相会，是一种自由寻求配偶的节日习俗，是男女缔结婚姻的好机会，女子没有相中某男子，却还希望相中其他的男子，所以一方面躲避原先求爱的男子，另一

男女隔水相会，是一种变通的习俗，使男女仍可享受有限度的自由恋爱的权利

方面又久久徘徊在岸边,等待新的机会。《关雎》《蒹葭》《汉广》反映的就是这种情况。从男子这方面来看,女子越是左闪右避,就越显得飘忽迷离,朦胧美丽,也就越是吊人胃口牵人情怀。于是就产生了那些动人心弦、缠绵悱恻、意象朦胧的诗歌。有没有女子相中男子,而男子相不中女子的情况呢?也有,《匏有苦叶》反映的就是这种情况。诗中,那位男子大概没有相中女子,女子无论怎样呼唤,男子都没有过河,所以女子只能在河的对岸苦苦等待。在那种焦灼不安的等待中,偏偏河面上又传来野鸡寻觅配偶的阵阵咯咯的叫声,更是令那女子愁肠百结。同岸的人都纷纷过河与自己的意中人相会去了,那女子仍孤独地伫立在河岸边,久久不肯离去。作为生殖崇拜的水,在此演变成了男女恋爱的工具,凭借这种工具,男女可以进退自若。

直到近现代,男女水边相会恋爱的习俗,还存留在我国一些较少受到儒家文化儒化的少数民族婚恋习俗中。苗族曾有"踏月"习俗。明·邝露的《赤雅》中说:"峒女于春秋时,布花果笙箫于名山,五丝刺同心结,百纽鸳鸯囊。选峒中之少好者,伴峒官之女,名曰'天姬队';余则三三五五,采芳拾翠于山椒水间歌唱为乐。男亦三五群歌而赴之。相得下则唱和竟日,解花结带,相赠以去。春歌正月初一、三月初三,秋歌中秋节。三月之歌曰'浪花歌'。"从记载可见,在苗族,男女相会对歌择偶有两个季节,一是春季,一是秋季。春季男女相会所唱之歌为"浪花歌",可见是在水边唱的歌,春季男女聚会应是在水边,与《诗经》反映的习俗一脉相承。在云南宁蒗、永宁等地的纳西族有传统节日"海坡会"。节日在农历七月间。届时,青年男女欢聚在泸沽河畔,载歌载舞,尽情欢乐,通宵达旦。不少的青年男女在节日里通过对歌、跳舞而喜结良缘。据《永宁纳西族的阿注婚姻和母系家庭》一书记载,居住在泸沽湖畔各村的青年男女,过去每年都要举行一次环行泸沽湖的"转海"活动。成百上千的男女青年在湖边互相邀约,利用野餐、赛马、夜间露宿等机会,寻找伴侣,或就地结

居住在泸沽湖畔各村的青年男女,过去每年都要举行一次环行泸沽湖的"转海"活动。成百上千的男女青年借此寻找伴侣,结交"阿注"

交临时性的"阿注"。"阿注"是纳西语,意为"男女伴侣"。有趣的是,青年男女在结交"阿注"的过程中,采取的方法与《诗经》水边恋歌中的方法一样,用对歌的形式,试探对方的态度。男子们通常唱道:"我是牛奶,你是泉水,水乳交融不能分。"女子答道:"我是盐,你是茶,水煮盐茶不能分。"男子接着唱:"高山藤子扭成绳,我俩像藤子一样扭在一起吧!"女子答唱:"天上的大雁对对飞,我俩像大雁一起飞翔吧!"这样的对歌,就是男女双方都表示同意交"阿注"。如果男子唱:"两朵花长在两棵树上,但采起来可以插在一块。"而女子对唱:"金鸟与银鸟相配,喝水虽在一起喝,可是一个尾巴长,一个尾巴短。"这就意味着女子表示拒绝。云南大理白族有名为"蝴蝶会"的传统节日,这种节日的主要活动也是青年男女在水边对歌择偶,颇有远古遗风。大理苍山云弄峰麓的神摩山下,有一池潭,原名为无底潭,因潭深不知底而命名,后称蝴蝶泉。泉水自潭底沁出,清纯无垢且终年不涸。泉边有一古老的合欢树俯盖池面。农历四月开花时节,彩蝶纷飞花丛林间。十五日前后,彩蝶汇聚合欢树枝头,首尾衔接,一串串悬吊泉面,景象十分奇特。每到这个时节,白族青年男女便聚会泉边,赏蝴对歌,谈情说爱,结成配偶。当地称这种聚会为"蝴蝶会"。在五彩缤纷的蝴蝶群中谈情说爱,颇具浪漫情调。明代徐霞客游历至此,为这种奇特的景观所吸引,禁不住在他的《徐霞客游记》中作了精彩而动情的描绘:"泉上有大树,当四月初即发花如蛱蝶,须翅栩然,与生蝶无异。又有真蝶千万,连须勾足,自树巅倒悬而下,及于泉面,缤纷络绎,五色焕然。游人俱以此日,群而观之,过五月乃已。"蝴蝶会有一个传说:从前,苍山有一条巨蟒,常变人形奸淫妇女。有一天,蟒蛇把周城村的两个姑娘卷摄进洞意欲加害。一英勇的猎人不顾生命危险,救出了两位姑娘。两个姑娘为报答猎人救命之恩,都要嫁给猎人为妻,猎人救人本为见义勇为,不图恩报,拒绝了两位姑娘的求婚。两位女子顿觉无颜,纵身跳进了潭中。猎人见状悔恨万分,也跟着跳入了潭中。后来三人变成蝴蝶,栖息在潭边的合欢树上,常年相伴。每年四月,真正的蝴蝶纷纷前来凭吊,便形成了蝴蝶聚会的奇观。这则传说虽不能说明蝴蝶会的真正起源,但却渲染了蝴蝶会的婚恋色彩。在此,远古遗留下来的水边婚恋习俗,因独特的自然景观的映衬,竟焕发出绚丽的光彩。

水作为人类生命繁殖的崇拜物，还被我国一些少数民族用在婚姻礼仪中。纳西族有以水还酒的订婚习俗。男女双方订亲时，男方要送礼品给女方，其中，一坛酒是必不可少的。女方的还礼居然是一坛清水，装清水的坛子是男方送酒的坛子。清水虽然不值钱，却是订亲的信物，因为它含有祝愿生子的寓意。这种以对婚姻目的的祝愿来表达对婚姻承诺的婚仪，在我国汉族中早已存在。旧时，有些地方的汉族订亲，女方收到男方的礼物后，要以水作为主要的回礼，称作"回鱼箸"，亦称"回鱼筋"。南宋时期孟元老的《东京梦华录·娶妇》中说："女家以淡水二瓶、活鱼三五个、箸一双，悉送在元酒瓶内，谓之'回鱼箸'。"这种回礼无疑包含了祈求生子、祝福婚姻美满的吉祥意义。三样回礼，水的意义毋庸赘言；鱼的意义则与水密切相关，是与水同类的乞子之物；箸即筷子，在民间，添一双箸，具有添丁加口的象征意义。大概是由于水作为礼品毕竟过于菲薄，酒便作为水的替代物成了订亲的礼品。于是，男女订亲时，酒成了必不可少的礼品。由此看来，当今订婚送酒的习俗实则是由过去送水的习俗演变而来。白族男女订婚时，男方需送给女方以两瓶酒为主的礼品。白族称这种送

云南大理白族传统节日"蝴蝶会"，主要活动就是青年男女在水边对歌择偶

酒的习俗为"送水礼"。有人推测其名取礼薄之义。其实不然，这种称呼是以水为订婚礼品的习俗的遗存。旧时，浙江绍兴有一种酒称作"女儿酒"，是专门用作女孩陪嫁礼品的。在女孩出生满月这一天，她的父母要酿制数坛美酒。埋入地下，待女儿长大出嫁时用于送礼和招待宾客。"女儿酒"寄托了父母对女儿年深日久的祝福。当然，这种祝福也潜含了祈子的意义。苗族有"送盼子坛"的婚俗活动，娶亲时，男方娶亲队伍中必有一挑担之人，担子一头是一只大公鸡，另一头则是一大肚子陶瓷坛，内装三五斤白酒。大肚子坛形似孕妇之腹，是生殖力的象征，坛中的酒自然有祈求生殖力的作用。娶亲队伍归去时，挑担人仍将公鸡带回，却将坛子送给女家。当新娘生下第一个孩子时，女方父母便用这个坛子装上自家酿造的米酒送往男家，同时，邀请亲朋好友一道去吃"祝米

酒"。婚俗的多种活动都要用到酒，以至于人们把参加婚礼称作"吃喜酒"。新郎、新娘行交拜仪式，要"喝交杯酒"。此外，还有"喝订婚酒""做小酒"等。这些用到酒的婚姻仪式，如今的主要作用是增添喜庆气氛，但也或多或少夹杂着祈愿得子的心理因素。

我国不少民族的婚典都有泼水仪式。广东潮阳汉族新娘离开娘家上轿时，她的母亲要端上一盆清水，一边往轿上洒水一边祝福说："钵水泼上轿，新娘变新样。"所谓"变新样"，大约是指变成孕妇的模样吧。贵州一带的仡佬族称婚典泼水仪式为"打湿亲"。娶亲之日，男方家要在大门边上放置两个盛清水的窝锣，一边一个，由青年妇女守候。新娘跨进屋时，妇女们便向她浇水。云南禄劝、武定一带的彝族也有泼水迎亲习俗。不过，泼水的对象已由新人扩大到迎亲队伍。当迎亲队伍进入女方村寨时，姑娘们便用大桶、大盆装上清水，向迎亲的小伙子猛然泼去，小伙子们由此可以获得吉祥。这种特定时刻的水之所以具有吉祥的力量，是因为它在人们的信仰中具有生殖的力量。有些地方或民族，女方举行泼水仪式时，男方还要给泼水银、泼水钱。以银钱酬谢姑娘们泼出的水，也显示出这水有特殊的价值。

福建畲族举行婚礼会有一项在洞房"喷床"的仪式，以喷水雾于床铺的形式乞子

福建畲族的喷床是在洞房举行的水的婚仪。迎娶之夜，一位长者端着一碗清水，进入洞房依次向床铺、被子、草席、木箱、衣柜等各喷出一口水雾，每喷出一口水雾，都要唱一首歌。如喷床铺时唱道："喷床喷金房，大男细女闹哄哄。喷床原是仙人造，仙人造来喷红娘。"一般要唱10支歌。畲族喷床婚仪类似汉族等民族的撒帐婚仪。撒帐是边唱边将各种果子（如枣子、花生等）撒向床铺，以祈愿新人早生贵子；喷床是喷水雾于铺以乞子，所谓"喷床喷金房，大男细女闹哄哄"，即是认为喷床能使新人生下男女一大群。两种祈子婚仪，工具不同，方式却惊人的相似，有着必然的内在联系。

我国一些民族还流行新媳妇挑水或背水的婚俗。水族新媳妇在过门后的三五天内，每天清晨除挑满自家的水缸外，还要为三家六房或全村各户挑一担水，称之为"挑新水"。

这是借挑水来实行新媳妇与水的接触，让新媳妇获得生殖力。壮族把新娘挑的水称作月亮水，月亮水是指在凌晨月亮未落之时所挑之水。新娘挑水必须挑满家族所有的水缸，挑水时不能惊动家族中的长者，所以必须轻手轻脚，不穿鞋，不敲门，要低声呼唤开门，由家族中辈分最低的女性起床开门。由于此习俗带给新婚女子的负担过重，渐渐发生了一些变化。原来，一个新媳妇挑月亮水要挑到下一个新媳妇接任为止，后来只挑一天；原来要挑满每缸水，后来一缸只需挑一担水，因为主人家头天已挑满大半缸水；原来须轻轻唤门，后来则可直接挑水进屋，因为主人家早已开门站在一旁恭候。风俗向文明方向进化的总趋势，由此可见一斑。

云南红河一带的彝族有新媳妇背水习俗，背水时还要撒米祭祀水神。凌晨鸡叫头遍时，新媳妇便起床在姑子的带领下来到井边，新媳妇首先把手中握着的一把米撒进井里，以祭祀井中的龙神。撒完米，才能背水回家。与祭祀水神相联结的背水仪式，更明显地表现出对水的某种祈求。

由上述可知，水崇拜的原始文化内涵主要表现在祈求风调雨顺、农作物丰收和生殖繁衍。两者之所以能统一在水崇拜中，是因为农作物的生长和人类的繁衍具有相似性，而原始人类思维的特征之一就是根据相似性来确立事物的同一性。还要指出的是，原始初民既能从农作物的生长离不开水想象到人的生育跟水有着密切关系，又能从人的生殖现象推想到降雨的奥秘，创造了以人的交配来刺激自然界降雨的巫术。《路史·余论》引董仲舒的《祈雨法》中说："令吏妻各往视其夫，到起雨而止。"就是说的男女交媾祈雨的巫术。可见，在水崇拜中，人类社会的两种生产有着何等密切的联系。先民们的祈雨求丰收与乞子求繁衍常常是相互交融、相互渗透，难分彼此的。恩格斯指出："根据唯物主义观点，历史中的决定性因素，归根结蒂是直接生活的生产和再生产。但是，生产本身又有两种：一方面是生活资料即食物、衣服、住房

先民们的祈雨求丰收与乞子求繁衍常常是相互交融、相互渗透、难分彼此的

以及为此所必需的工具的生产；另一方面是人类自身的生产，即种的繁衍。"水崇拜恰好表现了原始初民要求两种生产均获"丰收"的渴望以及为此而作出的努力。虽然他们的种种努力都是徒劳的，但其中蕴含的求生存、求延续的顽强意志在特定的历史阶段却有一定的积极意义和可取之处。

第三章 水生型神话

水生神话是具有世界性的神话，世界四大文明古国都有水生神话。在古希腊神话中，海洋之神奥克安诺创造了世界万物。古埃及和巴比伦神话都认为：泰初之世，一切皆水，水为原始的混沌状态，万物皆由水生。古印度最早的文明是流行于公元前2750年至公元前1500年之间的印度河流域文明。在这个时期形成的印度典籍《梨俱吠陀》中，就有表现水生神话内容的诗歌。其中的《水胎歌》说："在天、地、神和阿修罗之前，水最初怀着什么样的胚胎，在那胎中可以看到宇宙中的一切诸神。水最初确实怀着胚胎，其中集聚着宇宙间的一切天神。这胎安放在无生（即太一，指宇宙最高存在——引者注）的肚脐上，其中存在着一切辆。"东中华民族的水生神话，品种多样，为数众多，形成了一个丰富多彩的水生神话群。水生神话可分为原始水生神话和再生水生神话。

原始水生神话

原始水生神话所表现的是水这种自然物质直接形成了天地、生出了人类，它是水生神话最初形态。水有江、河、湖、海等存在形式，又有水汽、雾、云、雨等变化形式，因此，有关江、河、湖、海、水汽、雾、云、雨等形成天地、生成人类的神话，都属于原生态水生神话的范畴。在我国，原始水生神话极少见诸典籍，而多以口头流传的形式存活民间。

湖北神农架地区的"根古歌"《黑暗传》，是汉族地区流传的叙事诗，其中就保存了原生态水生神话。该诗说开天辟地的盘古生成于水："一片黑暗和混沌，天地茫茫无一人。乾坤暗暗如鸡蛋，迷迷蒙蒙几千层。盘古生在混沌内，无父无母自长成。那时有座昆仑山，天心地胆在中心。一山长成五龙形，五个嘴唇往下伸，五个嘴唇流血水，一齐流到海洋内，聚会天精与地灵，结个胞胎水上存，长成盘古一个人。"该诗说盘古是由昆仑山五龙血水与东海之水汇合孕育而生。昆仑山五龙血水，应是昆仑山雪水神化的产物。昆仑山雪水汇成河流流入东海，这种在中国大地上亘古便存的自然景观就是盘古生成神话产生的现实基础。生成盘古之水，是由陆地上的水与海中的水汇合而成，是"聚会天精与地灵"的圣水。

湖北神农架地区的「根古歌」《黑暗传》描述了盘古生成于水的故事。

彝族《彝族古歌·天地论》中说："天、地、万物是云丝、雾线编成。"彝族另一则创世史诗《门米间扎节》中也说：云彩来造天，雾露来造地。……雾露和云彩，造天的时候，天像一顶簸帽，地像一扇簸箕。两则彝族神话都把天、地想象成编织物，就像簸帽、簸箕之类的东西，用以编织的材料便是云和雾。由于云在天上飘游，所以被说成是造天的材料，雾在大地上弥漫，自然被说成是编织地的材料。云和雾都是水的气化状态，说云雾造天地，实质是说水造天地。彝族典籍《六祖史诗》中说："人祖来自水，我祖水中生。"这是说彝族的祖先是由水而生。看来，从水生的角度解释天地的形成、人类的产生，在彝族显得特别突出。

彝族的创世史诗《门米间扎节》中将云说成是造天的材料，将雾说成是编织地的材料

景颇族创世神话说："远古时代，世界是一片蒸腾的雾气，没有天，没有地，整个世界都是混混沌沌的……。不知过了多少年，雾气升腾……，世界朦朦胧胧的，有了一

些光亮,开始显现出不太明显的轮廓。"这则神话意在说明世界是从混混沌沌的雾气中诞生的,雾气孕育了世界万物。

侗族创世神话说:"相传天地原来是一团滚烫的浓浓的东西,后来才慢慢变凉、变干、变硬,成为天和地。"显然,神话包含了人们对液体由热变冷凝结成固体的现象的认识,表现了人们从物质的变化现象来寻求水生天地观念的合理解释的企图。

布依族的《赛胡细妹造人烟》中说:"很古很古的时候,世间只有清清气,凡尘只有浊浊气,清气浊气乱纷纷,清气呼呼蒸腾腾,浊气卜卜往上升,清气浊气同相碰,交粘成个葫芦形。"布依等民族崇拜葫芦,认为天地是葫芦形。说清气浊气交粘成个葫芦形,等于说清气浊气交粘成了天地。清气浊气之说已经打上了阴阳观念的烙印。

土族创世史诗《混沌周末》中说:"周天一气生混沌,无天无地并无人;混沌无极生石卵,混沌初分一元生。石卵它在石地圆,滚来滚去八百年;有朝一日石卵破,内中走出盘古仙。"接下去,诗史还叙述了盘古仙开出天地,南音神人用风作柱,以水梁撑住天地,红镜神造日、月,伏羲女娲兄妹婚配、繁衍人类等诸多情节。显然,史诗的情节是由多种创世神话融合而成。这种融合并不显得矛盾,而是形成了一个有机的统一体。其原因就在于史诗将各种关于事物起源的解释排列组合成了一个有序的

在原生态水生神话中,水是一种具有生命力、生殖力的物质,它可以形成天地、孕育人类

生物链,即混沌生卵,卵生盘古,盘古开天地,伏羲、女娲繁衍人类等。这个生物链的起点是混沌,混沌便是水汽,所谓"天地一气生混沌"。可见,史诗表达了水汽为万物初始的观念,属水生神话。此神话与汉族《黑暗传》有异曲同工之妙。

傣族创世神话说,距今几亿个亿年以前,没有天地,没有日月,宇宙无盖无底,空

间滚动着气体、烟雾、狂风,动荡了一万亿年,变成由三种气体组合成的巨大的圆球体,即今天的地球。接着,剩余的气体、烟雾和大风又经千变万化而成人形的神,即最早的天神,称作英叭。英叭造出一对男女神。男女神又用泥巴造了一对男女,从此,男女二人开始繁衍人类。这则神话虽融入了神人造人的创世观念,但气体、云雾为万物始源的观念仍占主导地位。

壮族《天地分家》神话说,天地未分家时,一团大气在宇宙中旋转,后来变成一个圆蛋,圆蛋爆开成三片,一片飞到上边为天,一片下地底变为海,留在中间的就成为大地。此则神话讲述天地的形成,以大气为本源,融入了卵生观念,仍可看作水生神话。

苗族的神话《开天辟地》中说:"雾罩生最早,雾罩生白泥,白泥生成天;雾罩生黑泥,黑泥变成地""天地才又生成万物"。"雾罩"即"云雾"。神话反映了水生天地的观念。

在原生态水生神话中,水是一种具有生命力、生殖力的物质,它可以形成天地、孕育人类。水之所以被当作万物的始源、创世的圣物,是因为水与植物的生长、水生动物的存活有着直接的关系。原始初民由此而推想到水与一切事物的"生命"息息相关:水是生命之源,天地万物及人类皆由水生。原生态水生神话,直接表现了人们对水的生命力、生殖力的崇拜。

再生水生神话

再生水生神话是在原始水生神话基础上产生的,再生水生神话是原始水生神话情节与女人生子现象相融合的产物,其基本情节是,女子通过与水的种种接触而怀孕生子。这类神话与原生态水生神话的不同之处在于:

再生水生神话的基本情节是女子通过与水的种种接触而怀孕生子

其一，只解释人类的产生，不涉及天地万物的形成。这是因为当此类神话产生之时，人类已逐渐将自身与自然界区分开来，从而更热心关注人类自身的生命及其产生。其二，神话中的水已经不能直接生出人类，必须通过与女子的接触才能发挥生殖的力量。

根据再生水生神话中女子与水接触的方式不同，可分为两大类别。

● 女子浴水受孕生子

其一，女子仅凭浴水便受孕生子。《山海经·海外西经》中说："女子国在巫咸北，两女子居，水周之。一曰居一门中。"郭璞注："有黄池，妇人入浴，出即怀妊矣。若生男子，三岁辄死。"同类的神话还见于《梁书·东夷传》："扶桑东千余里有女国，容貌端正，色甚洁白，身体有毛，长发委地。至二三月，竞入水则妊娠，六七月产子。"女子所浴之水，或为特定地点的水，如黄池水；或为特定时间的水，如二三月水，均意在将致孕之水与

《后汉书·南蛮西南夷列传》中讲述了夜郎国竹子在水中遇到沐浴的女子从而诞生出一男婴的故事

普通的水区别开来，以使其更具神秘意味。在这类神话中，神秘的水是使女子受孕的唯一因素，水生殖意识得到突出的表现。

其二，女子浴水触物后受孕生子。《华阳国志·南中志》中说："哀牢国。……其先有一妇人，名曰沙壶，依哀牢山下居，以捕鱼自给。忽于水中触一沉木，遂感而有娠。度十月，产子男十人。"沉木是男性生殖器的象征。此则神话已含有男女结合而生子的意识，不过，女子感木而孕，仍须入水（浴水），且感孕之木也是水中之物，水对女子受孕生子仍起着不可缺少的作用。神话仍保留了水生神话的基本要素。

《后汉书·南蛮西南夷列传》中说："西南夷者，在蜀郡徼外。有夜郎国。……夜郎者，

初有女子浣于遯水,有三节大竹流入足间,闻其中有号声,剖竹视之,得一男儿,归而养之。及长,有才武,自立为夜郎侯。以竹为姓。"在神话中,子不是产于母腹,而是产于竹节,女子与所触之物的感孕角色实现了对换,女子感物而孕变成了物感女子而孕。显然,神话融入了竹生人的观念。然而,神话中的女子浴水、触水中之物的基本情节,却决定了它的水生神话性质。

其三,女子浴水吞食某物而受孕生子。此种神话是女子浴水受孕神话的另一种变化形式。如女子浴水吞食鸟卵受孕生子神话。《史记·殷本纪》中说:"殷契,母曰简狄,有娀氏之女,为帝喾次妃。三人行浴,见玄鸟堕其卵,简狄取吞之,因孕生契。"又如女子浴水吞食朱果受孕生子。《清太祖武皇帝实录》中说:"长白山,山高地寒,风劲不休,夏日环山之兽,俱投憩此山中。山之东北布库里山下一泊,名布尔瑚里。初,天降三仙女浴于泊,长名恩古伦,次名正古伦,三名佛古伦。浴毕上岸。有神鹊衔一朱果置佛古伦衣上,色甚鲜妍。佛古伦爱之,不忍释手,遂衔口中,甫著衣,其果入腹中,既感而成孕,……后生一男,生而能言倏而长成。"

无论是女子浴水触物生子,还是女子浴水吞物生子,虽融入了"某物"的生殖作用,但都包含了女子身体与水接触的行为,显示出了水的生殖作用。

● 女子饮水受孕生子

女子饮水,水进入女子体内而产生致孕作用,水的致孕功能在此显得更为直接。此类神话也有原形与变形形式。

其一,女子饮水受孕。独龙族神话《马葛棒》中说:"很久以前,有个女子去竹林采笋,回家途中很渴,喝

《西游记》中讲到女儿国中的女子,全凭饮用国中河水怀孕生子,可以说是女子饮水受孕生子神话的经典代表

了大象脚印中积留的水，不久就怀孕了。五个月后，生下一个儿子，取名叫马葛棒。马葛棒刚生下来第一天，就能吃一碗饭，两天就会说话，三天就会走路，四天就会跑，五天就长得跟大人一样，会上山砍柴、打猎。"神话明确揭示了饮水与致孕的因果关系，突出表现了水的生殖作用。不过，致孕之水出自大象脚印，又暗示女的怀孕与大象有关，神话已渗入了大象生殖崇拜观念。这与独龙族以大象为图腾有关。《西游记》也记有女子饮水受孕神话。该书提到，女儿国中的女子，全凭饮用国中的河水而怀孕生子、繁衍后代。这就完全排除了其他的致孕因素，与《马葛棒》相比，显得更为原始。因此，《西游记》所记女子饮水受孕神话可以看作是此类神话的原始形态的遗存。

其二，女子食水中之物而受孕生子。这类神话是女子饮水受孕生子神话的变化形式。《太平御览》卷4引《遁甲开山图荣氏解》中说："女狄暮汲石纽山下泉，水中得月精，如鸡子，爱而含之，不觉而吞，遂有娠，十四月，生夏禹。"月精为石的化身。女狄吞食水中的月精而生

土家族神话中，卵玉遵照女娲娘娘的话，吞食了黄河上游飘下来的八个桃子和一朵桃花，便有了身孕

禹，表明禹的出生既跟石有关，也跟水有关，此神话是石生殖观与水生殖观相融合的产物。土家族也有女子食水中之物生人的创世神话：始母卵玉把天地射开后，世上没有人烟。她想到自己无儿无女，便伤心地哭了。女娲娘娘劝卵玉不要哭，要她一直沿着黄河走，如看见有八个桃子从上游流下来时，务必捡起来吞掉，即使是一朵桃花，也要捡起来吞掉。这样世上就会有人烟了。卵玉遵照女娲娘娘的话，吞食了上游飘下来的八个桃子和一朵桃花，果然有了身孕。卵玉怀孕三年零六个月，终于生下了八儿一女，从此世界上就有了人种。桃、桃花在古代均为生殖崇拜的对象。食桃、桃花生子包含了桃生殖崇拜的观

念,然而桃、桃花为水上漂流之物,又说明其生子离不开水。女子食水中某物(石、桃)受孕神话,在反映对某物(石、桃)的生殖崇拜观念的同时,仍存留了水生殖崇拜观念,因为女子食水中之物,潜含着女子接受水的生殖力的意义。这种接受是以水中之物为中介来实现的,按接触巫术的原理,水中之物因与水接触便附上了水的生殖力,它进入女子体内,便将附于其上的水的生殖力带入其中。由此,便完成了女子对水的生殖力的接受。

上述种种与水有关的女子受孕生子神话,都是水生神话与其他蕴含着各自不同的生殖崇拜观念的创世神话相融合的产物,属于水生神话的次生态类型。这类神话所具有的女子浴水或饮水的两大情节,在中华生殖崇拜文化中,具有明示或暗喻水生殖崇拜观念的作用,或者说,它们本身就是水生殖崇拜的代表。

第四章 水崇拜文化内涵的演变

水崇拜形成后，不断发展演变，其原始内涵衍生、引申出了一连串新的内涵。水崇拜原始内涵的演变可以分为两个系统：一是以祈雨求丰年为本义的引申系统，二是以祈生殖繁衍为本义的引申系统。两种演变系统所引申出的水崇拜的种种内涵，在中国人历代生活习俗中呈现出五花八门、千姿百态的形式。

祈雨求丰年内涵的演变

祈雨求丰年是水崇拜原始内涵之一，以此为本义，又依次展开。

- 从丰年到吉祥

充沛适量的雨水能带来五谷丰收。对农业社会的人们来说，丰年不啻是吉祥的主要内容之一，能带来丰年的水自然就成为吉祥的象征。水之象征吉祥，最初应仅限于它的致丰年范围，后来才推而广之，与一切吉祥如意之事发生联系。于是，人们在对水的崇拜中又加上了祈求吉祥的愿望。

在傣族、阿昌族、德昂族、布朗族、佤族等民族中流行的泼水节，就突出地表现了水的吉祥意义。以傣族为例，泼水节在傣历六月、公历4月中旬，为期三至五天。节日清晨，大街小巷摆满盛水器具，男女老少拥上街头，用盆、桶、钵等相互泼水，嬉戏追逐。人们一个个被水淋得透湿，反倒异常高兴，因为在傣族，水象征着吉祥与祝福，可以驱邪除魔，保佑幸福平安。傣族有个传说：在很久很久以前，有个火魔作恶多端，抢走了七个美丽的姑娘。聪明的七姑娘用计谋割下了火魔的头，谁知火魔头一落地，就变成了一团火球，滚到哪里，哪里就燃起一片大火。姑娘们就挑水泼火。为了浇灭不断燃烧的魔火，七位姑娘就轮流泼水，一年换一人泼。每年换人的那矢，就是傣历的新年。每到这个时候,都要举行群众性的泼水活动。这则泼水节起源传说,实际上反映了傣族人民与旱魔作斗争的现实生活。傣族所处的西双版纳地区,每年到六月前后常发生干旱。傣族古歌《十二月》叙述泼水节起源时,描绘了亚热带旱季来临的情景:"五月到了,遍地燃起燎原大火,

傣族传说中,七位美丽的姑娘为了浇灭火魔头引发的大火,轮流泼水,一年换一人。这就是泼水节的起源传说

干枯的树枝堆堆拢来,茂密的野草一起割倒。"古歌中的描绘可以说明:泼水节传说中的火魔头不断滚动燃起大火的情景,正是西双版纳干旱季节野火遍地燃烧的独特景观的神话式反映;七位姑娘挑水泼火,则是傣族先民抗旱劳动与驱旱巫术活动的生动写照。所谓驱旱,就是以泼水的模拟巫术来祈求雨水。由此可见,泼水节泼水的吉祥意义起源于祈雨求丰年的意义,是后起之义。有趣的是,时至今日,民间还认为泼水节期间若下雨,则预兆丰年。这可以看作是泼水节原始意义的遗存。由此也可见,水之象征吉祥,源于水与丰年的关系。

　　水的吉祥意义以及人们对水的赐吉祈求,总是通过特定的民俗来体现的。在中国广大的农村曾流行正月初一挑新水的习俗。人们把新年清早挑回家的第一担新水,称作吉祥水,认为它能给全家带来好运。在黔南布依族,是由新媳妇在大年初一挑回第一担新水,取新人挑新水之意,而且以最先挑到的一担水为最吉祥。新媳妇在初一都要早早起床,争先恐后到井边挑第一担水。到了井边,每人都要烧三柱香、三张纸钱。三柱香表示对水神的崇敬,三张纸钱算是付出的买水钱,然后再依先后挑水。这种习俗表现了布依族对水的崇拜心理以及崇拜的目的。云南景颇族的"背新水"习俗,也伴有祭祀活动。人们来到井旁或泉边背新水时,首先要焚香烧纸,并且还要对"水鬼"

贵州南部的布依族、新媳妇要在大年初一挑回第一担新水,寓示新人挑新水的吉祥含意

说:"我背新水来了。"景颇族认为,水中都有水鬼,必须尊崇,他们每年在大年初一祭祀水鬼,希望水鬼能保佑风调雨顺、人畜安康。经过祭祀后取得的新水,便成了水鬼赐福的媒介,被视为吉祥水。云南地区的彝族,把正月初一挑新水称作打净水。在打净水时,也有祭祀活动,不过所祭祀对象已经不是一般的水神,而是高度人神化、虚拟化的水神龙王。打净水由身强力壮的小伙子担任。他们来到井边,先焚香烧纸,然后向龙王献上祭品,即向井中抛撒谷物,如米、黄豆、荞子等,表示对龙王赐给风调雨顺、五谷丰登的回报,希望来年继续给予恩赐。祭祀完毕,人们便挑上满满一担水回家。这浸润过祭品五谷的水,据说能给人们带来好运。看来,吉祥总是与岁熟年丰密不可分的。

吉祥的内涵是很广泛的,在民间往往包含着幸福、富裕、智慧、伶俐、健康、快乐、勤劳等多种意义。因此,人们向水所祈求的吉祥,也就包含着多种多样的需求。湖北恩施自治州土家族、湖南湘西苗族,把正月初一挑回家的第一担水称作金水、银水,视为富裕的象征。苗族有金水银水的传说。传说苗族的祖先为了造福后人,鼓励勤劳奋发的后裔子嗣发家致富,在每年的第一天要开一口金水银水井供早起的人挑水回家,据说抢到头一担水的人就会发家致富,所以人们在这一天都会早起,争先恐后来到井边抢挑头一担水。抢到头一担水的人要用一张纸串上三根香,插到井边,后来者也用同样的办法并按先后顺序依次插下去。这样,每一个挑水者的名次都很清楚,以便祖先把富裕水赐给最勤劳的人。

壮族地区把正月初一的水称为伶俐水、智慧水,认为喝了这种水,就会变得聪明、能干、漂亮。姑娘们在这一天清早都要来到泉边抢伶俐水喝。她们先要轮流数天上的星星，一直数到天边只剩下最后一颗星星，才开始喝伶俐水。由全体公认样样都排第一的"伶俐嫂"主持喝水仪式。"伶俐嫂"唱起伶俐歌：

> 伶俐水，清又清，
> 润你喉，洗你心，
> 润你喉管歌声脆，
> 洗你心灵变聪明。

然后捧起第一捧水给第一位来到泉边的姑娘喝。其他的姑娘此时不能争抢。喝第一捧水的姑娘往往要被"伶俐嫂"的歌羞得面红耳赤，歌中唱道：

> 以后你嫁到哪个村，
> 就像凤凰落下金竹林，
> 丈夫爱你爱在心底，
> 夜里常在梦中笑醒。
> 家婆赞你呀——赞得嘴唇起血泡，
> 众人夸你——翘得拇指抽了筋。

按当地习俗，第二捧水是可以抢着喝的。未等"伶俐嫂"将第二捧水捧出水面，一大群姑娘就来抢着喝，"伶俐嫂"无奈，只好把第二捧水泼到姑娘们的脸上。一般来说，第三捧水就没人喝了。姑娘们为了喝到第二捧水，便一对对拥抱在一起，伸出舌头去舔对方脸上的水珠，都期盼从那一点一滴的水珠中获得伶俐。

广西凌云、平果一带的壮族则把正月初一的新水称为智慧水。喝了智慧水，人就变得聪明能干、歌喉甜润。大年初一黎明时分，壮家青年女子便提着灯笼去挑智慧水。先默祭，然后齐唱讨水歌，唱完后依次下河挑水。关于智慧水，当地还有一个美妙的传说：每年正月初一子时，智慧神都要派两位穿红衣紫裙的仙姑，抬着精美的花瓶到河里换水。仙姑换水时把瓶里的水倒进河里，河里的水这时就变成了智慧水，赶在这时来喝水，就能获得智慧。当然，传说对智慧水的解释是不足信的，但它却反映了人们相信水能赐给智慧的信仰。

吉祥与人的健康是密切相关的，所谓吉祥而无灾无祸，在很大程度上是指人的身体安康无恙而言的。因此，水之吉祥又往往偏重于带给人们健康的意义。由人们对水的健康功能的信仰，便产生了喝水浴水祈求健康的一类习俗。人们在某些特定的日子，饮用或沐浴某些特定地点的水，认为由此能获得健康、长寿、无疾。云南省云龙县白族一年一度举行的春水节，就包含着这种意义。节日活动在春水塘举行。春水塘是云龙县包罗乡的一个水池。当地人称池中水为"春水"或"福水"。每年立夏，村民们都要带上青梅红糖，结伴来到塘边过春水节。人们席地而坐，用塘中的水泡上青梅红糖，

柯尔克孜族认为水有一种神奇力量，能驱邪避恶。亲人出远门归来，都要举行泼水洗尘的仪式

然后举杯对饮，彼此祝福。据说，喝了这种水，能预防肠炎、胃病等疾病，保障身体健康。云南丽江地区的傈僳族也有类似的习俗，在立夏前后三天，要过一种叫"臭水会"的节日。丽江香兰河东村附近有一股常年喷涌不息的泉水，当地傈僳族称之为臭水。名为臭水，其实水并不臭，其名是取其浑。每到立夏前后三天，泉水便发出叮叮咚咚的脆响，并逐渐由清变浑，色呈微红。人们认为，喝了这种浑水，能防治肠炎、胃病。所以，方圆三四里的傈僳、彝、白、纳西等族人民都要在这几天来赶臭水会，在河边用臭水

作蒸汽浴、煮饭、烧菜,表现出对臭水健康力量的虔诚信仰。西藏高原藏族有沐浴节,节日在藏历每年七月六日至十二日,为时一周,故又称沐浴周。节日期间,藏族群众,无论老幼,都要到河里洗澡、擦身。据说,在沐浴节期间沐浴了河水,能增强体力、减少疾病。藏族有个传说认为这期间的水之所以对人有治疗功能,是因为节日时间会出现"弃山星",被弃山星照过的水最洁净,因此能防病。弃山星当然不可能真正使水洁净而具有防病功能,不过,这一传说却增强了水的祥瑞色彩。

- 从吉祥到驱邪

"吉"的对立面是"凶"和"邪"。以吉祥物来制凶、镇邪是古人常用的方法。水有吉祥之意,所以也就具有了驱邪的功能,民间驱邪巫术或驱邪习俗常常以水作为主要的工具。柯尔克孜族视水为生命的源泉,认为水有一种神奇的力量,能驱邪避恶。家中父母或子女出远门归来,都要举行泼水洗尘仪式。在家的亲人端出一碗清水,在归来者头上绕三圈,然后让他朝碗里吐三次唾沫,最后将水向归来的方向泼去。据说,这样可以驱除附在归来者身上的邪恶,避免将邪恶带进家门。这种仪式的每一道程序所包含的巫术意义都是很

泼水嫁娶婚俗曾在我国广大区域和众多民间流行

清楚的:用水碗在归来者头上绕三圈,表示以水汲出归来者身上附着的邪气;让归来者朝水碗吐出三口唾沫,表示以水汲出归来者体内的邪气;连水和唾沫一起向归来的方向泼去,则表示将邪气驱回原地。仪式自始至终都贯穿着水的驱邪意义。

以水驱邪曾被广泛地应用于婚姻仪式之中,成为驱除"新人"或迎(送)亲人员路途沾染上的邪气、使婚姻吉祥美满的一道重要仪式。泼水嫁娶婚俗曾在我国广大区域和

众多民族流行，以至于人们常以"泼出去的水"来比喻嫁出去的女子。婚礼中的泼水，其意义有两种，一种是乞子，另一种是驱邪，两者之间有无演变关系，尚难判定。水族有喷水驱邪的婚俗。水族新娘打着红伞随着迎亲队伍来到男方家。当她跨进男方家门槛时，男方家母辈中的一人，便会端着一碗刚从井里打来的清水，以嘴含碗中的水喷到新娘的红伞或背上。新娘行完这种仪式方可进门。据说，这一口水可以驱除新娘在途中附上的邪气以及姑秀鬼、绿眼鬼、路封鬼等婚姻方面的凶鬼。姑秀鬼，是一种容易使新娘中邪得上绿眼病的鬼。得上绿眼病的新娘，不安心跟丈夫过日子，喜欢在外游荡或逃婚。路封鬼是导致婚姻中途夭折的恶鬼，附上了此鬼，新娘不久便会守寡。这些于婚姻不利的鬼，虽然很厉害，可是一口水即可制服，可见水在水族人的观念中具有何等神奇的力量！在云南傣族的婚仪中，除了接亲队伍要沿途鸣枪驱邪外，女方家还要举行泼水驱邪仪式。当男方接亲队伍来到女方家门口时，新娘的女伴要用桶、盆、瓢向新郎及伴郎尽情地泼水，直淋得对方浑身透湿，才相信邪气已被驱尽。

- 从驱邪到治病

中国民间的医术与巫术从来是相互融会相互渗透的，驱邪的巫术就经常被巫医用作治病。民间用驱邪巫术来治病，是基于这样的观念：人的疾病，是邪魔的象征，人之所以生病，完全是因为各种病魔缠身的缘故。因此，要治病，就必须用巫术的方法来驱除病人身上附着的各种邪魔。不同的病症，须用不同的驱邪巫术。

水因为具有驱邪功能，所以被用来治病，驱除附在病人身上的病魔。由此，水的驱邪功能被转化成了治病功能。当然，被用作治病的水，往往是经过巫师处理过的，或施过咒语，或画过符。然而这一切手段无非是为了使水的治病功能更加神秘化、神圣化，达到使人深信不疑的目的。湘西苗族旧时有一种画水治病的巫术。巫师盛一碗水，边念咒语，边画符作法，然后以水喷洒病人或让病人饮用，以此治病消灾。这套画水巫术，是各种巫术方法的综合运用，但其种种做法都是以水的驱邪功能为基础的。《湘西苗族调查报告》详细记述了这种画水巫术：

"画水的仪式……对水杯画符三道，画符时默诵请师父口诀。同时想象师父传授时的状态。请师口诀念毕，即念画水口诀，念至某段某句时，即喝水一口，向病者喷去，或将杯水使病者饮之。如遇急病，或在野外山上受伤，不及摆设香案，只需烧香纸，念咒画符，用唾沫唾病人伤处。"

这种画水巫术表明，只有经过巫师作法的水，才有治病的作用，因为只有将各种法力注入水中，水才能有效地驱除病魔。水本身的驱邪功能再加上巫术的法力，其驱邪功能让人深信无疑。可以说，画水是对水的驱邪功能的强化与突出。画水巫术不仅能治内病，也能治外伤，如既治昏厥急症，也治跌伤、砍伤、刀伤和流血不止等外伤。因此画水巫医曾有广大的市场。画水巫术不仅在湖南苗族聚居地区流行，而且也曾在中国许多地区流行。四川东部和西部的画水巫术较之湖南苗族似乎更为简单。民间，家人生病，便请画水巫师来家治疗。巫师打一碗清水，用手指在水中画符，口中念咒语，完毕便声称碗中之水经过作法已有驱邪神功，病人喝了，就能除病。

画水巫术强调画过符的水才能治病，其实这是人们心目中水除邪治病观念的更加神秘化的反映。民间也有用没有画过符的水来治病的做法。如广西东南部汉族客家民间一直有饮九井水治病的习俗。家中有人久治不愈，就从九口井中各取一部分水，合而为一与茶煎煮，让病人喝。为什么要取九口井的水呢？九在汉语中是个极数，表示极多数的意思。取众多的井水，就能汇集更多的驱邪力量，以对付久病不愈的大病。民间认为，合九井水之力能祛病除邪气。

旧时浙江宁波地区又有以"无根水"煎药治病的习俗。无根水即未落地的雨水。下雨时，人们用器具接取雨水，谓之无根水。大概人们认为这种没有落地的雨水，更具天然本色，其驱降病魔的功能更强，所以取以煎药。直接取水治病，应是以水治病巫术的更为原始的形式。

● 从吉祥、驱邪到显吉凶、定是非

水既能象征吉祥，又能驱邪，所以又具备了显现吉兆与凶兆的功能。同时，由驱邪与呈祥的行为功能转为认知功能，水又具备了显现是与非的功能。因此，在巫术中，水经常被用来判断吉凶、辨别是非。

高山族赛夏人有一种占卜方式叫水占。每逢有人患疾病或遇上其他疑难问题时，都要用水来判断吉凶或是非。取水一碗，在水碗中直立细竹管一支，由巫师作法、祈祷，然后将耳朵凑在竹管上细听，以竹管里传出的水声判断吉凶。遗失物品或被盗物品时，要断定失物所在方向，便由巫师用竹管一支，含住一端，吸一管子水，对着天空用力一吹，看吹向天空的水喷向何方。喷出的水洒向的方向，就是失物所在的方向。广西苗族有"照水碗"卜问病者病情的水占巫术。盛水一碗，巫师问过患者姓名，接着念卜辞，用一支点燃的香在水碗上面虚画各种咒符。画毕，抓几粒米掷进水碗，根据米粒落在水碗中的位置来判断是何种鬼在作祟。这可以说是水显凶兆功能向具体化方向的进一步发展。这种水占巫术类似于医生为病人治病时的诊断，当然，二者有着迷信与科学的区别。瑶族巫术"照水碗"则属于一种神判活动，它以水为神明来裁定嫌疑对象是否犯罪。水能驱除邪恶，也就应该能认识邪恶，水在此充当了一面照妖镜。作法由瑶族师公主持，盛一碗清水放在桌上，碗上横架一把大刀或剑，师公对着水碗念咒施术。据说，经过念咒施术的碗中水，能把做坏事的人映照出来。这时，做坏事的人应赶紧坦白交待，否则，一旦师公抽掉架在碗上的刀，数日内，将有祸事临头。巫术活动中，水碗中所照坏人的人影，只有师公一人能看到。但是村寨中的人们（包括做坏事者）都相信水碗的功能，于是"照水碗"竟在一定程度上起到了促使做坏事者自动交待的作用。

由祈雨求丰年引申出求吉祥，由求吉祥引申出驱邪，由驱邪引申出治病，又由求吉祥与驱邪共同引申出显吉凶、辨是非等，这一连串的引申都有着关联性的联系。这就是我们勾画出的中国水崇拜祈雨求丰年本义的引申轨迹。在此，这条轨迹也为我们展现出了一组有着内部联系的习俗系列。

祈生殖繁衍内涵的演变

祈生殖繁衍是水崇拜另一原始内涵。以此为本义，又依次作如下引申。

- 由祈求生殖到祈求生长

在原始水崇拜中，人们向水祈求生殖的力量，包含了水具有生殖力的观念。新生儿诞生后，需要健康生长，人们又借水来举行仪式，表达这种愿望。水又成了人们祈求生长力的对象，并由此被赋予了生长的力量。水的生长力信仰是由水的生殖力信仰引申而来。人们对水的生长力信仰，多体现在诞生礼习俗之中。

在我国历史最悠久、影响最广泛的诞生礼是各种形式的浴婴礼仪。宋代已有关

宋代《浴婴图》展示了古人日常生活中为婴儿洗澡的场面

于这种礼仪的记载："亲宾盛集，煎香汤于盆中，下果子、彩线、葱、蒜等，用数丈彩绕之，名曰围盆。以钗子搅水，谓之搅盆。观者各撒钱于水中，谓之添盆。盆中有枣子直立者，妇人争食之，以为生男之征。浴儿毕，落胎发，遍谢坐客，抱牙儿入他人房，谓之移窠。"要了解这种礼仪的根本意义，可对它的各个环节加以分析：以彩绸装饰浴盆，有祝吉、渲染隆重庆典气氛的作用，表明浴儿已不是一般的出于清洁卫生方面需要的洗浴行为，而是包含着神秘的信仰与祈求的礼仪活动。用银钗搅盆水，往盆水中投钱币，是带有巫术性质的仪式。按接触巫术的原理，接触过银钗、钱币的水便成了银水、富贵水，具有了银、币般珍贵的价值。接下去的仪式是妇人争吃水中直立的枣子，据说因此可以生男孩。可见，盆水的珍贵价值在于具有使妇人生育的生殖力量。最后一道仪式才是以盆水浴儿。用具有生殖力量的水来洗浴婴儿，是希望凭借水的生殖力促进婴儿健康成长。由此，生殖之水就成了生长之水。通观浴儿诞生礼的全过程，可见其根本意义在于祈求、祝福新生儿健康成长。洗浴的所有仪式都是围绕这个中心而形成的。洗儿诞生礼，包含着人们对水的生殖力、生长力的信仰。

《台湾内山番地风俗图》之母婴冷水浴

台湾土著民族，如阿美人、泰雅人、排湾人、布农人、卑南人、鲁凯人、曹人、雅美人、赛夏人、邵人等，都曾有一种古老的浴儿习俗。新生儿诞生后，要带到山溪、河流用冷水洗浴。《台湾府志》卷七《风土志》中记土番习俗说："甫生产，同婴儿以冷水浴之。疾病不知医药，辄浴于河；言大士置药水中，以济诸番。冬日，亦入水澡浴以为快。"台湾土著民族的浴儿礼仪，更清楚地表现了这类礼仪祈求新生儿健康成长的意义以及其中所包含的对水的生长力的信仰。尽管台湾土著民族是从神灵撒药角度来解释水的生长力的，然而这种神话式的解释显然是由古老的水生殖信仰派生而来，因为神灵撒药神话的解释只能是人们在对医药的作用有所认识之后，对水的生长力的一种新的解释。直到近代，台湾土著民族仍有抱新生儿到山溪行冷水浴的习俗。俗信认为水中有仙气和神力保佑小孩安康。其实，这种对水中仙气和神力的信仰，是水生殖信仰进一步神灵化演变的产物。清乾隆时，满洲人六十七奉命巡台，著《番社采风图考》，该书有冷水浴婴图及说明文字。是书已佚，但其说明文字在其他典籍中尚存节录："番俗初产，产母携所育媳婴同浴于溪，不怖风寒，盖番性素与水习。"这段文字说明，台湾土著民族的洗婴礼仪，无论天寒地冻、刮风下雨、冷水刺骨都要如期举行，可见对水的育婴、护婴功能崇信到何等程度。与上述说明文字相配套的图画在故宫信片第13辑第1组《台湾内山番地风俗图》中也有收录，不过，却是出于一无名画工的手笔。台湾土著民族的这种冷水浴婴习俗到本世纪初才慢慢改变，因为户外冷水浴对新生儿确实有百害而无一益。据说，是在当地警察的劝导下，才改用温水洗浴，并由户外改为户内洗浴的。有趣的是，改变后的习俗在无害和不伤大雅的前提下，仍保留了冷水浴婴习俗的残迹，表现出这种习俗顽固的传承性。如雅美人在温水洗婴后，尚须滴几滴泉水在婴孩头上，祈祷孩子的生命如清泉般长流不息。又如曹人在温水浴婴前，要用少许冷水擦洗小孩的身体，其意义在于神所造的天然水是纯净不染的，可以永保孩子安康。擦洗时，助产老妇还在一边念念有词："祝他健康。"冷水擦身完毕，再行温水浴，洗净身上的污垢。冷水洗儿，表现了对自然水的生殖力、生长力的崇拜，应该是洗儿习俗最原始的形式。

- 由祈求生殖到祈求再生

由于受"灵魂不灭""灵魂转世"观念的支配，我国一些传统的葬俗往往包含祈愿死者"再生"或"转生"的内容。相当多的葬仪都包含了祈愿死者再生的意义。用水举行的葬仪便是其中的一类。这类葬仪形式多样，原理完全相同，即借助水来"实现"死者的"再生"。它反映了人们认为水能使死者再生的信仰。水的再生信仰，不是凭空产生的，它是由原始水崇拜所包含的水生殖信仰引申而来。由水生殖信仰引申出水再生信仰是顺理成章的，因为生殖与再生都是生命产生的现象。

洗尸是丧葬礼仪中必不可少的仪式。许多民族的洗尸活动伴随着复杂隆重的礼仪。说明洗浴不仅仅是出于尸体洁净方面的需要，而是有着更为重要的信仰方面的意义。这就是通过为死者沐浴，让生命之水接触死者的身体，为其注入生殖的力量，促成其早日再生。这属于接触巫术之类。一些民族在洗尸前，还要举行买水仪式，人们来到井、泉、河边，焚香烧纸，算是向水神买水。只有买来的水才能用于死者的沐浴。洗尸的水，为什么要买呢？这是因为人们相信只有付出一定代价而获得的东西才有它特殊的力量。市场买卖法则在洗尸活动中的运用，也说明人们对于水的再生功能虔信无疑。广西壮族的人死后，孝男孝女便来到河边挑洗尸水，先把几个铜板或银元丢入河中，谓之买水。彝族"买水"音译为"谧文"，由死者的男性亲属到井旁打水，要焚香烧纸，俗称"替死者买水"。瑶族的买水除了要焚香化纸外，还要向河神投四枚铜钱。瑶族称为死者打来的水为"阴水"。买水之后，便是烧水浴尸。一般的做法是用蒿枝、柏枝、檀香等和水煎煮。烧好水后，便是浴尸了。一般是男性死者由男子来洗浴，女性死者由女子洗浴。各地浴尸方法虽有细微差异，但也大致相同。值得提及的是，仡佬族为死者烧热的一锅水，只用一部分洗尸，另一部分则由死者的后人每人喝一口，称"喝救苦水"。据说，孝子们喝了这种水，可以减轻死者在阴间所受的痛苦。实际上，这种仪式的真实目的并不是为了死者，而是为了活人，是一种祈求祖宗庇护的仪式。在人们的观念中，用于浴尸的水具有特殊的价值，是生命之水，死者浴身可以获得再生之力，活人喝了则可以求得家族兴旺。水的生命力在此获得了双重效应。

水还被引入我国少数民族的一些安葬仪式之中。白族有一种奇特的葬式，棺木放入墓穴之前，要在墓穴底部中央安置一个水罐，内装水与活鱼，用红木封口，其意义在于借水与水神（鱼）的生命力帮助死者转世再生。类似的葬式还有在墓穴中放上两坛清水作为随葬品的做法。

洗骨葬也是以水的再生力信仰为底蕴的一种葬式。这是一种二次葬，将墓掘开，取出遗骨，拿到河里洗干净，置于瓮或木匣内，再行安葬。有时，视情况的需要还要举行多次洗骨葬。为什么要将死者的遗骨掘出来洗净重新安葬呢？据称主要是为除祟，即除去先人带给后人的祸患，所以洗骨葬多在家道中落、家中有人生病时举行。《梁书》卷五十二中记叙衡阳地区的洗骨葬说："山民有病，辄云先人为祸，皆开冢破棺，水洗拓骨，名为除祟。"为什么先人要作祟于后人呢？为什么用水洗遗骨就能除祟呢？这与人们对水的再生力崇拜有关。在人们的观念中，先人总是对自己的后裔子嗣加以保护的，之所以要作祟，大约是在给后人传递一种信号：表明自己在阴间过得不好，无法脱胎转世，需要后人的帮助。于是，后人便重演洗尸故伎，掘墓洗涤遗骨。洗涤遗骨的作用在于让水接触遗骨，为其注入再生的力量，促使亡灵早日转世；而亡灵一旦获得了水的再生力，能脱胎为人，当然就不会继续作祟。

在丧葬习俗中，水作为再生之物，除被直接用于洗浴外，还被想象成能为死者亡灵饮用，这就形成了赠亡灵买水钱的葬俗。黔东南苗族有为死者赠买水银的葬俗。老人过世后，房族子孙及亲友都要赶来为死者赠买水银，每人将各自所赠送的碎银子装入一条长长的布袋，袋子打上结，隔开各人所赠碎银，然后置于死者身旁，供亡灵到阴间买水喝。苗族民间信仰认为一个人死后有三个灵魂：一个灵魂留在坟里；另一个灵魂进入家中住在神龛上，接受后人供奉；还有一个灵魂则要返回东方老家，上天堂拜会始祖蝴蝶妈妈和再生始祖炎公炎婆，然后再返回来投胎转世为人。当这个灵魂在返回祖先身边的时候，要经过天地交界处的一座高山。上得山顶，灵魂便会又累又渴，就要坐下来休息并找水喝。山顶有一清一浊两口水井，喝了清水，才记得清自己前世是人，也才会投人胎再生为人；若喝了浊水，则可能变得糊涂起来，投错胎变牛变马。但喝清水要用银子买。所以子孙及亲友要为死者赠买水银。这里，把水的功能说成是能使亡灵头脑清醒，似乎与再生无直接关系，但是从中仍可见人们是把水与亡灵的再生紧密相连的。

第五章 水崇拜的原始对象

不少人类学家、哲学家、宗教学家都曾从各自不同的角度证明过，人类历史上早期出现的自然崇拜的对象，并不是自然神，而是自然物和自然力，即粗俗的物质对象本身。这种观点，有其正确的一面，也有其不正确的一面。正确的一面在于早期的自然崇拜的确没有创造出神灵的形象，人们只是面对自然物和自然力本身施行仪式。不正确的一面在于它忽略了问题的另外一面：人们所崇拜的自然物和自然力是被神灵化了的、是有人性的，只是没有赋予生命的形体而已。原生水崇拜的对象便是神灵化了的水体、水体的各种形式（江、河、湖、海、井、泉、溪等）以及与雨水有关的自然现象（雷、电、风、云、虹、雾等）。原始人直接向这些自然物和自然现象祈求雨水的种种恩赐。在水崇拜的演变过程中，原生水崇拜对象虽然大部分已被次生态水崇拜对象所代替，但仍能通过考古资料与典籍材料证明其早先的存在，而且，在一些有关水的民俗事象中也能找到其残存的痕迹。

史前文化遗迹与典籍记载

迄今可见的最早的水体崇拜痕迹应是史前文化遗址中的陶器刻纹。仰韶文化、细石器文化、印纹陶文化、大溪文化、屈家岭文化等文化遗址出土的陶器上，绘有大量的条纹、涡纹、三角涡纹、漩纹、曲纹、波纹等代表水的纹饰。对原始初民来说，把水的各种形象绘制在陶器上，绝不是出于审美和装饰的目的，因为"人最初是从功利观点来观察事物和现象，只有后来才站到审美的观点来看待它们"。陶器上的水纹，是先民们为功利目的而刻绘上去的，它们体现了先民们对水的信仰与祈求。陶器上的水纹，直接表现了水的各种流动形态，说明水崇拜最初的对象就是水体本身。

水体崇拜在典籍中也有所反映。在典籍中，一些河水或泉水被称为甘水、甘露、玉膏、白水、丹水、酒泉、神泉等，并被赋予种种神奇的功效，反映了原始先民神秘的水体崇拜意识。

绘有波纹的出土陶器

甘水。《山海经·大荒东经》中说："有甘山者，甘水出焉，生甘渊。"关于甘水的作用，《山海经·大荒南经》中说："东海之外，甘水之间，有羲和之国。有女子名曰羲和，方浴日于甘渊。羲和者帝俊之妻，生十日。"羲和浴日，是指她为新生的十个太阳儿子洗浴。这是人世间新生儿洗礼习俗在神话中的反映。民间俗信认为经过水洗礼的新生儿能获得生长的力量，健康成长。羲和浴日也蕴含了这样的俗信观念，浴日的意义在于使新生的太阳获得生长的力量，而用于浴日的甘水则是生命力的象征。

甘露。《山海经·海外西经》中说："诸夭之野，鸾鸟自歌，凤鸟自舞。凤凰卵，民食之；甘露，民饮之，所欲自从也。"《太平御览》卷十二引《瑞应图》中说："甘露者，美露也。神灵之精，仁瑞之泽，其凝如脂，其甘如饴，一名膏露，一名天酒。"可见，甘露是甜美的祥瑞之水。

神泉。《淮南子·坠形训》中说："(昆仑)河水、赤水、弱水、洋水，'凡四水者，帝之神泉，以和百药，以润万物'。"神泉有调和百药、滋润万物的功效。

赤泉。《山海经·海外南经》郭璞注："有员丘山，上有不死树，食之乃寿；亦有赤泉，饮之不老。"赤泉是能让人长生不老之泉。

酒泉。《艺文类聚》卷七二引《神异经》中说："西北荒中有酒泉。人饮此酒，酒美如肉，清如镜。其上有玉樽，取一樽复一樽出，与天地同休，无干时。饮此酒人，不死长生。"酒泉的泉水是一种天然的美酒，也有使人长生不死的神力。

白水。《楚辞·离骚》中说："朝吾将济于白水兮，登阆风而绁马。"王逸注："《淮南子》言：'白水出昆仑之山，饮之不死'。"白水也是一种使人长生不死的神水。

上述各水，或有生长的力量，或能招致祥瑞，或可调药治病，或有使人长生不老的功效，等等，所蕴含的种种信仰，都根源于人们对水的生殖力、生命力、生长力的崇拜。

民众中的活态传承

我国少数民族祭祀井泉、河流等的仪式民俗中还保留了不少原始水崇拜的残迹。人们在水边举行祭祀仪式时,既不供奉各类动物水神,也不供奉各种人物水神,只是面水行祭,这说明其崇拜对象就是水体。壮族在合处节期间要举行祭水源的活动。由村中长老率领众人抬着鸡、猪肉等祭品来到村寨水流的源头,先摆供品,焚香祭祀,然后清理水源。祭水源的目的在于消除洪灾、保障终年清水不断。在壮族的观念中,水源并没有另外的神灵来操纵,所以在祭祀中,只是面对着源头焚香摆供品。

基诺族有祭水塘的习俗。在基诺族的观念中,天旱、风调雨顺与水塘有关,所以各村都设有一个水塘作为公共祭祀场所。每遇天旱,就要举行祭水塘活动。先在村中长老家杀三头猪,将猪头挂在竹竿上,立在长老家门前。长老和各家家长则头戴草帽,身穿蓑衣,来到水塘边祈雨,在水塘边摆上槟榔、盐巴、芭蕉叶、酒、肉等供品祭祀水塘。然后大家跳进水塘捞泥巴,象征性地修水塘以蓄水。

壮族有祭水泉的习俗。祭水泉是向石头行祭,此处的石头其实是水的象征或代表。因为水易蒸发不能长久保留,不能长期作为供奉对象,所以以水中的石头作为供奉对象。壮族地区村民常在水泉口建庙,于庙中立石作为供奉对象。为什么石头能代替水呢?可能是祭祀石头窝中积水习俗演变所致。在一些民族地区,至今尚有向蓄有积水的石凹坑祈求生育的习俗。如永宁纳西族的摩梭人向山洞中的钟乳石祈求生育时,要吸饮钟乳石尖端凹中由洞顶滴下的水。这种盛在石头凹中的水,更容易成为人们祭祀的对象。但是石头有凹且常年有水的自然景观并不是随处可见的,所以,后来无凹无水的石头就代替了有凹有水的石头,成为人们崇拜的对象。壮族老人每月初一、十五都要到山泉口边的小庙里去烧香,向石头敬祭山泉。在枯水季节,烧香祭泉更为频繁隆重,以祈求山泉不断流。如遇断流,则要集资行大祭。在小庙前杀猪宰羊,请巫师祈祷,倾诉人们祈盼泉水的心情,请求山泉开恩重涌清泉。一系列的祭祀活动,虽是在小庙石头前面举行,但从实质内容上看,却是以山泉为祭祀对象。

土家族敬奉井水灵。土家族山寨里大都有一口井,既供饮用,也供人们敬奉。据说井水长流不断，是因为有井水神力所致。土家族也有井水神的观念，但土家族的井水神并没有具体的形体，在土家族所有的神话传说中都没有关于井水神的具体说明，人们祭井水神，不设祭祀神位，只是向井中的水祭拜。而且，各种目的的祭拜最后都落实到水的作用上，表现出对水的直接信仰。如婴儿下地满月，首先要祭拜井水，舀水给婴儿喝。土家族把这种祭祀称为"出月祭水"，而不称作出月祭水神，可见在人们观念中的祭祀对象是水体本身。又如小孩若缺水，难以养成人，也要拜祭井水，并以水取名，如水清、水生、水秀等。再如从外逃难返乡或远行回归故里，都要先祭拜井水，捧一捧水喝，表示洗去风尘、驱除邪气疾病。这种习俗虽属迷信，却可以起到心理安慰的作用。游子远行归来，喝一口家乡的井水，能起到压惊镇静的作用。湖南侗族也敬井水神。侗族村村寨寨都有一口井，既供饮用，也供祭祀。侗族的井水神也没有具体的形体。人们常在水井边立一四方形神位，用石头或砖头砌成，神位上别无他物，看来所奉祀的还是水体本身。人们逢年过节，都要在神位前举行祭祀，烧香焚纸，祈求井水长年源源不绝，人饮井水健康长寿。逢大年初一，全寨人都要竞相第一个到井边烧香焚纸、放爆竹，然后挑一担新水回家，煮清茶，敬祭祖先，祈望新的一年事事如意。

井神画像

四川木里俄亚纳西族主要敬奉流经其居住地的苏达河、东义河、冲天河三条河流。其中，东义河流经区域最广、河水最大，又成为最主要的祭祀对象。每年的阴历三月初三，村民们便来到东义河与苏达河的交汇处，举行祭水神仪式。每年参加祭水神的人由"东巴"（巫师）卜卦选定，选定八九户，每户规定出几个人，组成23人的祭水神队伍。未选上的人家不能参加祭水神。但是全村其他各户的男女老幼虽不直接祭水神，却也有与祭水神相关的群众活动。祭水神这一天，人们纷纷到河边擦澡，将脱下的破旧衣服扔到河中，让流水冲走，意味着河水把身上的污秽冲洗得一干二净，来年有好运。直接参加祭水神的人家带上鸡、猪膘肉、米饭、黄酒、酥油、菜、香等，摆在河边作为敬奉水神的祭品。祭祀由本地"东巴"主持，其妻陪祭。全体面向河的上游下跪燃香磕头。"东巴"念经，祈求水神保佑今年风调雨顺，五谷丰收，人丁兴旺。祭毕，各户人家在河边支锅，煨菜做饭，就地野餐，相互祝福敬酒，吃掉祭品。

摩梭人视水为神灵，把泸沽湖视为母亲女神

摩梭人视水为神灵，把自己居住地的江、河、湖、泉、井作为崇拜祭祀的对象。洛水、南泛、左所等地的摩梭人习惯祭祀泸沽湖，他们称泸沽湖为"谢纳咪"，摩梭语义为"母湖""母海"，把泸沽湖视为母亲女神。泸沽湖是摩梭人先民的发祥地，沿湖的摩梭人世代以泸沽湖丰富的水产资源为主要生活资源，繁衍生息绵绵不绝。他们祭祀泸沽湖，祈望"母湖"能源源不绝地赐给生活资源，保佑风调雨顺、五谷丰收、降福免祸、人丁兴旺。金沙江畔的拉伯、拖甸、加泽等地的摩梭人则主要祭祀金沙江。永宁、乌角、前所的摩梭人则祭祀当地的泉水和井水。摩梭人崇拜水灵，时至今日还保留着传统的"转海节"。转海节日期一般为正月初五至初十，有的地方是农历七月十五。转海节期间，人们穿上节日的盛装，或以村为单位，或以户为单位，骑马或步行绕湖一周，边走边祭，往湖里投熟食和水果，敬奉湖水水灵，祈求赐予人畜平安，免遭湖水泛滥之灾。

居住在怒江峡谷的碧罗雪山的怒族逢久旱无雨，便要举行求雨仪式。家家户户都要捐献食物作祭品。村中除老弱病残者外，所有的村民都要到水塘边祭祀，时间长达两三天。由威望高、嗓音洪亮的"德西"（巫师）主持祭祀仪式。祭祀对象是天神，实际上是由祭祀水灵演变而来，因为祭祀地点仍是水边，即祭水灵的地方。祭祀归来，走在人群最前面的"德西"，身穿蓑衣，手敲铜鼓，口念求雨之辞，走到村头止步站立。路旁的村民们把早就备好的一盆盆清水朝"德西"和其他参加祈雨的人身上泼去。无疑，这是一种模拟巫术，通过泼水模拟下雨以感应水灵降雨。这种泼水巫术在一些民族中则演变成泼水节。

怒族祭水灵还有专门的祭辞，由"东巴"一边敲打犁头，一边念唱。祭辞表现了怒族人十分崇信水灵降雨保丰年、驱邪逐瘟疫的功能。祭辞是念给水灵听的，所以开头一般先念出某水域的名称，然后再表达人们的崇敬与祈求：

今天我们带着金鸡银鸡来供你，
这是我们祖先的习惯，
这是刮尼桑的规矩。
祖先怎样祭你，
刮尼桑怎样供给你，
我们也照样献给你。
让我们平安度日，
让我们幸福地生活。

今天我们把金鸡银鸡献给你，
不要给我们带来旱灾，
不要给我们带来涝害。
让我们旱天得雨，
让我们洪涝时见太阳。
求你保佑我们年年丰收，
求你守护我们岁岁幸福。
今天我们把金鸡银鸡供给你，
不要让我们耳聋嘴哑，
不要让我们断脚残手。
石头塌下来要往左边滚去，
木头垮下来要往右边倒去。
让我们行走顺利，
让我们干活平安。
祖先开天辟地那一天，
刮尼桑（虎氏族祖先）披荆斩棘那一日，
把一切邪恶都赶进了江里，
把所有不吉利的事都撵上山头，
今天我们同样驱赶邪恶病魔，
今夜我们照常撵走不吉利的事。
我们把瘟疫丢进江水里，
我们把邪恶丢进江水里。
把背不动的石头丢进江水里，
把抬不动的木头丢进江水里。
所有的灾难要从江水里流走，
所有的不幸要从河水淌去。
让江水把它们都冲走，
让河水把它们都带走。
即使江水倒流，
不要叫瘟疫再回来。
如果江水逆流了，
不要让邪恶再回来。
今天我们把金鸡银鸡献给你，
求你把四面八方的福气都领到我们这里。
我们不引石头和木头，
我们不引邪恶和瘟疫。
我们引进的是打猎和赶蜂的好运气，
我们引进的是种粮和养育的好福分，
所有好的运气都跟我们走啊！
所有好的福气都朝我们来啊！
………

居住在怒江峡谷的碧罗雪山的怒族逢久旱无雨，便要举行求雨仪式，图为现代表演剧照

水灵在怒族人心目中，有着非常崇高的地位，生活中的一切祸福都无不与水灵相联系。

原生水崇拜的对象还有云、雨、虹等自然物和自然现象。这些对象后来都逐渐演变成了有生命的水神。为保持论述的完整性，将分别归入论述各类水神的部分集中论述，此处不赘述。

第六章　河川水神

河流带给人类诸多的恩惠，所以世界上几条大的河流流域都成为人类古老文明的发源地。河流也带给人类毁灭性的灾难，河水泛滥，危及人们的生命财产。这些都是对河流产生崇拜的原因。不过，古人对河流产生崇拜还有更为重要的原因：河流是水的汇聚之所，古人便据此将河流与降雨联系起来，以为降雨是掌管河水的河之神灵所为。所以古人祈雨止雨都要祭祀河流。卜辞中有大量祭祀河流的记载，虽然这些记载并未明确反映对雨水的祈求，但皆是与此有关。我们可根据后世的祀河记载来印证这一点。

前文所述我国一些少数民族遇天旱祭河流的民俗事项，也能说明古人曾有河神司水的观念。

中国河流众多，在民间每一条河流都有附近的居民崇拜它、神化它。在官方则有所不同，自周朝起，由于统治阶级提倡祭"名山大川"，一些大的河流成为官方祭祀的对象，也成为民间重点祭祀的对象。

黄河河神

黄河"纳细川于巨流"，流经地域广大，对中华民族的文明产生了巨大影响。黄河河神在诸河川水神中地位最高。

黄河河神的人神化较早，其代表为河伯。上古的河伯名叫冯夷。关于他的来历有几种说法。《庄子·大宗师》《山海经·海内北经》郭璞注说他是修道成神而为河伯。《抱朴子》中则说他是在八月上庚日渡河溺死之后而被天帝封为河伯。不管是哪种说法，

汉代画像石中，南阳市王庄画像石墓墓顶上刻有河伯出行图

都认为河伯是由人变成的。河伯为人神,却也脱不掉动物的某些特征。西晋张华《博物志·异闻》说:"昔夏禹观河,见长人鱼身出,曰:'吾河精。'岂河伯也?"这是人首鱼身的河伯。河伯又可化作游龙,而且河伯的部下都是水族,如乌贼、龟、鳖、鼍等。这些都说明河伯是由动物水神渐次演变而来。冯夷之说是演化过程中产生的神话传说。动物水神演化为河伯是水崇拜对象演变的必然结果。

河伯冯夷是一位具有双重性格的水神。一方面他行善事,造福于人类。大禹治水之时,河伯与洛水水神联合献出治水方略,洛水水神献出"洛图",河伯献出"河书",为大禹治水成功助了一臂之力。"洛图""河书"都是中国文化中极具神秘色彩的事物。当然,河伯给予人类最大的恩惠莫过于保证提供充沛适量的雨水,保证河流畅通,无洪水泛滥,所以历代王朝莫不举行盛大的河伯祭祀。周代的天子祭河伯时,要将贵重的玉璧投入河中,还要沉入牛、马、豕、羊等。秦、汉、晋等朝君主承袭周代的传统,屡屡不绝投玉沉牲祭祀河伯水神。河伯也似乎对君王的祭祀给予了回报。《谷梁传》记载,晋时吕梁山崩溃,堵塞黄河河流,洪水泛滥,达三天之久。晋侯便率领众臣披麻戴孝,到河岸河伯祠去祭祀,并全体大哭祷告。不久,河水便流通了。这当然是迷信的说法。黄河的流通也许恰巧在祷告之后,但并非祷告的神力所至。河水堵塞三天,水积成渊,必然夺路而泄,原本是自然的伟力。历史上黄河改道的记载数不胜数,也能说明这个道理。不过,古人出于科学知识的贫乏和迷信的思维定式,只能理解为河伯显灵罢了。

西门豹废除河伯娶妇恶俗

河伯所做的好事载于史籍的并不多,更多的则是关于河伯劣迹方面的。传说中,这位河伯冯夷既贪色又贪财。他原本娶洛水水神宓妃为妻。洛水是黄河的支流,洛水女神也就成了冯夷妻子。洛水女神似乎不怎么爱冯夷,后来就与射掉九日并除去许多妖怪的后羿私奔,做了后羿的妻子。后羿无疑在这里充当了婚姻的第三者,应当说冯夷是三人中唯一的受害者。可是,冯夷既受人害又

子羽画像

害人，自己的妻子被掳走，就每年向人间索取美女。于是在战国时代就有了河伯娶妇的习俗。魏国的邺郡每年都要把一位民间美女投入河中，送给河伯做新娘。

这种凶残的习俗不知糟蹋了多少民间美女，可见冯夷的罪恶不小。后来，西门豹制止了这种陋俗。《史记·滑稽列传》记载了西门豹这一功绩。魏文侯时，西门豹做了邺令。他刚到任，就召集当地长老查访民间疾苦。长老说，百姓苦于每年为河伯娶妇，弄得十分贫穷了。西门豹询问其中的缘故。长老回言说：邺地的乡绅和巫祝每年都要从百姓身上征取数百万钱的赋敛，用其中的二三十万钱为河伯娶妇，其余的就私自分了，还堂而皇之地说为河伯娶妇，是为百姓着想，避免河伯发怒引来洪灾之祸。西门豹为除去这一陋俗，惩罚敲诈民财的乡绅和巫祝，就去观察河伯娶妇的祭祀现场。他巧施计谋，借口所选河妇不美，叫大巫妪人去河中告诉河伯，以后再选更美的女子奉送，连投大巫妪与三弟子入河，使邺吏民大为惊恐，从此以后再也不敢提及为河伯娶妇的事了。后来秦国的国君秦灵公还是要把公主嫁给黄河，也不知又葬送了多少女子的青春性命。

《博物志·异闻》中记载了河伯冯夷贪财的传说。孔子的学生澹台子羽过黄河，带了一块价值千金的玉璧。河伯贪求这块玉，便指使水波神阳侯掀起滔天巨浪，还派两条鲛鱼咬住船，想要弄翻这条船以夺取玉璧。子羽毫不畏惧，左手拿着璧，右手挥剑，斩杀了二鲛，终于平安地渡过了黄河。子羽上岸后，想要羞辱河伯，就将璧扔到河里，河伯作为战败者，无论怎样贪心，也不好意思再要那块璧。子羽连投三次，都被河伯反弹回岸上。子羽于是砸碎玉璧而去。子羽当面砸玉，河伯反应如何，传说中没有记载，想必他那样子一定十

黄河河神传说中冯夷出游常坐两条龙拉的车

分尴尬。

这河伯冯夷还有更尴尬的时候。《初学记》中说，冯夷变成一条龙在天上游来荡去。后羿看见了，就拉弓一箭射瞎了他的一只眼睛。河伯奈何不了后羿，就跑到天帝那里去告状，想要天帝帮他摆平这件事。谁知天帝询问了事情的经过，并不同情他，反而奚落他说：一个大神应该生活严谨，变条龙随随便便去游荡成什么体统，挨了一箭是自讨苦吃。

河伯冯夷在传说中就是这样一位既受人崇拜又受人奚落的水神。人们崇拜他，是因为祈望从他那里获得风调雨顺、五谷丰收；人们奚落他，是因为憎恶黄河带给人类一次又一次灾难，包括祭祀黄河搜刮民脂民膏的灾难，同时也表现了人们希冀战胜黄河的意志。在众多的传说中，一方面，他威风凛凛，出游常坐两条龙拉的车，水族臣仆前呼后拥，人们祭祀他用牛羊猪甚至不惜用美女；另一方面，他又是声名狼藉，常遭战败与奚落。不唯河伯有这样的遭遇，就是后来取河伯而代之的水神统领龙神，又何尝不是如此呢，人们崇拜龙，祭祀龙，同时又晒龙，抬龙游街示众。这就是中国人对水神以至诸神的饶有趣味的态度。

洛水女神

黄河的支流有宓妃水神，俗称洛神。传说她是伏羲氏的女儿，因渡洛水或在洛水边玩耍而溺死（神话中有多种说法），就化作了洛水女神。洛水女神是位美女神，其美貌绝伦竟引得现实生活中的人也为之赞不绝口，心向往之。

三国时魏国的曹植作《洛神赋》：

其形也，翩若惊鸿，婉若游龙，荣曜秋菊，华茂春松。髣髴兮若轻云之蔽月，飘飘兮若流风之回雪。远而望之，皎若太阳升朝霞。迫而察之，灼若芙蕖出绿波。秾纤得中，修短合度。肩若削成，腰如约素。延颈秀项，皓质呈露，芳泽无加，铅华弗御。云髻峨峨，修眉联娟，丹唇外朗，皓齿内鲜。明眸善睐，靥辅承权，瑰姿艳逸，仪静体闲。柔情绰态，媚于语言。奇服旷世，骨像应图。

曹植以其浪漫主义的笔调，描写出了一个千娇百媚的美女形象，千百年来为世人称道。洛水女神体态轻盈，如惊飞的鸿雁，又像是天上蜿蜒游动的娇龙。远远望去，如同天空升起的朝霞一样艳丽光耀，近而观之，又像是绿波间绽放的白莲一样光彩夺目。身材肥瘦适中，长短合宜，肩若玉斧削成，腰肢像是系着光洁的白绢，顾长的颈项秀丽无比，肌肤雪白如霜，不需再施浓妆，素雅之美自然天成，挽着乌黑高耸的发髻，长着细长弯曲的双眉，红红的嘴唇十分鲜艳，白皙的牙齿闪耀着光彩。明亮的双眼顾盼生媚，脸上两个小酒窝动人心弦。唐代诗人徐凝的一首《赏牡丹》，也透露出对这位惊艳迷人的美女的钦慕："何人不爱牡丹花，占断城中好物华。疑是洛川神女作，千娇万态破朝霞。"诗人由于洛阳的牡丹花，想到了洛水女神朝霞般百媚千娇的容貌，几乎认定牡丹是洛水女神亲自创造出来的作品。古往今来，人间大凡绝色美女往往都不会为一个男人所独占。看来，神仙界也不例外，洛神美女先嫁河伯，后又与后羿私奔了。大概是美女的感情都过于丰富的缘故，又或是追求者众多的缘故吧。

东晋画家顾恺之依据曹植《洛神赋》内容创作而成《洛神赋图》

洛水与黄河相交，洛神与河伯自然就被说成了夫妻神。洛神初嫁河伯，也有一段新婚燕尔之乐。河伯陪伴洛神乘坐龙挽荷盖的水车，腾云驾浪，如行云流水，从下游九河直上源头昆仑，流连于良辰美景，又手牵着手东行，回归新居鱼鳞屋、紫贝阙，享尽荣华富贵之乐，极尽男欢女爱之情。

但是，河伯喜新厌旧，风流成性，每年吩咐巫妪替他挑个妙龄少女做新娘，并警告两岸百姓："若不为河伯娶妇，水来漂没，溺其人民。"洛神厌倦了狂妄自大的河伯，厌倦了轻靡浮华的生活，与河伯决绝，回到了洛水。

后羿经过洛水，遇上洛神，一见钟情，两人遂结为夫妻。河伯听到这个消息，非常妒忌，但又不敢与后羿正面抗争，只得化为一条游龙在天上游来游去，打探消息。结果被后羿一箭射瞎了左眼。

洛神多愁善感，又多经情感周折，所以被赋予情爱女神的职能，管理男女恋情纠葛，大凡失恋、相思、闺怨之类的情感问题，都要祈求洛神解决。无怪乎南朝谢灵运《江妃赋》中说："招魂定情，洛神清思。"但洛神既为水神，主要职能还是管理旱涝晴雨、风调雨顺之事。早在黄帝时代，就有了祭祀洛河礼仪。《今本竹书纪年》中说黄帝"祭于洛水""率群臣东沉璧于洛"，为祭祀洛水，不惜投进贵重的玉璧，可见当时祭典之隆重。

东晋顾恺之《洛神赋图》（局部）

周承古制，仍以贵重的玉璧沉水祭祀。《今本竹书纪年》中说：周公旦和周成王曾"观于河、洛，沉璧"。

洛水，也是滋润中原文化发育发展的重要河流。传说洛水里出现过一只神龟，背上负着"洛书"，是一种神秘的龟文，属于八卦方位的密码，人们称之为"洛书"，与黄河所出"河图"并列为中国文化史上最神秘的文本。洛水为了感谢人间丰厚的祭祀与虔诚的崇拜，就派神龟负书献给大禹，以助大禹治水。

神奇的洛水，既带给人们情爱的遐思，产生出了一个美妙绝伦的女神，又引起人们的玄思妙想，产生了一部永远无法破解的天书。

湘水水神

潇湘二妃，是湘水与洞庭湖的两位女神，传说为尧帝的两个女儿，长女娥皇，次女女英。她们嫁给舜帝，成为舜的两个妃子，合称潇湘二妃。

舜与二女成婚后，相亲相爱，如胶似漆。二妃又足智多谋，常为舜出谋划策，帮助舜渡过各种难关。舜与其胞弟象相斗，象施毒计企图置舜于死地。二妃出奇谋，并以神力帮助舜脱离了险境，最后战胜凶顽。后来舜为尧所重用，"纳于百揆，宾于四门，选于林木，入于大麓"。尧打算让位给舜，便用多种方法考验舜，舜每每与二妃商量，得以顺利解决种种难题（西汉刘向《列女传·有虞二妃》）。舜即位后，为天下百姓做了不少好事，成为与尧并列而为百姓代代赞誉的国君。舜能获此殊荣，想必与二妃的辅佐分不开。

舜晚年南巡，不幸死于苍梧之野。二妃赶往苍梧送丧，一路哀痛欲绝，哭泣不断，如泉涌般的泪水挥洒在荆楚大地的竹林上，漫山遍野的竹叶留下了点点斑痕。感天动地的悲哀从此留下了永久的纪念。这种叶片长满斑痕的竹子被称作斑竹，也叫"湘妃竹"。湘妃二女赴丧途经湘水，因哀伤过度，体力不支，溺死于洞庭湖一带的湘江，二女遂成为湘江、洞庭湖的水神，"神游洞庭之渊，出入潇湘之浦"。（《水经注·湘水》）

《山海经·中次十二经》记叙了湘水二女神出现于洞庭湖、湘江时的情景："洞庭之山，帝之二女居之，是常游于江渊。澧沅之风，交潇湘之渊，是在九江之间，出入必以狂风暴雨。是多怪神，状如人而载蛇，左右手操蛇。"二妃成为水神后，左右手都握着蛇，这大概是为了增添二妃水神应有的威仪吧。二妃既为水神，就顺理成章地承担起了司水的职责，具有了呼风唤雨的本能，所以其出入伴随着狂风暴雨。传说秦始皇过湘江时，就遇到了二妃发起的大风的阻隔。《史记·秦始皇本纪》中说："始皇浮江，至湘山祠，逢大风，几不得渡。上问博士曰：'湘君何神？'博士对曰：'闻之，尧女，舜之妻，而葬此。'"

屈原在他的《九歌》中，写下了《湘君》《湘夫人》两首诗，以浪漫主义的想象描绘了湘水女神凄婉哀绝的动人形象："帝子降兮北渚，目眇眇兮愁予，袅袅兮秋风，洞庭波兮木叶下。"秋到洞庭，凉风习习，波光粼粼，落叶萧萧飘零，二妃女子在银白色的沙滩上漫行，满怀幽怨与怅惘，远远地便可看到她们哀愁的泪光。千古遗恨荡漾在洞庭潇湘之间。

湘水二妃，长女娥皇俗称湘君，次女女英俗称湘夫人。同为舜妃，为什么一个称君，一个称夫人呢？唐代韩愈的《黄陵庙碑》解释说："尧之长女娥皇为舜正妃，故曰君，其二女女英自宜降为夫人。"

古画中的潇湘二妃，她们是尧帝的两个女儿，分别掌管着湘水与洞庭湖

湘水二妃历来受人尊崇，洞庭湖君山有二妃庙，供人奉祀祈祷，庙内香烟缭绕，常年不绝。

二妃的传说在荆楚之间影响很广。不知何年何月，人们又把二妃崇奉为汉江水神，旧时在江边还立有江神庙。汉江俗称汉水，长江支流之一，源于陕西西部，在武汉注入长江，全长1532公里。据《列仙传》记载，二妃在汉江也偶尔显露过她们的芳容。"江妃二女者，不知何所人也，出游于江汉之湄，逢郑交甫"。"不知何所人"，说明汉江二女没有另外的出处，应本源于湘水二妃。二妃出游江汉，遇上了花言巧语、贪色好占小便宜的郑交甫，就引出一段故事来。这郑交甫在汉水边闲逛，看见两位服饰艳丽的女子在一叶小舟上玩耍，便走上前去想套近乎。两位女子容貌惊人，佩戴着贵重的饰物，郑交甫见了垂涎三尺，心向往之。他用粗俗的语言来调戏二妃，二妃微笑不语。郑交甫以为对方上钩，竟要二妃解下腰间的佩饰作为定情信物。二女有心戏弄一下厚颜无耻的郑交甫，便一声不响地解下佩饰递给郑交甫。郑交甫接过佩饰，心花怒放，喜不自禁，将佩饰放在怀里贴着心窝，依依不舍地离去了。走不到几十步远，郑交甫抑制不住内心的激动，又解开衣襟看那佩饰，却空无一物。他回头向汉江望去，只见二女忽然消失在茫茫江波烟水中。

洞庭水神

洞庭湖除了有二妃神游外，还有一对夫妻水神，即神君柳毅与龙女。

唐代李朝威的《柳毅传》中说，柳毅赶考完毕归家，路过泾阳，遇牧羊女。牧羊女恳请柳毅传书信给洞庭龙王。柳毅传书至龙宫，方知牧羊女为洞庭龙王之女，因误嫁泾川龙子受尽夫婿虐待，苦不堪言，才托柳毅传书向龙王求救。龙女叔父钱塘龙王知道了这件事，愤然前往，捉住了泾川龙子，并把他吃掉了，然后救出龙女回家。洞庭龙王欲将龙女嫁给柳毅为妻，柳毅虽然暗恋龙女，但因传书救女纯为一个"义"字，不为夺人之妻，所以严辞拒绝了。柳毅满载龙王所赠珠宝还家后，先娶了长氏，后娶韩氏，都相继亡故。最后娶范阳卢氏，卢氏即为龙女。起初柳毅并不知道，婚后一月有余，有一天，

洞庭湖的夫妻水神，即神君柳毅与龙女。柳毅传书救龙女的故事传为一段佳话

柳毅夜晚回家，借着朦胧的灯光看妻子，忽然觉得她与龙女酷似，就谈起传书救龙女的事，妻子忍不住说出了自己的身份："余即洞庭君之女也。"后来，柳毅与龙女双双赴洞庭为神。龙女之父传位给柳毅，柳毅做了洞庭神君。清代东轩主人《述异记》卷上说："洞庭神君相传为柳毅。其神立像，赤面，獠牙，朱发，狞如夜叉，以一手遮额覆目而视，一手指湖旁，从神亦然。舟往来者必临祭，舟中之人，不敢一字妄语，尤不可以手指物及遮额。不意犯之，则有风涛之险。"柳毅本来是个读书人，文质彬彬，做了水神竟变成这等狰狞面孔，让人难以接受。对此，清代蒲松龄《聊斋志异》（会校会注会评本）卷十一"织成"篇末附记作了解释：柳毅即位后，"以毅貌文，不能慑服水怪，付以鬼面，昼戴夜除。久之渐习忘除，遂与面合而为一。毅揽镜自惭，故行人泛湖，或以手指物，则疑为指己也；以手覆额，则疑其窥已也；风波辄起，舟多覆"。洞庭湖打渔行舟人家都要祭奉洞庭神君，求得风平浪静，一路平安。

济水水神

济水是古时的一条河流，发源于河南，经山东注入渤海。历史上黄河多次泛滥改道，占去了济水河道，济水今已不存。但济水水神传说仍在民间流传。古时济水与长江、黄河、淮水合称为四渎，是历代官方指定祭祀的河流。唐时封"清源公"，宋时封"清源王"，元时封"清源汉济王"。

唐代段成式《酉阳杂俎》中说，平原县西四十里，旧时有一片松树林。大约在十六国时南燕太上末年，有一个叫邵敬伯的人居住在长白山。有一天，邵敬伯突然收到一封信，这信原是吴江神写给济水神的，吴江神的送信人大约有急事要过长白山，自己不能把信送到，又转托邵敬伯送信。信中附有送信人的一张条子："我是替吴江神送信的信使，吴江神要我把这封信送给济伯。但我现在有急事要过长白山去，请你帮忙把这封信送给济伯。"上面还说了进入济水求见济伯的方法，说只要在济水边那片松树林里摘一片松树叶，投入水中，就会有人来接。敬伯照这些话去做了，便立在岸边，恍惚之中似乎有人来接他入济水。敬伯有些犹豫，不敢下水，那人就叫敬伯闭上眼睛。敬伯闭上眼睛随那人走，感觉已经进入水中。不一会儿，敬伯睁开眼，发现自己已在一座富丽堂皇的宫殿中。一位八九十岁的长者坐在一张水晶床上，接过了敬伯带去的信，打开看了，说了一句有关时局的预言："裕兴超灭。"长者旁边

唐代段成式《酉阳杂俎》中讲述了邵敬伯代吴江神送信给济水神的故事

的侍卫个个瞪着圆眼，身穿甲胄，一派森严，令人毛骨悚然！敬伯不敢询问，就起身告辞。长者送给敬伯一把小刀，嘱咐他只要拿着这把刀，就不怕水了。敬伯拿着这把刀，不知不觉就回到了松林。敬伯看着手中的刀，才知道不是在做梦。

果然，就在这一年，宋武帝刘裕灭掉了慕容超的南燕王朝。看来，水神济伯的预言果然灵验。在此，水神的功能已扩大到预知天下大事的地步。这也是水神人神化、神人化的结果吧。当然，无论人神化的水神增添了多少职能，司水却仍是其根本职能，不然就不称其为水神了。济水神也不例外。

济水水神赠给敬伯的那把小刀，就是镇水的法宝。南朝宋永初三年，敬伯所居住的村子发大水，一夜间整个村子变成一片汪洋，全村人都被洪水吞没，唯有敬伯身边带着那把小刀竟安然无恙。他平平安安坐在一张榻床上，榻床为鼋所托。看来是济伯的镇水法宝保护了他。

关于济水水神，还有两种说法，一说为济水仙姑，把济水水神说成了女神，有济水仙姑用金船托住济南城，使其免遭洪水淹没之说。另一说为楚伍大夫伍子胥，伍子胥本为吴国名将，为吴王赐死分尸长江中后成了潮神，主司江上波涛与钱塘江大潮。济水水神，一说济伯，一说仙姑，一说伍子胥，说法不一，其实无根本矛盾。无论谁做济水水神，

都只是表达老百姓对水及水神的一种信仰而已。

长江诸水神

长江发源于青藏高原腹地，流经十个省、自治区、直辖市，沿途汇聚了700多条主要支流，全长6300余公里。长江横贯中国东西腹部，流域甚广，水系众多，其水神必然带上多种地域文化色彩，形成众多水神。也许是鉴于长江水神名目繁多，不便官方祭祀的缘故，汉宣帝时，建立了五岳四渎制度，规定江渎为统一的长江大神，并于江都（今江苏江都）设江渎祠，派祠官代表朝廷年年祭祀，一年四祠。以后，历代朝廷都祭祀江渎，且不断为江渎加封。唐玄宗时，封广源公。宋仁宗时，封广源王。元时，加封广源顺济王等。然而官方的祭祀终究不能代替民间的信仰，民间仍崇祀多种长江水神。

长江上游成都一带有奇相江神。奇相，含奇异之相貌的意思。奇相为女江神，但奇丑无比，远不能与湘水女神并比。《一统志》引《山海经》（今本无）说，奇相"生汶川，马首龙身"。《蜀典》卷二"奇相"条说："《蜀祷杌》曰：'古史云，震蒙氏之女窃黄帝玄珠，沉江而死，化为奇相，即今江渎神也。'按《黄帝传》云：'象冈得之，复为蒙氏女奇相氏窃之，沉海去为神。'"奇相本为震蒙氏的女儿，偷了黄帝的玄珠，被处以沉江的惩罚，化为江神后，相貌也变得丑陋了。奇相女神虽然丑陋，生前又做过一件不光彩的事——偷窃黄帝玄珠，但作为水神，她还是尽职尽责。大禹治理长江、疏通河床时，奇相就帮助过他。所以人们立祠祭祀她。《汉唐地理书钞》辑唐代李泰《括地志》中说："江渎祠在成都县南八里。"明代曹学佺《蜀中名胜记》卷一也说："《汉书·郊祀志》云，秦并天下，立江水祠于蜀，至今岁祀之。"

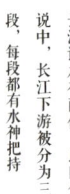

长江诸水神画像，民间传说中，长江下游被分为三段，每段都有水神把持

长江中游荆楚一带的水神是二妃。二妃本为主管湘水、洞庭湖之水神，大概洞庭与长江相连接的缘故吧，二位女神又成了长江水神。长江又与汉江相连，她们又是汉江水神。郑交甫就在汉江上目睹过她们的芳容。

长江下游则有"三水府"之说。长江下游俗称扬子江，民间把扬子江分为上、中、下三段，分设三水府，各水府均有水神把持。

上水府在马当山，中水府在采石山，下水府在金山。南唐保大年代，封上水府为广祐宁江王，中水府为济远定江王，下水府为灵肃镇江王。三水府均设庙宇供人祭祀。传说唐代诗人王勃赴滕王阁作序时就曾得到中水府的帮助，日行七百里，即时赶到宴会，作下了千古流传的佳作。所以滕王阁中有一对联的下联说："安得长风巨浪，送来江上才人。"

长江下游还有两位女神大姑、小姑，分别由大孤山、小孤山转音附会而来。长江鄱阳湖口有两座孤立拔起、玲珑秀丽的山峰，民间称作大孤山和小孤山。两山分别设大姑庙、小姑庙，供二女神塑像，二女神塑像色彩艳丽，光彩照人。船只经过，都拜祭大姑、小姑庙，求得行船平安。因为这一段水域风急浪高，容易翻船，大姑小姑便成为司风浪的水神。

淮河水神

淮河发源于桐柏山，东流经安徽注入江苏洪泽湖，出湖后分两路流行，一路在三江营注入长江，另一路向东注入黄海。淮河水神为无支祁。

在大禹导淮神话中，就有淮河水神无支祁出现。无支祁又名巫支祁。《太平广记》卷四六七"李汤"条引《戎幕闲谈》，描绘无支祁"形若猿猴，缩鼻高额，青躯白首，金目雪牙，颈伸百尺，力逾九象，搏击腾踔疾奔，轻利倏忽，闻视不可久"。这无支祁面目可怖，似猴又非猴，鼻子短，额头高，身体呈青色，头部为白色，生着一双火眼金睛，张嘴露出雪白的利牙，颈子可以升到百尺之长，力气大得可以敌过九头大象，行动神速敏捷，变化无常，转眼间就可以消失。这水怪与《西游记》中孙悟空应属同类。史籍没有记载无支祁的来历，但在淮河流域至今仍口头流传的无支祁传说却说得很清楚，可以补史籍之不足。

无支祁不仅是淮河水神，而且是淮河起源神。他本是桐柏山山民之子，原先并无此丑怪形象，而是有着正常人的外貌。传说，桐柏山居住着一个老婆婆，她有一个儿子叫无支祁（也有说叫无忌），母子俩相依为命。无支祁每天上山砍柴，生活非常艰难，常常

传说淮河水神本是山民之子,因不慎吃了蛟蛋而变成了蛟龙,最终成为了淮河水神

吃不饱饭。有一天他在山上拾得七枚蛟蛋,就带回家,让母亲自己煮着吃。母亲心疼儿子,舍不得吃,把蛟蛋煮熟后悄悄放在儿子的饭袋里让他在山上当饭吃。无支祁砍柴休息的时候,又累又饿,就打开饭袋,发现七枚煮熟的蛟蛋,知道母亲舍不得吃这些蛋,把它们留给了自己。无支祁想到年迈的母亲需要吃点好东西补养身体,就舍不得吃。后来,无支祁饿极了,饭袋里又没有什么其他的东西可吃,他只好把蛟蛋吃了。吃下蛟蛋后,无支祁感到嗓子冒烟,口渴难耐,就去找水喝,喝了一瓢又一瓢,还是不解渴,就无止境地喝,也不知喝干了多少山泉、多少河流,渴是止住了,但浑身发起烧来,而且烧过之后就长出鱼鳞,慢慢变化成一条蛟龙。所到之处都变成河流,无支祁只得依依不舍地告别母亲,每走一程,他都要回头看一看母亲。每回头一次,就涨一次水,留下一个滩。就这样逐渐留下了许多个滩,这些滩叫"望娘滩"。

无支祁走过的路线成了一条河,这就是淮河。无支祁也由人兽易形而成了淮河水神。淮水连年泛滥,吞没大批良田,夺走成千上万百姓的生命,就被认为是无支祁在兴风作浪。

《戎幕闲谈》记载了大禹导淮制服无支祁的经过。大禹三次来到淮河源头桐柏山治理水患。每次都是声势浩大,精兵强将铺天盖地而来,"惊风走雷,石号木鸣",然而都没有成功。大禹震怒,召集百种精灵,命令夔龙、桐柏等山神前来听从调遣。经过一场围剿,囚禁了鸿蒙氏、章商氏、兜户氏、犁娄氏,终于围住了淮河水神无支祁。但无支祁能言善辩,又善变幻法术,很难制服。大禹派童律去不能将其制服,派乌枑也不能制服,最后派太阳庚辰去才制服了无支祁。当时无支祁率众多水怪来反抗,鸱脾桓胡、木魅水灵、山妖石怪,疾奔呼号,向庚辰密密层层包围过来,庚辰用火一一驱赶开,无支祁失去了护卫,孤零零一个光杆司令,终于被庚辰擒获。庚辰用大铁索锁住无支祁百尺长的颈子,在他的鼻子上穿上金铃,并将大铁索系在淮阴龟山下的巨石上。从此,淮河疏通,平安地流入大河。后来,有个楚州刺史名叫李汤的,听人说龟山下水中有大铁锁，想探个究竟，就让人用牛来拔大铁锁，一下子把大铁锁拔出来了。刹那间，风涛陡起，一形若猿猴的怪兽闯上岸来，这兽高五丈多，白首长鬣，雪牙金爪，他就是无支祁。无支祁被囚水中千载，此时得以出水上岸，长年累月的压抑如火山喷发。他怒火熊熊，疯狂地朝围观的人群扑去，人们吓得抱头逃窜。后来，无支祁慢慢地退去，连同大铁锁及拴在大铁锁上的牛一起沉入水中。这楚州刺史李汤由好奇心驱使，触动无支祁，险些又惹出一场大灾难来。大禹锁无支祁神话在民间流传中，还有多种演变。有一种说法讲无支祁被大禹锁进了桐柏山下的淮井。当时，庚辰追赶无支祁，追了几天几夜，终于赶上了他，就让大禹用铁锁捆起来。无支祁又变花招，用缩身法逃往金甲潭，与鳖精合谋，率虾兵蟹将一起抵抗。庚辰随机应变，也使出自己的法宝，喷出熊熊火焰，终于抓住了无支祁，并把他锁进白玉石砌的玉井里。这玉井便是淮井。大禹把无支祁锁进淮井时，这一败涂地的水神竟然还有脸向大禹讨价还价："我何时出井？"大禹回答说："铁树开花之日，就是你出井之时。"表明淮河水神永无出头之日。然而，大禹锁无支祁的神话，或许只是反映了人们在一段时间内曾征服过淮河的史实，或许根本只是表达了人们企图征服淮河的愿望而已。事实上，禹之后，淮河的祸患又接二连三地危及两岸的人们。所以，尽管淮河水神在人们心目中是一副凶神恶煞的面孔，但人们对他的祭祀却从来没有停止过。过去的时代，限于生产力水平的低下，人们无法从根本上战胜淮河，就不得不讨好淮河水神，经常给他上些供品，祈祷他不要带给人类洪水泛滥之灾。从可查的史籍来看，秦汉时就有过对他的祭祀，到唐时封他为"长源公"，宋时又加封他为"长源王"，元时再加封他为"长源广济王"。淮河水神无支祁成了至尊至贵的水神之一。

淮河水神无支祁被认为是孙悟空人物形象的原型

无支祁这一水神对后来的小说《西游记》中的人物孙悟空的形成还产生了一定影响。鲁迅先生认为《西游记》中的孙悟空与无支祁有很多惊人相似之处：无支祁最后被大禹锁在龟山下，孙悟空也曾被如来佛压在五行山下；无支祁形若猿猴，孙悟空本来就是猴像，其"搏击腾踔疾奔，轻利倏忽"之状亦无异。因此，无支祁被认定是孙悟空人物形象的原型。

江西水神

长江流域江西一带崇拜水神萧公,俗称萧公爷爷。《三教源流搜神大全》卷七记载说:"公姓萧,讳伯轩。宋临江府人。"萧伯轩卒于宋咸淳年间,被乡人奉为江神,在临江府大洋洲立庙,"保船救民,有祷必应"。明初,朝廷封萧公水神为水府灵通广济显应英佑侯,其威灵大著于九江八河五湖四海之上,庙宇遍及各地,成为具有全国影响的水神。

据记载,萧公浓眉乌发,长着美丽的鬓髭和一束长胡子,为人刚正自持,不苟言笑。成人后,常常有些举动令人惊异不解。比如,有时他和朋友在一起喝酒宴饮,大家喝酒都正在兴头上,他却突然伏案沉睡,别人以为他喝醉了,也就不在意。过了一会儿,他醒了,站起身来告诉大家:"刚才江里有条船翻了,我去解救,救活了几个人。"在座的人听了不敢相信,但又不能完全不信,因为萧公说话时显出十分认真的样子。有好事的年轻人马上跑到江边去察看,果然有条船翻了,有几个落水被救上来的人正在江边哭诉。萧公从此名声大噪。萧公乐于助人,又有些灵异,所以逢年过节,乡邻朋友都要请他去做客。请的人多了,有时在时间上就发生冲突,但是每次几处同时请他的宴席,他都在同一个时间参加了。事后朋友们碰面,谈及请客一事,都觉得很奇怪,萧公怎么能同时出现在几个地方?难道他有分身法,能分变成几个萧公?

清代李调元《新搜神记·神考》中引《稗史汇编》说,萧公活了八十二岁,无疾而终。萧公刚死,在外行船的一些人还不知道。有一家船户在行船途中碰上萧公,萧公托这家船户把一个铁锚带回萧家。原来,这是早先临江发大水时萧家被卷走的铁锚。铁锚很重,萧公举起它放进船内,就像托着一片树叶一样轻松。船户还家后,送铁锚至萧家,才知道萧公已死,大吃一惊。萧公生前死后的灵异,使得乡人对他崇拜得五体投地,视其为神,立庙祭祀,祈求保佑行船平安。据说是每求必应,

传说中萧公为人刚正自持、不苟言笑、保船救民、有祷必应

十分灵验。

明太祖鄱阳湖之役时，对方的士兵在作战时看见天空中有数万兵甲，穿着红色战衣，战旗上大书萧公二字，帮助明太祖作战。天兵天将铺天而来，敌军望而丧胆，四处逃散。明太祖打胜了这一仗后，就封萧公为英佑侯。从此，明太祖的军队就在驻地立萧公庙宇或神位，祈求保佑。漕运水军的官兵，奉祀萧公最为笃诚。

萧公的子子孙孙，死后都一一成为萧公部下的阴官阴兵，专门拯救江中船翻落水的人。在临江大洋州的萧公庙，不仅设有萧公的神位，还设有其子萧祥叔、其孙萧天任的神位。一家三代同为水神，且同祀一庙，颇为独特。

阴历四月初一是萧公的诞辰。每年这一天，江西民间都要举行隆重的祭祀活动，烧纸马供萧公作战用，唱大戏娱神娱人，与萧公及家族同乐。

江西临江府还出了一位叫晏公的水神，他与萧公同为临江府人，只是具体地点有所不同，萧公为大洋州（新淦县）人，晏公为清江镇（今清江县）人，不过他们仍算是同乡。大概正因为二神是同乡的缘故，人们又常将二位水神共祀一庙，设萧晏二公庙。

据《三教源流搜神大全》卷七的记载，晏公名戍仔，生得浓眉虬髯，面如黑漆，平生嫉恶如仇，成为作恶之人的克星，正义的象征。当地有人稍微做了一点不好的事，必然就会另外有人拿晏公的名字来警告他："你不怕晏公知道吗？"可见人们敬他惧怕他到了何种地步。

元代初年，晏公以德才兼备而选入宫中，任文锦局堂长之职。后来因病乘船回家，刚刚登上船便悄然去世了。他的随从人员按照礼数将他入棺，继续行船送他回家。也就在他启程返家的那一天，乡邻就先已看见他骑马向旷野走去，衣冠仍然像过去一样整齐，前面还有人牵马引导。乡邻都尊敬地与他打招呼。过了一个多月，装运他棺材的船到家，乡亲才知道了他的死讯，个个惊骇、感叹不已，相互间谈论说："原来我们见到他的那一天，就是他去世的那一天啊！"众人打开棺盖，又是大吃一惊，原来棺内空空，一无所有，他的尸体已经烟消云散了。家乡父老都知道他已经成神，便立庙来祭祀他。从此以后，晏公便显灵于江河湖海。运货的商人遇风波汹涛，叩头祈祷，晏公神灵即显神通，保一路水途安妥，载物航行平稳，系帆的绳缆坚牢，风平浪静，商人能够称心如意地到达目的地。由此可知，晏公作水神始于元代。

到了明代，民间晏公信仰更为昌炽，庙宇遍及全国许多地方，其原因可能与明太祖的加封有关。据说，明朝初年，太祖派徐达去攻打张士诚部将驻守的毗陵，屡战失利。太祖亲自率领冯胜等十余人扮作商人前去救助。明太祖等人乘船顺流而下，船行到江心，忽然风涛大作，船快要翻了，太祖在仓皇之中祈求神灵保佑。一瞬间，出现了一位穿红袍的人，他踏浪而来，用手挽住船头，将船拖至沙滩上。明太祖脱险后茫然四顾问道："救我的人是谁？"空中有言说："晏公。"太祖平定天下后，就封晏公为神霄玉府都督大元帅，命有司按时祭祀。后来加封为平浪侯。

晏公化为老渔翁，教人们钓上毁坏江堤的猪婆龙（扬子鳄）

有一年，江边大堤修复了又崩塌，总是修不好，后来人们看见猪婆龙（扬子鳄俗称）在大堤下拱洞。江水咆哮，人们又无法下去制服它。这时来了一个老渔翁，教人们用烤熟了的乳猪来钓猪婆龙。猪婆龙上了钩，但就是拉不起来，因为猪婆龙的力气太大，抵死抓住水中礁石不放松。老渔翁又教人把一只大瓮底部钻个眼儿，从钓绳上穿过，让大瓮顺着钓绳而下把猪婆龙的头和两只前爪罩住，这样，猪婆龙的前爪就不能用力，很容易被钓起来。人们按这种方法，果然把猪婆龙钓上了岸。那老渔翁对大家说："现在你们可以禀报皇上，说江堤可以修好了。"人们问起老渔翁的姓名，他只说"姓晏"，说完瞬间就不见了。

晏公水神显灵的传说不胫而走，晏公庙的香火更盛了。《金瓶梅词话》第九十三回描写过山东清河县晏公庙的盛况：庙宇辉煌富丽，香火甚盛。往来船只行至晏公庙，都要下船进庙烧香，祈求晏公保佑船行平安。

据说，阴历十月初三是晏公诞辰，每到这一天，举国上下"无论京师郡邑，不分郡国乡村"，都要举行祭奠晏公的活动，烧香拜祭，迎神赛会，一片沸腾。

运河水神

运河水神完全是站在人一边的水神，专为人间赐福，很少像其他河流水神那样具有赐福致祸的两面性行为。据《杭州府志》记载，运河水神金龙四大王，原为宋末书生谢绪所化。谢绪为南宋谢太后之侄，出生于会稽（今浙江绍兴）。南宋末，外族进入中原，半壁江山易主，谢绪十分悲愤，隐居于钱塘江附近的金龙山下，在金龙山建"望云亭"，一边读书，一边观望天下政治风云。度宗甲戌年秋天，暴雨连绵不断，水涨成灾，天目山崩塌，堵塞水流，水漫临安城（今浙江杭州），淹死城中百姓无数。谢绪仰天长叹："天目山是临安靠山，靠山崩塌，宋朝恐怕要灭亡了！"随后将家中财物粮食尽数拿出救济灾民。

过了几年，元军攻占临安城，俘虏小皇帝宋恭帝与太后，往北而去。谢绪悲愤万分发誓说："生不能图报朝廷，死当奋勇以灭贼。"作诗自悼，然后投苕溪自尽。谢绪一入苕溪，苕溪水陡涨，波涛汹涌高达一丈多，好像是蛟龙相搏兴起的风浪，又像是为谢绪的冲天怒气所激起的狂涛。汹涌的波涛上，谢绪的尸体不移不动，颜色红润与活人没有两样。人们捞起他的尸体，葬于金龙山，并立庙祭祀。谢绪成为运河水神。

大运河与黄河相通，运河水神谢绪的灵威也能作用于黄河。元末，谢绪家乡人梦见他说："我饮恨九泉一百多年，如今有幸要遇上能主宰国家命运的君主了。过几天，黄河要向北迁徙，这就是征兆，你们应当归顺新的君主。明年春，新君主要在吕梁山与元军作战，我要前去帮助他。"丙午年（1366年），黄河果然改道向北迁徙。九月，朱元璋攻取杭州，丁未年（1367年）二月，朱元璋的军队与元军战于黄河吕梁洪。朱元璋的军队在下游，元军在上游，地形对朱元璋十分不利。忽然天地间狂风大作，巨大的风力卷着黄河波涛往上游推去，形成河水倒流。云中似乎有披甲大将跃马挥戈驱赶风神，元兵终于大败。当天晚上，朱元璋梦见一素服儒生上前拜见："臣是宋时谢绪，今特来佐助真人灭敌。"次日，朱元璋即封谢绪为金龙四大王，取这个封号，是因为谢绪曾隐居并安葬于金龙山，且在兄弟中排行第四。

据说，金龙四大王谢绪主运河水事，非常尽职。明成祖永乐年间，因海上运输风险

金龙四大王图

太大，只好重新疏通运河河道，以便南方的粮食源源不绝运往北方。在修复水道中，金龙四大王出了不少力，人们每每祷告必然应验。清代赵翼《陔余丛考》卷三十五说，明穆宗隆庆年间，潘季驯练漕督在运河上运粮，遇上河道堵塞，就写了一篇祷文，文中对金龙四大王多有责怪之意。金龙四大王派鬼伯抓去了潘季驯的书吏，对他说："潘季驯怎能如此无礼？河道堵塞，是天数。告诉他，河道将于某日通。"不久果然河道大通。

明熹宗天启四年（1624年），总督漕运的苏茂相率领船队在运河上运粮，正碰上河水干涸，不能行船。当晚，苏茂相梦见金龙四大王降令："为我请封，当以水报。"苏茂相醒来后，写了篇祷文告诉金龙四大王，保证请求皇上为他加封。念完祷文，一时间洪水浩荡，船只张起风帆，乘风破浪而行。后来，苏茂相请封获准，皇上传旨敕封护国济运金龙四大王。

四海海神

四海并不是确指的四个海域，而是古人根据中国居中央，四周环海的观念所作的划分。因此，四海只能泛指海，四海海神也只能泛指海神。中原地带的人们与海洋接触不多，不能正确了解我国海洋的状况，只能凭一孔之见作出这样的想象。事实上，秦以前，人们只是想象海上住着许多神仙，并没有直接与海发生利害关系，所以，祭水神多祭江、河、湖、井、泉等有关的水神，对海神并无多少祭祀。秦统一中国后，随着统治疆域直达海洋，人们才开始祭祀海神。到了汉代，海神被提到了与内地水神同样的地位。《汉书·郊祀志下》记载说："制诏太常：'夫江海，百川之大者也，今阙焉无祠。其令祠官以礼为岁事，以四时祠江海洛水，祈为天下丰年焉。'"从这段记载可见，汉宣帝时代，人们认为海洋是百川汇聚的地方，水域最大，其对雨水更有操纵力，所以要立祠祭祀，祈求海神赐予天下丰年。从此，祭祀海神被列入国家祀典。

四海分东、南、西、北四海，完全是按方位来确定的。四海的海神则说法多样，名目繁多。大致说来，东海海神为禺虢。《山海经·大荒东经》中说他是黄帝所生，人面鸟身，耳朵上环绕着两条黄蛇，脚下踩着两条黄蛇。《海内经》中又说他为帝俊所生。总之是出身高贵，是帝王的后人变成的海神。从禺䝞人面鸟身的形象来看，他无疑是属于东夷鸟图腾部落的后裔。北海海神为禺京。《山海经·大荒东经》中说："禺䝞生禺京，禺京处北海。"禺京又作禺强。北海海神禺京原来是东海海神的儿子，也属东夷鸟图腾部落的后裔。禺京的形象与禺䝞竟丝毫不差。《山海经·大荒北经》中记载："北海之渚中，有神，人面鸟身，珥两青蛇，践两赤蛇，名曰禺强（一作京）。"北海海神被说成是东海海神的儿子，南海、西海海神也长着与东海海神同样的人首鸟身外貌。《山海经·大荒西经》中说："西海渚中，有神，人面鸟身，珥两青蛇，践两赤蛇，名曰弇兹。"《山海经·大荒南经》中说："南海渚中，有神，人面，珥两青蛇，践两赤蛇，曰不延胡余。"看来，四海海神都是按照一个模特儿创造的，这个模特儿应该是起源于东部沿海的东夷鸟图腾集团的海神。唐玄宗天宝十载（751年），为四海海神分别加封并且按春、夏、秋、冬四季分别祭祀四神。封东海神为广德公，于立春日在莱州祭祀；封南海神为广利公，立夏日在广州祭祀；封西海神为广润公，立秋日在河中府祭祀，祭祀具体场所在河渎庙，是借河渎庙祭祀西海神；封北海神为广泽公，立冬日在孟州祭祀，借济渎庙来祭祀北海神。随着海上贸易与运输的发展，人们与海的接触日益频繁，唐以后各代又不断为海神加封。

四海神中，关于东海神的传说最多。据北魏郦道元所著《水经注·濡水》中引《济略记》记载：秦始皇要在海上搭一座石桥，工程十分浩大，非人工所能建造，东海神

东海海神

北海海神

南海海神

西海海神

想去帮忙，在海上竖起石柱作桥墩，算是承担起了整个工程最艰难最费事的部分。秦始皇于是想见见这位东海神，或许是想当面酬谢一下这位海神，也可能含有进一步落实海神承诺的意思。海神说："我形貌丑陋，只要不画我的形貌，我就和帝王见一面。"其时，海神在海上已修好四十里路的一段石桥。秦始皇骑着高头大马，带着随从人员沿着新修好的一段海桥向海中奔驰，跑到桥的尽头，才见到海神。秦始皇与海神寒暄，随从人员垂手站立在一边，手一动也不敢动。随从人员中有位画师偷偷地用脚画海神的相貌，大概是想记住海神的样子，以便回去以后画出海神，谁知被海神发现了。海神立刻翻了脸："帝违背了诺言，快走！"秦始皇掉转马头赶忙往回跑。后面山崩海哮，石桥一节一节崩塌。马的前足刚刚落在岸上，石桥就已全部崩塌，马后足落空，幸好借助于疾驰的惯性，马才腾空飞跃上岸，秦始皇就此保得了一条性命。那位好事的画师掉进海里淹死了，其他随从人员大概也无一生还。海桥全部倾塌，有些石头桥墩至今还露出一点在水面。《古今图书集成·山川典》还补充说：现在成山东海水中还有竖起的石头，成行排列，很像当年石桥遗迹，还有两根石柱，随着潮涨潮落时隐时现。秦始皇这人一生横戈跃马，称霸天下，就是镇服不了水神。可他又偏偏爱跟水神打交道，他与湘水、洛水、黄河、东海水神都先后发生过纠缠，每次竟然都被弄得灰溜溜的，这一次竟险些丢了性命。或许这人在人世间霸气太重，神界的水神要拿他开开玩笑，扫扫他的威风也未可知。

东海海神不怎么尊敬秦始皇，但对早先的君主大禹却是十分尊崇的。大禹在涂山时，东海海神还率领浩浩荡荡的大队人马去朝拜过他。后唐马缟《中华古今注》卷上就记载过这件事。当年，禹王在涂山召集天下诸侯聚会，一天傍晚，忽然狂风大作，电闪雷鸣，乌云翻滚，云中出现成千上万披着铠甲骑着战马的人，其中有一人不披甲，头上蒙着一条红色绢布。禹王问那人是谁，天空中有声音回答说："那人是这些武士的头领。"禹王看见两旁有不少佩刀的卫士，知道那人是海神，忙起身迎接，原来是东海海神来朝拜禹王。

东海海神还有一个特殊的任务，就是每天托举太阳从东边升起。传说有人见到过海神擎日的情景。宋代周密《癸辛杂识续集》卷上"海神擎日"条说，扬州赵都统，名叫赵马儿。一次他率领战船从扬州出发，过东海前往山东增援在那儿受困的李璮军队。船队行至莱州，不知什么原因，就再也移动不了半步，结果在海上滞留了好几个月。在海上滞留期间，赵马儿和他的士兵天天都看到海神擎日。一天，赵马儿因船队不能前进而心烦意乱，睡不着觉，天麻麻亮就起床了。他站立船头，向东望去，只见茫茫大海水天相连处，一轮又圆又大的红日正升出水面，红日下有一人正用头顶着红日上升，这人浑身赤色，眼睛碧绿。太阳渐渐升高，这人渐渐变小，最后完全消失。赵马儿完全被这梦幻般的情景吸引住了，加上闲在船上无聊，他每天都早起看日出，一连数日，都看到了同样景象。海上日出，本是十分壮观的景象，很容易激发人们浪漫主义的情思，想象出海神擎日的瑰丽神话。

南海、北海、西海诸海神似乎没东海神那样的名气，只留下一星半点的消息（踪迹）。清代屈大均的《广东新语》卷六中说："溟海吞吐百粤，崩波鼓舞百十丈，状若雪山。"溟海，应指南海，只有南海才能汇聚粤地众多河流。该书接下去叙述了南海神射浪与出游的情形。南海神在海面用箭射浪，所以浪高到一定程度为箭所挡就跌落下来，然后又升高，升到一定程度又为箭所挡，又跌落下来。就这样，波涛为箭所控制，总不能危害行船的人们。每当风和日丽，海水平静，天气晴朗，南海海神便出来游玩，驾着双龙，红旗招展，美人鱼前呼后拥，一片花团锦簇，好不热闹。

西海出了一位鱼神，大概是西海神的儿子。据《神异经》记载，西海有一位鱼神，乘白马，他骑马出游，则天下就要发大水。

北海的事迹在《庄子·秋水》中有记载。黄河河伯到达北海以后，才感觉到自己的渺小，于是与北海神有一段对话。北海神说出了一番深含哲理的话。当然，这些已经是庄子借海神之口的夫子自道了。

除四海海神外，较有影响的海神还有海上女神天妃妈祖。妈祖，又称天妃、天后，早先还称林夫人。妈祖是福建方言的称呼，相当于北方话的"奶奶"。天妃、天后是朝廷的赐封。林夫人称呼的由来，则是因为妈祖姓林，宋朝册封她为"夫人"。关于妈祖的传说很多，大都说她是福建莆田人，姓林。至于她的家世、生辰则有多种说法。据《天

《三教源流搜神大全》卷四记载了妈祖生前同胞兄弟遭遇海难时，她在家突然昏睡过去，但灵魂出窍去救助兄弟的故事

妃庙记》记载，妈祖为兴化莆田都巡君的第三个女儿，生前就显示出神灵奇异，能帮助人排除患难，挽救性命。妈祖一直未嫁人，不到三十岁就去世了。《三教源流搜神大全》卷四就记载了妈祖生前显灵救助遇海难同胞兄弟的传说。妈祖有兄弟四人，都在经商，常年在海上行船，奔波于海岛之间。一天，妈祖正在家中忙碌，忽然，手和脚好像都不听使唤，软绵绵的，妈祖一下子倒在地上，闭上眼睛，沉沉睡去。父母见到这种情景，以为她得了暴病中风，就急忙喊她的名字。妈祖醒了懊恼悔恨不已，说："为什么不让我保全所有兄弟的性命呢？"原来，她的四位兄弟当时在海上遇上大风暴，正在惊涛骇浪中挣扎。妈祖睡去，其灵魂则出窍，前往海上救助，已救得三条船和三位兄弟，正准备救最后一条船时，被父母喊醒。那条船为风浪吞噬，船上的弟弟丧生。父母以为妈祖是在说梦，不怎么相信。一会儿，脱险的三位兄弟回家，才证实妈祖所言为实。

妈祖死后，又屡屡显灵。宋宣和五年（1123年），允迪任职给事中路，率船队出使高丽。在海上遇上大风暴，七只船都被巨涛吞没，唯独允迪所乘坐的船无事。原来当风暴来临的时候，允迪慌忙求助妈祖，妈祖果然降临，站在樯帆上，镇住了风暴的侵袭。后来，这件事情传到朝廷，宋徽宗就给妈祖庙赐了一块匾额，上书"顺济"。

妈祖显灵的记载不绝如缕。南宋淳熙十一年（1184年），民间发生瘟疫和旱灾，人们祈祷妈祖，瘟疫被驱除，又降大雨，解除旱情。嘉熙三年（1239年），钱塘江大潮冲决堤防，人们祈告妈祖，大潮居然消退。妈祖在保护海上运输方面更是有奇特的灵应。明洪武初，大型船队在海上运粮，遇上台风，船上数千万石粮米被卷上天空，又撒落在海上，船已失去控制，在波涛中上下颠簸，船队上万名船员号泣待死，大叫"天妃"。在这生死关头，天妃显灵，大风消退，船恢复平稳，终于平安到达天津。明永乐七年（1409年），郑和下西洋，事先祭祀妈祖庙，果然得保平安。妈祖显灵之事越传越多，其神通也就越来越广，超出司涛济运之职，连作战也要找妈祖相助。清康熙年间，清军征战台湾，妈祖涌起神潮助战，使清军顺利攻克厦门，收复台湾。甚至后来人们生儿育女，也要祈求妈祖。地方上有一个妇人，婚嫁十年没有生子，向所有的送子神祈求，都不灵验。最后向天妃祈子，很快就生下一男孩。从此以后，凡有久婚不育的女子，只要向妈祖祈告，马上应灵。

妈祖海神的声威，使得朝廷不断为她加封。宋代始封她为夫人，建有林夫人庙。据《夷坚支志》记载，福建莆田有一个叫海口的地方，旧时有座"林夫人庙"，庙宇不怎么大，但素以灵异著称。凡是商人出海必入庙祭祀，祈求保护，才敢启航。元代至元中，妈祖始封为天妃。明清两代又多次为其加封。然而，不管朝廷赐封给这位海上女神多少顶声名显赫的桂冠，民间仍然习惯用"妈祖"这一亲切而又尊敬的称呼。而且据说，称妈祖，显灵来得快，呼"天妃"，则来得稍慢。清代赵翼《陔余丛考》中说：倘遇风浪危险，呼妈祖，女神披头散发而来，不事妆扮，所以来得快；呼天妃，女神则要梳妆打扮、穿戴整齐后才出现，所以来得稍慢，若遇紧急情况则要误事了。

妈祖信仰，不仅遍及东南沿海及台湾地区，而且还远扬东南亚许多有华人或华裔群聚居的国家。大大小小的妈祖庙年年香火不断。逢农历三月二十日妈祖诞辰，人们还要汇聚妈祖庙举行盛大祭祀活动，场面十分热闹。

海外游子祭祀妈祖，不仅仅是为了祈求航行安全及个人的一切福祉，更为重要的是为了表达对祖国大陆的文化认同以及思乡情怀。妈祖成了海外华人凝聚力的一种象征。

第七章 动物水神

原始初民崇拜动物有着多方面的原因，如动物的血肉可以充饥，凶禽猛兽能危及人的生命，动物有飞翔、迅跑、潜水之类的为人所羡慕的能力等。而在水崇拜范围内，人们崇拜动物是因为一些动物被认为具有司水降雨的功能，这些动物大多是生存于水中和具有水生习性的动物，如鱼、鳄、蛇、水猪、龟、虾、蛙、蜥蜴等，或是与降雨气象有某种联系的动物，如各种鸟类。我们把这些以司雨水为主要职能的动物称作动物水神。动物水神后来经过人形化的演变，成为半人半兽的水神，或完全人形化的水神。

鱼与鱼神

鱼是水中最常见的水生动物，所以是最为普遍最为悠久的水崇拜对象之一。

距今约 6000 年的西安半坡仰韶文化遗址中出土的彩陶上，绘有大量的鱼纹，有写实的鱼纹，也有抽象的鱼纹。写实的又有单体、双体、三体、四体鱼纹，最突出的是人面鱼纹。把鱼的图形大量描绘在陶器上，并且把人面与鱼纹组合在一起，表现出了半坡人对鱼的推崇和神灵化，是鱼崇拜的反映。《山海经》所记鱼神话则反映了原始鱼神崇拜的观念。《山海经·西次三经》中说："泰器之山，观水出焉，西流注于流沙，是多文鳐鱼，状如鲤鱼，鱼身而鸟翼，苍文而白首，赤喙，常行西海，游于东海，以夜飞。其音如鸾鸡，其味酸甘，食之已狂，见则天下大穰。"大穰，即大丰收。文鳐鱼的出现预示天下大丰收，实际上意味着这种鱼的出现能带来使农作物生长的充沛适量的雨水，因为雨水决定着农业的收成。但对于人类社会而言，旱灾是经常发生的，所以又有预示旱情的鱼神。《山海经·东次四经》中说："女巫之山，其上多草木，石膏水出焉，而西注于鬲水，其中多薄鱼，其状如鳣鱼而一目，其音如欧（郭璞注'如人呕吐声也'），见则天下大旱。"

西安半坡仰韶文化遗址中出土彩陶上的人面鱼身纹

鱼神司雨水，所以能为旱。太多的雨水，又能造成洪涝灾害，古人认为洪涝也是鱼神所为。《山海经·西次四经》中说："邽山……蒙水出焉，南流注于洋水，其中多黄贝、蠃鱼，鱼身而鸟翼，音如鸳鸯，见则其邑大水。"蠃鱼的出现会给地方带来大水，则又表现了人们对水神鱼的恐惧心理。

鱼被奉为主雨水神，所以古人有向鱼神求雨的习俗。《帝王世纪》中说："黄帝出游洛水之上，见大鱼，杀五能牲以醮之，天乃甚雨。"大鱼即为洛水水神，黄帝杀牲祭之祈雨，反映了古人对鱼神司水职能的信仰。《述异记》中说："关中有金鱼神，云周平二年，十旬不雨，遣祭天神，金鱼跃出而雨降。"祭祀的对象是天神，但下雨仍为金鱼所为，金鱼水神当为天神的属下神。这是通过以上压下的方式向鱼神求雨。

鱼生活在水中，很容易与司水神职相联系。但雨毕竟是从天而降，鱼神要降雨，必须要有飞天的本领，所以人们便为鱼神装上了鸟的翅膀，使鱼神具有了鱼身鸟翼形象。这样，鱼神既能潜水，又能飞天，潜水的时候管理水域，升天的时候，则普降雨水。《述异记》中所述"金鱼跃出而雨降"即是如此。为鱼神组装上鸟翅，也是以鱼本身的一部分习性为想象基础的，这就是有一些鱼能够跃出水面，作飞翔状。鱼神的鱼身鸟翼形象有一定的现实依据，也符合人们关于鱼神降雨的幻想，因而是有代表性的鱼神形象。《山海经》中记载的鱼神，多有鸟翼，所记鳐鱼、蠃鱼均为鱼身鸟翼。以下再举几例。

鮭鱼神。《山海经·南山经》中记载："有鱼焉，其状如牛，陵居，蛇尾有翼，其羽在𩩙下。"

鳛鳛鱼神。《山海经·北山经》中记载："其状如鹊而十翼，鳞皆在羽端。"

豪鱼神。《山海经·中山经》中记载："其中是多豪鱼，状如鲔，赤喙尾赤羽。"

鱼神的鸟翅是变化多端的，可以生在背部，可以生在尾部，可以有十个之多，还可以是红色的。

鱼神的人形化较早。西安半坡遗址出土的人面鱼身纹表明，仰韶文化时期鱼神已有人形化趋向。《山海经》中的人面鱼身形象也是鱼神人形化演变过程中留下的痕迹："有

《山海经》中所描述的鮭鱼神

《山海经》中所描述的鳛鳛鱼神

互人之国，人面鱼身，炎帝之孙。"

鱼神人形化后，带上人的尊称，称作鱼伯，亦称水君。东晋葛洪《抱朴子·对俗》中说："鱼伯识水旱之气。"西晋崔豹《古今注》卷中说："水君，一名鱼伯。"人神化的鱼神"水君"或"鱼伯"，仍与雨水密切相关，"能识水旱之气"。

古人还把鱼与天上的星辰相联系，想象天上有鱼星主云雨。《星经》中说："天鱼一星在尾后河中，主云雨，理阴阳。"

在水崇拜文化系统中，鱼崇拜与原始水体崇拜衔接紧密，所以鱼崇拜保留了原始水体崇拜的基本内涵：鱼神既为司雨之神，也是生殖之神。鱼生殖信仰主要是由水生殖信仰演化而来的。在我国少数民族的一些创世神话中，还可以看到由水生人、生万物到鱼生人、生万物的演化痕迹。如哈尼族《天、地、人的传说》中说道，远古时代，世间只有一片混沌的雾。这片雾不知翻腾了多少年，才变成了无边无际的大海，从海中生出一条看不清首尾的大鱼。大鱼见世间上无天，下无地，空荡而冷清，便把右鳍往上一甩，变成天；把左鳍往下一甩，变成地；把身子一摆，从脊背里出来七对神和一对人，从此才有了天地、神和人类。这则神话显示了这样一条生命链：水生鱼，鱼生人与万物。可见鱼的生殖信仰实是由水生殖信仰演化而来。当然，除了演化方面的因素，鱼本身的特性，如腹内多子、繁殖力强也是人们奉鱼为生殖神的重要因素，不过只是后起的附加因素。

喜庆的年画以"鱼"和"余"谐音来表达"年年有余"的美好愿望

由于鱼既是司雨之神，又是生殖之神，所以在民俗中就成了吉祥物。从司雨水的职能来看，鱼神与丰收密切相关，所以就成了丰收富裕的象征。重要的节日和礼仪，一般都少不了鱼。过年吃团圆饭，鱼是餐桌上必备的菜肴。全家人团聚吃鱼，为的是祈愿人人富裕。因"鱼"与"余"谐音，鲤鱼的"鲤"字又与"利"字谐音，所以，大约在清代，过年吃鱼又被附会上了"年年有余""年年得利"的意思。这种添枝加叶由于与传统的鱼信仰相吻合，竟被广为流传。中国广大城乡，过年吃鱼习俗盛行，有些地方还一定要吃鲤鱼。各地过年吃鱼还有不同的讲究。有的地方在大年三十将鱼煎炸后水煮，再连鱼带汤冻成鱼冻，以备正月初一吃团圆饭时享用。这样，头年煮好的鱼次年来吃，正合"年年有余"的意思。有的地方在团圆饭吃鱼时要剩下头尾，以取"有余"之义。鱼也是传统年画的重要题材，如杨柳青年画、桃花坞年画表现吉祥的主题时，总少不了鱼。鱼也是常常用作祭祀的三牲之一。三牲为猪、鸡、鱼。在许多地方，祭祀不用猪、鸡尚可，不用鱼则视为对神灵的最大不敬。水族端午祭祖或丧葬设祭，都以鱼包韭菜为至珍祭品。

从鱼神主生殖的职能来看，鱼成了生殖力的象征。古人往往向鱼祈求生殖的力量。宋代孟元老的《东京梦华录·娶妇》中记有回鱼箸的礼俗。男女两家订亲后，男家送酒给女家，女家回礼则在原酒坛中装上清水，放进两三条活鱼，送往男家。几条活鱼值不了多少钱，却是珍贵的礼品，因为它寓有祈求婚姻美满、早生贵子的意义。

将鱼用于婚姻，表达了男女双方对于生育的祈求。而古代中国，生儿育女是与婚姻的幸福美满密切相关的，所以鱼又发展成为爱情的象征物。在古代男女以鱼传书的习俗中，鱼就是表达爱情的信物。《饮马长城窟行》中说："客从远方来，遗我双鲤鱼。呼儿烹鲤鱼，中有尺素书。"唐代女道士李冶的《结素鱼贻友人》中说："尺素如残雪，结为双鲤鱼。欲知心里事，看取腹中书。"元稹的《鱼中素》中说："重叠鱼中素，幽缄手自开。斜红馀泪渍，知著脸边来。"

鱼为吉祥物，其图纹则广见于器皿、建筑、服饰等。直到如今，元宵灯火中还有鱼灯。鱼的吉祥意义，根系于远古鱼神司雨主生殖的信仰。

蛇与蛇神

蛇之所以被奉为水之神灵，可能与大部分蛇类具有习水习性有关，尤其是与水蛇的水居习性有关。

古人常把蛇当作龙的同类，认为它们同生于水中。《左传·襄公二十一年》中说："深山大泽实生龙蛇。"《论衡·言毒篇》中也说："夫深山大泽，龙蛇所生也。"《孟子·滕

《山海经·北山经》中描述的鸣蛇

文公下》中说："当尧之时，水逆行，泛滥于中国，蛇龙居之，民无所定。"这说明，在古人的观念中，蛇为水神。

蛇作为水神，理所当然具有司水的职能。《山海经·中次二经》中说："阳水出焉，而北流注入伊水，其中多化蛇，其状如人面而豺身，鸟翼而蛇行，其音如叱呼，见则其邑大水。"这是说蛇能降暴雨造成洪水泛滥。《山海经·北山经》中说："錞于毋逢山，……浴水出焉，是有大蛇，赤首白身，其音如牛，见则其邑大旱。"《山海经·中次二经》中也说："鲜山，多金玉，无草木。鲜水出焉，而北流，注于伊水，其中多鸣蛇，其状如蛇而四翼，其音如磬，见则其邑大旱。"这两则记载说明古人相信天下大旱是由于蛇神操纵雨水而不降雨所致。

在中国，蛇信仰与龙信仰是难分泾渭的，这是因为蛇为龙的主要原型之一。龙神观念的兴起，将蛇神信仰融进了龙信仰之中。古代祈雨活动中的以蛇祈雨，是把蛇当作了龙的替代物。西汉董仲舒的《春秋繁露·求雨》中说："春旱求雨，……暴巫聚蛇八日。"

蛇毕竟为一种凶兽，难以摆布，所以以蛇祈雨活动见诸典籍极少。倒是与蛇同为爬行动物的蜥蜴生性驯良，多为古人祈雨所用，典籍屡有记载。

蛇既为龙的主要原型之一，其人形化往往与龙的人形化难以分开。

当龙神等水神信仰扩大影响后，蛇为水神的观念渐渐淡薄。不过，蛇也因其旧日的水神身份而成为其他水神的饰物，算是保留了一点水神的地位。《山海经·海外东经》中说："雨师妾在其北，其为人黑，两手各操一蛇，左耳有青蛇，右耳有赤蛇。"《大荒南经》中说："南海渚中，有神，人面，珥两青蛇，践两赤蛇，曰不廷胡余。"《大荒西经》中说："西海渚中，有神，人面鸟身，珥两青蛇，践两赤蛇，名曰弇兹。"《大荒北经》中说："北海之渚中，有神，人面鸟身，珥两青蛇，践两赤蛇，名曰禺强。"雨师妾、南海海神、西海海神、北海海神等均为司雨水神，在他们的形象中饰之以蛇，大概意味着他们以蛇为工具来兴云布雨吧。

猪与猪神

猪与水或雨水有着某种联系,所以被奉为水神。

首先,古人观察到猪性喜水,所以认为它是水中的动物。《周易·说卦》中说:"坎者,水也。""坎为豕。"《礼记·月令》中说:"麦实有孚甲。"孔颖达疏:"豕为水畜。"郑玄注的《月令》中也说:"豲,水畜也。"又高诱注《吕氏春秋·孟冬记》中说:"豲,水属也。"《史记·货殖列传》中说:"泽中千足彘,水居千石鱼陂。"把猪与鱼并列为水中动物。《玉烛宝兴》卷四引《孝经援神契》中说:"豲水伏,故无脉。"可见,猪为水畜是古人比较一致的说法。

其次,猪的浴身习性与降雨有某种联系,使古人误以为降雨与猪有关。猪的汗腺不发达,受热时喜欢入水浸泡散热。在夏季降雨之前,天气闷热,猪便会到水中浴身。当人们观察到这种浴身往往成为降雨的前兆时,便得出了猪入水降雨的认识。《诗·小雅·渐渐之石》中说:"有豕白蹄,蒸涉波矣。月离于毕,俾滂沱矣。"意思是说,白蹄子的猪,跑到水里,月亮靠近了毕星,倾盆大雨便下个不停。《毛传》:"将久雨,则豕进涉水波。"这种猪浴水兆雨的信仰流传很久远。至今民间还流传着包含这种观念的谚语,如福建的"乌猪过溪要下雨";辽宁辽阳的"猪渡河,来朝雨儿多。女作桥,来朝雨潇潇"。古人还把猪浴水兆雨的观念与天象相联系,创造出天上的猪神。《锦绣万花谷前集》卷一《雨》引《述异志》中说:"夜半天汉中黑气相逐,俗谓之黑猪渡河,雨候也。"这是把黑云在银河中连缀的景象,说成黑猪过河,并认为是下雨的先兆。这种迷信,由于融入了气象经验,往往能够灵验,从而为人深信不疑。唐代黄子发的《相雨书》中也说:"四方斗中无云,唯河中有云三枚相连,状如浴猪,三日大雨。"猪为黑色,降雨主要为乌云所致,所以变化运动着的乌云便被当作有生命的猪,被奉为天上的猪神。猪神与天上乌云的附会,使得猪神迷

猪的汗腺不发达,夏季降雨之前,天气闷热时喜欢入水散热,于是古人便得出了猪入水降雨的认识

信编织得更加圆满。

　　猪为水神，还可以从猪的形象与其他水神形象相融合的现象中得到印证。如水神河伯的形象为猪。屈原的《天问》中说："帝降夷羿，革孽夏民，胡射夫河伯，而妻彼洛嫔？冯珧利决，封豨是射，何献蒸肉之膏，而后帝不若？"封豨即猪。高诱注《淮南子·本经篇》中说："封豨，大豕，楚人谓豕为豨也。"闻一多先生从《天问》中得出结论："河伯即封豨。"也就是说河伯为猪。闻一多先生的推论是，《天问》上文说夷羿射河伯，下文说夷羿射封豨，河伯与封豨应指同一神灵。又如雷公的形象也组合了猪的部分形体特征。唐代李肇《唐国史补》卷下中说："或曰雷州春夏多雷，无日无之。雷公秋冬则伏地中，人取而食之，其状类彘。"《说郛》卷二十三引唐代房千里《投荒杂录》中说："尝有雷民，因大雷电，空中有物，豕首鳞身，状甚异，民挥刀以斩，其物踣地，血流道中，而震雷益厉。其夕凌空而去。自后挥刀居民室，频为天火所灾。……雷民图雷以祀者，皆豕首鳞身也。"此外，引人注目的是猪的形体还为龙所吸收。如辽河流域红山文化遗址中出土的玉龙，即取猪首。猪与其他水神的融合，也表明了猪的水神身份。

红山文化遗址出土的玉龙以猪为首

　　猪为水神，所以能给人间带来风调雨顺、五谷丰登。《山海经·东次四经》中说："钦山，多金玉而无石。师水出焉，而北流注于皋泽，其中多鳝鱼，多文贝。有兽焉，其状如豚而有牙，其名曰当康，其鸣自叫，见则天下大穰。"郝懿行说："当康大穰，声转义近，盖岁将丰稔，兹兽先出以鸣瑞。"从记载来看，当康当为一种野猪，是古人心目中能带来岁熟年丰的瑞兽。当康与丰稔的关系，说明它是能致风调雨顺的水神。

　　猪为主雨水之神，所以是古人祈雨的对象。宋代孙光宪《北梦琐言》逸文卷三"母猪龙湫"条说："邛州临汉县内有湫，往往人见牝豕出入，号曰母猪龙湫。唐天复四年，蜀城大旱，使俾守宰躬往灵迹求雨。于是邑长具牢醴，命邑宰偕往祭之。三奠逋终，乃张筵于湫上，以神胙客，坐于烈日，铺席以湫为上，每酒巡至湫，则捧觞以献。俟雨沾足，方撤此筵。歌吹方酣，忽见湫上黑气如云，氤氲直上，狂电烨然，玄云陡阖阊，雨雹立至。令长与僚吏鼓舞去盖，蒙湿而归。翌日，此一境雨足，他邑依然赤地。夫人之至诚，龙畜亦能感动。享德济旱，勿谓不智。"这段记载描绘了地方官吏向母猪求雨，如愿以偿后，欣喜若狂的情景。近世水族也有向猪祈雨的习俗，并选择多乳头多产仔的母猪为祈雨之用。这种选择包含生殖力强盛关涉雨水充沛的观念。

蛙与蛙神

青蛙是水陆两栖动物，也曾被奉为水神。壮族神话说青蛙是雷公之子。

奉青蛙为水神，主要原因在于青蛙与雨水有密切的关系。青蛙有冬眠的习性。青蛙结束冬眠发出嘹亮的叫声总是在春天，因而总是伴随春雨的到来。在人们的感觉中，密集的蛙声总是和哗哗的春雨交织在一起的。青蛙又有预告降雨的功能。杨智勇先生指出："青蛙肺小而薄，需要依靠皮肤帮助呼吸，天气阴晴引起空气中水蒸气浓度的变化，造成皮肤呼吸的困难，叫声也随之改变，其声音的变化，可以预知雷雨是否即将来临，天气是否干旱。"何星亮先生补充说："尤其是在暴雨或雷雨来临之前，往往天气闷热，蛤蟆的叫声也特别异常。"雨前或雨后青蛙的叫声频繁而响亮，这种现象为从事农事活动的人们反复观察到，便有了蛙兆雨的经验。民间有许多谚语把蛙鸣当作雨兆就是证明："青蛙叫，好落谷。""蛤蟆咯咯叫，种子莫乱粜。""青蛙田里叫，谷种田里跳。""蛤蟆叫，就插秧。""蛤蟆叫得欢，稻刈一厝搁。"原始初民观察到了蛙与雨水的密切关系，但并不知道其中的真实原因，便误以为蛙有某种神秘的力量在支配着雨水降临，因此，便产生了以蛙为对象的水崇拜信仰。

在中国，稻作农业发端很早，因而与稻作农事活动相联系的蛙崇拜也产生较早。在仰韶文化遗址、庙底沟文化遗址、姜寨文化遗址等分布广泛的文化遗址中，都有数量众多的蛙纹彩陶出土。蛙纹既有写实的，也有写意的和抽象的，纹样丰富多彩，色彩绚丽纷纭，反映了母系氏族社会时期人们对蛙的浓厚兴趣以及崇蛙之风的盛行。

虽然我们已无法知道远古人类向蛙祈雨的情景，但从延续后世的蛙崇拜活动中，却

带有蛙纹的彩陶

仰韶文化遗址出土

也可以略见一二。据刘敦励先生所说，甲骨文中已见祀蛤蟆求雨的记载。西汉董仲舒的《春秋繁露·求雨篇》中说："旱时祈雨，置蛤蟆于方池中，具清酒、膊脯，祝斋三日，再拜请雨。"汉代焦赣的《易林·大过》中也说："蛤蟆群坐，从天请雨，应时辄下，得其愿所。"

在古人的观念中，雨水与生殖是相互联系着的。蛙神与其他许多水神一样，具有主雨水与生育的双重功能。蛙作为生殖之神，成为人们祈求生育的对象。四川省木里县屋脚村纳西族供奉的生殖女神"巴丁拉木"，即为青蛙。"巴丁"为普米人语，意即青蛙。

青蛙崇拜中求雨水求生殖的双重意义，在广西壮族的青蛙节中得到了完整体现。广西北部壮族一年一度都要举办青蛙节。青蛙节又名"蛙婆节"或"蚂拐节"，是一种敬奉蛙神的节日。节日在正月举行，由"请蛙婆""游蛙婆""孝蛙婆""祭蛙婆"等仪式组成，少则15天，多则30天，是青蛙崇拜的盛典。仪式可分为三个大的项目：

第一个项目是请蛙婆，也叫找蛙婆，是一种请神仪式。正月初一清早，青年男子在锣鼓声中成群结队来到田野翻石头、挖泥块寻找青蛙。第一个找到青蛙的人便会高声呼喊，欣喜若狂，报告众人，并放七响土炮。在欢呼声中，这位男子被称为"蛙郎"，即青蛙之婿。被找到的那只青蛙则被视为能呼风唤雨、赐给人间吉祥的"天娘"。人们兴高采烈地簇拥"蛙郎"与"天娘"进入村寨。

第二个项目是祭青蛙，壮族也叫"孝蛙婆"。在壮族，青蛙被视为雷神之女，能与青蛙"结合"的"蛙郎"，被认为是交上好运的人。因为正月的青蛙正处于冬眠状态，所以被认为已死。蛙婆被迎进寨子后，要放入一个小棺材内，然后人们把棺材抬到村寨的凉亭，用酒肉、糯米饭、香火等举行祭奠仪式。由一位能歌善舞的人担任主祭人，供奉食品并安排"蛙郎"和青少年们守灵。届时，还要举行各种娱乐活动，老人击铜鼓，青年人跳青蛙舞，少年们则作游牧之戏。在守灵期间，每天还要由"蛙郎"率领青年们抬着青蛙游村串户，祝福各家人畜兴旺、五谷丰收。每家都要向祝福的队伍赠送米、钱、粽子、彩蛋，作为祭蛙婆的供品。用于祭祀青蛙的供品在仪式结束后，由青年们带回家与家人分吃。人们把这些供品称作"蛙婆钱""百家粮""福寿饭""天女蛋"。据称吃了蛙婆的供品，老人健壮，小孩不生病。守灵期间，还要唱"蚂拐歌"，青年男女则借对歌谈情说爱，喜结良缘。

第三个项目是葬青蛙。这是青蛙节的尾声，也是整个节日的高潮。经过半个多月的祭青蛙，最后便为青蛙下葬。葬前要抬青蛙巡游村寨，游毕送青蛙到葬地。葬地要通过占卜而定。下葬时，先由主祭人挖出去年所埋青蛙，验看骨骸。蛙骨呈白色，预兆棉花丰收；呈黄色，预兆五谷丰收；呈黑色，预兆旱涝灾害，要预先防备。随后为青蛙下葬，众人填土。坟包垒好后，便举行庄重的葬礼仪式，在坟场四周插彩旗，在坟前焚香、献酒、供猪羊、立长幡。整个过程伴随着铜鼓与土炮。葬礼呈现出欢乐的景象，因为人们认为青蛙是雷神之女，为其下葬是送其升天，请雷神降雨，赐给吉祥。葬毕青蛙，便是盛大的歌圩活动，坟场灯火通明，男女对歌，通宵达旦。

宋代，表蛙神崇拜渐被人格化，与民间相传的一位姓葛名长庚、号白玉蟾的仙人叠合，被称为玉蟾大王

纵观整个节日活动可以清楚地认识到，祈雨求丰收、祈生育求繁衍是贯穿节日的两大主题。人们把找到的青蛙奉为雷神之女，说明人们相信蛙神主雨水。人们在节日期间的一切活动，如为她"择婿"、举行祭奠、安排葬礼等都是为了取悦于她，以求得她的恩赐，即降雨与赐给生育力。其中，取出前一年所葬青蛙骨骸验证当年雨水情况的仪式，明确地表达了人们祭蛙神卜雨求雨的目的。而青年男女选择在节日期间通过对歌来喜结良缘的习俗，则包含了祈求青蛙女神赐给生殖力的目的。

为了增添蛙的神性，古人还把蛙与天象相联系，创造了月中蟾蜍的神话。蟾蜍是人们幻想的天上的蛙。蛙为月中蟾蜍之后，其降雨能力便有了更为"合理"的解释。

随着蛙崇拜世俗化的发展，蛙成了吉祥物。蛙的作用也不断扩大，成了能赐给人间多种福禄的神物。直到晚近，祀蛙活动仍十分盛行。不仅壮族等少数民族如此，汉族也是如此。清代蒲松龄的《聊斋志异·青蛙神》中说："江汉之间，俗事蛙神最虔。"这说明清代汉族地区仍盛行"赛蛙神"的巫术活动。

牛与牛神

野牛与家牛都曾先后被古人奉为水神。牛作为水神，被赋予了辟水、镇水、司雷、降雨止雨等水神神性。为了消除水旱之灾，求得风调雨顺、五谷丰登，人们创造了种种以牛神为主体的祭祀仪式与巫术仪式。后来，由于农耕经济的发展，牛的农耕作用越来越突出，同时，也由于龙神影响的扩大及其对司水神职的渐趋垄断，牛神崇拜的内涵便逐渐发生转移，牛神由水神演变成了耕神或耕牛的保护神牛王神。然而，演变后的牛神崇拜仍包含残存的水神信仰观念。

最初的牛神崇拜对象为野牛。野牛中的犀牛是影响较大的牛神。犀牛鼻子上长有一个角或两个角，性习水，古人以犀牛为水中神兽。

犀牛能行于水，犀牛行于水时，其巨大的身躯劈开水面，划起波浪，古人便幻想犀牛有辟水神力。唐代刘恂的《岭表录异》卷中说："岭表所产犀牛，……又有辟水犀。"原注说："云此犀行于海，水为之开；置角于雾之中，不湿矣。"《渊鉴类函》卷四三〇引《南越志》中说："海中出离水犀，似牛，其出入有光，水为之开。"古人对犀牛神的崇拜又突出表现在犀牛角上，以为犀牛角为神异之物，犀牛辟水的神力来自犀角。据此，古人甚至幻想具有辟水神性的犀角可以用于潜水。《渊鉴类函》卷四三〇引《抱朴子》中

古人最初的牛神崇拜对象为野牛，而野牛中的犀牛是影响较大的牛神

说："通天犀，……得其角一尺以上刻为鱼而衔以入水，水常为开方三尺，可得息气水中。"古人还赋予犀牛角种种神异功能，也都与犀牛水中神兽的身份相关。犀角可以影印天地万物。《续夷坚志》中说："凡犀角遇山川日月草木鸟兽，随富威形。"犀之所以称为通天犀，是因为犀角可以影印天上的星云。《渊鉴类函》卷四三〇中说："犀望星而星入角。"《本草集解》中说："通天犀乃胎时见天上物过，形于角上，故曰通天，但于月下以水盆

映之则知。"犀角映物留影的功能，一方面可能是出自古人基于犀角细腻而奇妙的花纹而产生的浪漫遐想，因为古人视犀角为珍宝，古时有欣赏品评犀角纹样的风尚。《渊鉴类函》卷四三〇中说："犀角纹如鱼子形，谓之粟纹；纹中有眼，谓之粟眼；黑中有黄花者，为正透；黄中有黑花者，谓倒透；花中复有花者，为重透，并名通犀，乃上品也。花如椒豆斑者，次之；乌犀纯黑，无花者为下品。"这是由神兽崇拜而引发出的审美感觉。神秘总是与美难舍难分的，美有时是以神秘为基础的。另一方面，犀角的留影功能也涉及到犀牛与水的关系，体现了水倒映物影的特征。犀角又可以发出强烈的光芒，这也是因为古人视犀牛为水旱之神的原因，水旱可以互转，水神往往又是旱神，而发出炽烈的光芒则体现了旱神的特征。《南州异物志》中说："黑幼犀，……或有神异，表灵以角，含精吐烈，望若华烛。"《渊鉴类函》中说："犀有特神者，角有光耀，白日视之如角，夜暗之中理皆粹然，光由中出，望如火炬。"由犀角的发光又进而引申出犀牛通体均可发光。《杜阳编》中说："宝历元年南昌国进夜明犀。其状类通天，夜则光明，可照百步。覆缯十重，终不能掩其辉焕。上令解为腰带。每游猎，夜则不施蜡烛，有如昼日。"这种神兽发出的炽光居然具有穿透性，其说更为怪诞。犀角还具有解毒之神功，可以化除毒酒之毒或箭疮之毒。《抱朴子》中说："通天犀……，以其角为叉导者，将煮毒药为汤，以此叉导搅之，皆生白沫，无复毒势。"《北户录》中也说："通天犀置大雾重露下终不沾濡，又堪辨毒药酒，药酒生沫……或中毒箭，刺于疮中，立愈，盖犀食百毒棘刺故也。"犀角五花八门的神奇传闻，反映了古人对犀牛的极其崇拜，而这种崇拜又是建立在犀牛水神观念基础上的。

古画中的犀牛

犀牛神为水神，便能治服水怪，起到阻止河水泛滥的镇水作用。古籍中记有李冰造石犀镇水的传说。《艺文类聚》卷九十五引《蜀王本纪》中说："江水为害，蜀守李冰作石犀五枚，二枚在府中，一枚在市桥下，二枚在水中，以厌水精。"造石犀镇水，出于古人对犀牛神降怪镇水神性的信仰。

神的善、恶往往是可以互换对转的，或者说往往是可以互兼的。犀牛水神既是为人珍爱的善神，也是为人厌恶的恶神。犀牛水神既可辟水镇水，也可兴风作浪，翻覆人船。《论衡·是应》中说："太师尚父，为周司马，将师伐纣，到孟津之上，杖钺把旄，号其众曰：'苍兕！'夫苍兕，水中之兽也，善覆人船，因神以化，令汝急渡。"兕，即犀牛。《渊鉴类函》卷四三一中说："大抵犀、兕是一物。古人多言兕，后人多言犀。北音多言兕，南音多言犀，为不同耳。"犀、兕一音之转，实为一物。《山海经·海内南经》中说："兕在舜葬东，湘水南，其状如牛，苍黑，一角。"所述兕之形象与犀同。《山海经·南次三经》则将犀与兕合称："祷过之山，其上多金玉，其下多犀、兕，多象。"所以郭璞作注说："犀似水牛。兕亦似水牛，青色，一角，重千斤。"可见古人早就意识到了两者之间的类同。

《山海经·大荒东经》中描述的只有一条腿的夔牛神

牛神又有以野牛为原型幻想加工而成的。最典型的牛神原型是犀。夔牛神就是以犀牛为原型怪化加神圣化而成的。《山海经·大荒东经》中说："东海中有流波山，入海七千里。其上有兽，状如牛，苍身而无角，一足，出入水则必风雨，其光如日月，其声如雷，其名曰夔。黄帝得之，以其皮为鼓，橛以雷兽之骨，声闻五百里，以威天下。"夔牛神仍具有犀牛的形体、发光的特征，但失去了神秘的角，足也只剩下一只。突出的神异之处在于它的鸣叫。山谷中的野牛鸣叫如雷，古人据此将野牛与雷联系起来，以为野牛是雷之神灵——雷兽。突出夔牛神鸣叫的特征，是视夔牛为雷神的化身，也是对野牛水神观念的另一种解释。夔牛为雷兽，所以能操纵风雨，它的出入水则必然带来风雨。司风雨之神，也能为旱。《文选·东京赋》薛综注说："夔，木石之怪，如龙，有角，鳞甲光如日月，见则其邑大旱。"牛神发光的功能在夔牛神身上发扬光大，光如日月，夔由此而变为旱神。

由鸣叫如雷而怪化出的野牛水神还有䑏䑏。《山海经·东山经》中说："空桑之山，……有兽焉，其状如牛而虎文，其音如钦，其名曰䑏䑏，其鸣自叫，见则天下大水。"䑏䑏牛神发出叫声，即发大水，正是雷雨现象的神话化。雷鸣而降雨则洪水泛滥。

在牛为雷兽观念的支配下，各种野牛水神也就有了操纵雷电的神性。西晋张华的《博物志·异兽》中说："九真有神牛，乃生溪上。黑出时共斗，即海沸；黄或出斗岸上，家牛皆怖。人或遮（捕），则霹雳。号曰神牛。"《云南古佚书钞》辑《南中八郡志》中也有类似的记载："移风故县有摇牛，生罄里。时时共斗，则海沸。或出岸上，家牛见则恐怖。人或遮捕，则霹雳随至。俗号曰'神女牛'。"两则记载实出于同一神话。神话中的神牛遇险时有霹雳护佑，也表明了其雷兽水神身份。

基于牛神为水兽、雷兽水神的观念，古人认为牛神具有司雨水神性，这主要体现在对家牛（其中主要是水牛）的崇拜中。家牛（水牛）被奉为司雨水水神，固然是野牛崇拜观念的承袭发展，然而也有主体方面的原因。水牛性喜水，古人以为它是水中神兽。同时，牛又是农耕的重要工具，而农耕特别倚重雨水，牛、雨水，各自与农耕的重要联系，也使得二者被神秘地联系起来。以牛为司雨水水神的观念，主要体现在有关牛的祈雨止雨的仪式中。这些仪式可分为巫术与祭祀两大类。

有关牛的祈雨止雨的巫术常以胁迫为主要方式。《太平御览》卷十一中引顾微《广州记》中说："郁林郡山东南有一池，池边有石牛，人祭祀之，若旱，百姓杀牛祈雨，以牛血和泥。泥石牛背。祀毕，则大雨如注。洗牛背泥尽则晴。"这里的石牛，指形状似牛的石头，是人们心目中的牛神水神。杀死活牛，并以牛血和泥涂于石牛背上，是以杀死牛神同类的方法来威胁牛神，迫使其降雨。而止雨则是取消威胁，即洗去血泥。杀死活牛，对于农业生产毕竟损失太大，所以后来又演变成打春牛、烧纸牛的仪式。打春牛，即用鞭抽打土塑之牛，在立春节举行。宋代陈元靓的《岁时广记》引《皇朝岁时杂记》中说："立春鞭牛讫，庶民杂还如堵。"描绘了当时立春节举行鞭春牛活动的盛况。宋代孟元老的《东京梦华录》中也说："立春前一日，开封府进春牛入禁中鞭春。"在立春节鞭打春牛，有祈求一年风调雨顺的意义，旱时祈

立春时节鞭打春牛，有祈求一年风调雨顺的意义

雨的巫术至此而演变成定期祈求风调雨顺的巫术性节日习俗。鞭春牛巫术显然取自于农人耕地时鞭赶耕牛的活动，符合人类威胁牛这种动物的特点。由鞭春牛巫术习俗又衍化出打纸牛、烧纸牛的巫术性习俗。在东北等地的汉族中就曾流行立春日打纸牛与烧纸春牛的习俗。纸春牛用秫秸、彩纸扎成。立春这一天拂晓，男子们抬着纸春牛，妇女们头戴绸缎春花，孩子们拿着风筝，在一长者的引导下走向田野。日出后，长者便用鞭抽打春牛，并口念祝词："一打风调雨顺……"，祝词的中心意义是祈求风调雨顺，五谷丰收。鞭打完毕，男人们便继续抬着春牛向前走去，走上一段路后，便将春牛放在地上，拿镐头对着南方"农祥星"方向奋臂刨土，以示一年农事活动已经开始，随后焚烧春牛。

牛舞是与牛神司雨观念相关的一类巫术仪式，其基本原理是通过模拟牛的形象与动作来祈雨，属于模拟巫术之类。牛舞早有记载。《太平御览》卷八九九引《吕氏春秋》中说："昔葛天氏之乐，三人操牛尾、投足以歌八阕。"所记牛舞载歌载舞，已非原始形式，难以看出与祈雨的关系。近世壮族的牛头舞则保留了比较原始的形态，其祈雨的意义则十分明显。壮族牛头舞在三月举行，舞者高举牛头，作泥潭旋转、翻滚之态，还作纵跳、狂吼、奔跑、摇尾等动作。在春天举行牛头舞，目的在于祈求一年雨水充沛、庄稼丰收。有关牛头舞来历的传说也表明了这种意义。据传，勒勇因反抗土司压迫而遭追杀，一家三口逃至大河畔，无船渡河，无奈，欲投河。忽然水中出现大白牛，在白牛救助下，勒勇一家得以逃走，并来到一大平坝安居耕种。遇天旱，庄稼急需雨水，白牛神便从高山上泄下一股泉水，以解旱情。勒勇目睹了白牛滚水为潭，使水溢出而成泉水的情景，非常感动，便割青草置潭饲牛神。后来，白牛为解旱情，升天奔跑降雨，天下旱情解除之日，正是农历三月属牛之日。白牛神升天后，不再出现于人间。勒勇为谢牛恩，便于每年三月跳牛头舞。传说蕴含着古老的牛神水神观念。壮族牛头舞所模拟的正是牛神引水、降雨的动作，包含着对主宰雨水的牛神的信仰，

牛王图

其目的自然是为了祈求充沛的雨水。

以牛作牺牲祭祀水神祈雨的仪式源远流长。殷商甲骨文中有以"沉牛"祭河神、焚牛祭天神祈雨的记载。近世白旗支系那马人有以牛祭祈雨的习俗。在那马人那里，用作祭天的牛要经过挑选，必须是黑花、白花或纯黄的雄健公牛，有专门的人放牧。牛走到哪里吃到哪里，即便是践踏或吃掉庄稼，也不能驱赶。逢久旱不雨便要宰杀此牛祭天。用牛作祭祀祈雨的牺牲，显然是把牛当作了一种高贵的牺牲。牛是家畜中最有经济价值的动物，以它作祭品，显然是向上天或水神送上了一份厚礼。问题是，牛本是人们信仰中的水神，为什么还要用作牺牲去祭祀其他的水神呢？杨学政的《原始宗教论》对此有很好的解释："牺牲具有祭品和神灵两重性。"又说："我认为牺牲具有神灵的特性，是一种特殊的神灵。"牛之所以用作祭祀祈雨，是因为它具有水神的神性，用它作牺牲祭祀其他水神祈雨的同时，也是在向它祈求降雨。

有关牛的水神信仰虽然到近世仍有残迹留存，但总的来说已呈淡化趋势，对牛神水神神性的崇拜渐渐转向了对牛神耕作功绩等的崇拜。我国许多民族的牛神崇拜习俗，其意义指向主要已不是祈雨止雨，而是酬谢牛的辛勤劳作，甚至还讹变成祈求吉祥平安。如我国土家族、苗族等在农历四月十八、仡佬族在农历十月一日举行的牛王节，其中心内容是为牛神祝祷，感谢牛神为人类作出的贡献。但笔者相信，这一节日的渊源仍可追溯到以牛为水神的信仰，因为牛的节日中仍有水神信仰的残痕。洗牛节是施甸县布朗族过端午节的习俗。习俗的主要内容是村老与头人牵羊游行，羊是牛神的象征。各家以水洒向村老与头人，表示洗去牛脚迹。这一习俗的目的是祈求村寨平安，但是习俗却残留了一些与祈雨有关的形式。如游行时，村老和头人要头戴斗笠、身披蓑衣。斗笠蓑衣均为雨具，在仪式中用此与祈雨有关。各家各户向村老、头人洒水也是祈雨的一种仪式。当然，这些形式在晚近洗牛脚的习俗中，只剩下空洞的躯壳，已无原来的含义了。

半人半兽水神

先民把一些动物奉为水神，本身就为这些动物注入了人性的因素。随着先民战胜自然的能力和信心逐渐增强，动物水神中的人性因素也逐渐扩大。表现在形态上，便是动物水神向人形方向演变，蜕变成半人半兽的水神，乃至于完全人形化的水神。

半人半兽水神，是人的形体特征与动物的形体特征的奇妙组合，其人的特征使人感到可敬可亲，其动物的特征则使人感到神奇怪异，与人们对神秘事物的崇拜心理相适应，因而构成整个水神系统中最有特色的部分。

半人半兽水神，大致可分为两种类型。一种类型是单纯的人兽合体型水神，另一种类型则是人兽合体附加动物纹饰型水神。

● 人兽合体型水神

人兽合体型水神往往表现为人首兽身，或兽首人身的合体，其水神的身份主要是由合体中的兽首或兽身来体现的。合体中的兽首或兽身多取自民间信仰中的水神动物。除了这种形态上的特征外，人兽合体型水神还具有司水的神性方面的特征。这就构成了人兽合体型水神与其他人兽合体型神灵的区别，下引数例为证。

计蒙，人面龙身。《山海经·中次八经》中说："光山，其上多碧，其下多木。神计蒙处之，其状人身而龙首，恒游于漳渊，出入必有狂风暴雨。"计蒙龙首，处水域，所到之处必有暴雨，其为水神无疑。

颙，人面鸟身。《山海经·南次三经》中说："令丘之山……有鸟焉，其状如枭，人面四目而有耳，其名曰颙，其鸣自号也，见则天下大旱。"颙能带来大旱，说明其是能带来水旱之灾的水神。

计蒙

相柳，人面蛇身。相柳，也称"相繇"。《山海经·海外北经》中说："共工之臣曰相柳氏，九首，以食于九山。相柳之所抵，厥为泽溪。禹杀相柳，其血腥，不可以树五谷种。禹厥之，三仞三沮，乃以为众帝之台。在昆仑之北，柔利之东。相柳者，九首人面，蛇身而青。不敢北射，畏共工之台。台在其东，台四方，隅有一蛇，虎色，首冲南方。"《大荒北经》中又载有同一神话的异文："共工之臣名曰相繇，九首蛇身，自环，食于九土。其所欤所尼，即为源泽。不辛乃苦，百兽莫能处。禹湮洪水，杀相繇。其血腥臭，不可生谷；其地多水，不可居也。禹湮之，三仞三沮，乃以为池，群帝因是以为台，在昆仑之北。"据以上神话资料，相柳应为发动洪水的水神，其一，相柳为洪水水神共工之臣，相柳与共工应为同类神灵；其二，相柳所到之处，即为源泽，相柳所葬之地"多水，不可居也"；其三，大禹杀相柳以除洪患，可见相柳为洪患之根；其四，相柳蛇身，蛇为水神。以上四点，可证明相柳为水神。

颙

橐𩇯，人面鸟身。《山海经·西山经》中说："翰次之山……有鸟焉，其状如枭，人面而一足，曰橐𩇯，冬见夏蛰，服之不畏雷。"橐𩇯为雷雨水神。所谓"服之不畏雷"，意即橐𩇯有避雷功能，为雷神之族。另外，橐𩇯为一足人面鸟身，与一足鸟商羊极相似，前者很可能是由后者人形化而来，而一足鸟商羊为雷雨水神，"商羊鼓舞，天将大雨"，所以橐𩇯也应为雷雨水神。

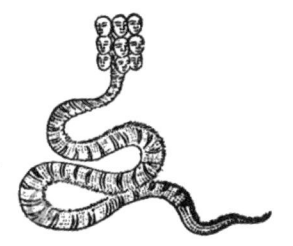

相柳

化蛇，人面蛇身加鸟翼。《山海经·中次二经》说："阳山，阳水出焉，而北流注于伊水，其中多化蛇，其状如人面而蛇身，鸟翼而蛇行，其音如叱呼，见则其邑大水"。化蛇出现的地方要发大水，可见其为地方洪水水神。

橐𩇯

合窳，人面而猪身。《山海经·东次四经》中说："剡山，有兽焉，其状如彘而人面，黄身而赤尾，其名曰合窳，其音如婴儿。是兽也，食人，亦食虫蛇，见则天下大水。"

化蛇

合窳为洪水水神。

● **人兽合体附加动物纹饰型水神**

显然，这类水神是在上一类水神的基础上附加动物纹饰形成的。附加的动物纹饰多为蛇、龙等水神动物。这些动物纹饰具有昭示诸神的水神身份、表明其水神神性的功能。

这类水神又以珥两蛇或操两蛇、乘两龙或乘两蛇者居多。如东、南、西、北四海水神即有这样的装饰。

《山海经·大荒东经》中说："东海之渚中，有神，人面鸟身，珥两蛇，践两黄蛇，名曰禺䝞。黄帝生禺䝞，禺䝞生禺京，禺京处北海，禺䝞处东海，是为海神。"

《山海经·大荒南经》中说："南海渚中，有神，人面，珥两青蛇，践两赤蛇，曰不廷胡余。"

《山海经·大荒西经》中说："西海渚中，有神，人面鸟身，珥两青蛇，践两赤蛇，名曰弇兹。"

《山海经·大荒北经》中说："北海之渚中，有神，人面鸟身，珥两青蛇，践两赤蛇，名曰禺强。"

东方句芒

西方蓐收

南方祝融

北方禺疆

与四海水神有某些联系的四方水神也有这样的装饰，只不过"践两蛇"多变成了"乘两龙"。这种改变没有实质性的变化，因为蛇与龙本来可以互指、互相代替。

《山海经·海外东经》中说："东方句芒，鸟身人面，乘两龙。"

《山海经·海外西经》中说："西方蓐收，左耳有蛇，乘两龙。"

《山海经·海外南经》中说："南方祝融，兽身人面，乘两龙。"

《山海经·海外北经》中说："北方禹疆，人面鸟身，珥两青蛇，践两青蛇。"

蛇与龙均为水神，四海及四方诸神珥蛇乘龙，表明诸神具有驱使蛇、龙兴云布雨的神性。这是动物水神人物化的演变所引起的水神司水方式的变化。

第八章 气象水神

气象崇拜的中心是雨,因为雨直接影响农业生产。其他气象现象——风、云、虹、雷、电等之所以受到崇拜,是因为它们与降雨有关。古人在农业实践中,积累了不少有关降雨的气象知识,但同时,他们又对于诸种气象现象的成因迷惑不解,因而产生神秘的幻想,形成崇拜。

雨与雨神

雨是水崇拜最主要的对象之一,因而雨的人神化较早,人们用人间的尊称称其为雨师。春秋时,雨师被列入国家祀典,有专庙。《汉书·郊祀表》中记载:"(秦时)雍有二十八宿,风伯,雨师之属,百有余庙。"

水神雨师又有各种名称,每一种名称又有相应的传说。

雨师为毕星。毕星为一星体名称,古人习惯将崇拜对象附会为天上的星月,以增添其神圣性,如风神便被附会为箕星。《尚书·洪范》中说:"星有好风,星有好雨。"马融注:"箕星好风,毕星好雨。"就是说风神为箕星,雨神为毕宿。毕星是二十八宿中西方白虎七宿的第五宿,共八颗,在金座。雨是从天而降的,所以把雨师与天上的毕星相联系。《诗经》中有"月离于毕,俾滂沱矣",意为月亮靠近了毕星,就会大雨滂沱,这里面包含了古人对于降雨原因的探索。东汉蔡邕的《独断》中也有类似的说法:"雨师神,毕星也,其象在天,能兴雨。"毕星的出现,是降雨的征兆。

雨师为玄冥。《艺文类聚》卷二中引《风俗通》说:"玄冥,雨师也。"玄冥为颛顼之子。《淮南子·时则训》中说:"北方之极,自九泽穷夏晦之极,北至令正之谷,有冻寒积冰,雪雹霜霰,漂润群水之野,颛顼、玄冥之所司者万二千里。"如此说来,玄冥也是北海

古画中的雨神

海神。

雨师为赤松子。赤松子又名赤诵子，相传为神农时的雨师。《楚辞·远游》中说："闻赤松之清尘兮，愿承风乎遗则。"《列仙传》卷上说："赤松子者，神农时雨师也，服水玉以教神农，能入火自烧。往往至昆仑山上，常止西王母石室中，随风雨上下。炎帝少女追之，亦得仙俱去。"郭璞注《山海经·南山经》中说："水玉，今水精也……赤松子所服。"赤松子服水精，又能入火自烧，表现了水神的特征。《搜神记》卷一也有类似的记载，不过略有不同，赤松子所服"水玉"被说成是"冰玉散"，"入火自烧"被说成是"入火不烧"，"不烧"则进一步说明了赤松子作为水神入火自烧而不损的本领。《历代神仙通鉴》等书，则创造了赤松子奇特的容颜外貌，古怪的言谈举止。神农时"川竭山崩，皆成沙碛，连天亦几时不雨，禾黍各处枯槁，有一野人，形窘古怪，言语癫狂，上披草领，下系皮裙，蓬头跣足，指甲长如利爪，遍身黄毛覆盖，手执柳枝，狂歌跳舞，曰：予号曰赤松子，留王屋修炼多岁，始随赤真人南游衡岳。真人常化赤色神首飞龙，往来其间，予亦化一赤虬，追蹑于后。朝谒元始众圣，因予能随风雨上下，即命为雨师，主行霖雨"。赤松子由神话传说中的人物变成了道教中的仙人，落拓不羁，超凡脱俗，因其行云布雨的本领而被道教最高神元始天尊封为雨师，主行霖雨。

较晚出现的雨师是陈天君。黄斐默的《集说诠真》中说："今俗又塑雨师像，乌髯壮汉，左手执盂，内盛一龙，右手若洒水状，称曰雨师陈天君。"塑像突出表现了雨师司雨的特征。

云与云神

云与雨实质上是属于同一类事物。水蒸发为水汽，水汽上升凝聚为云，云积厚重而降为雨。先民对云的崇拜，实质上是对雨水的崇拜。有雨必有云，行云致雨的现象很容易为人类所察觉。甲骨文中有不少卜云问雨的记载。

其中有两条卜辞都说，有了这块云，会下雨吗？可见人们早已对云与雨之间的密切关系有明确的认识。不少典籍对云、雨的关系还作了直接的阐述。如《易·乾》中说："云

相传为神农时期雨师的赤松子

行雨施,品物流行。"《小雅·信南山》中说:"上天同云,雨雪雰雰。"《庄子·天运篇》中说:"云者,为雨乎?雨者,为云乎?孰降施是?孰居无事淫乐而劝是?"

《论衡·说日篇》中说:"雨之出山,或谓云载而行,云散水坠,名为雨矣。夫云则雨,雨则云矣。初出为云,云繁为雨。"这些言论把云与雨的关系阐述得再清楚不过了。正因为知道云、雨之间的关系,所以古人祭云,实是为了求雨。卜辞中也有祭云降雨的记载。

古人祭云,多用燎祭。燎是积柴焚烟,即将祭物放于柴火中燃烧,以焚烧之烟献祭云之神灵。燎祭要用犬、羊、豕等牲畜。有时一次竟用五羊、五豕、六羊、六豕之多,可见古人对云神崇拜的程度。古人崇拜云神,主要是因为古人把云神当作司雨水的水神。云神大约在商周时代已经人形化。云中君是云神广为流传的名字。《楚辞·九歌》专设云中君一章,朱熹的《楚辞集注》中解释云中君说:"云中君谓云神也。"《史记·封禅书》中说:"晋巫,祠五帝、东君、云中(君)。"《汉书·郊礼志上》中也说:"晋巫祠五帝、东君、云中君。"颜师古注解说:"云中君谓云神也。"

有人认为云中君是女神,也有人认为云中君为男神。在《史记》与《汉书》的记载中,均将云中君与五帝、东君等男性神并列,且与东君男性神同称为君,所以据此推测云中君为男性。

屈原《楚辞·九歌》生动地描绘了云中君华美的形象:

云中君图

灵连蜷兮既留,
烂昭昭兮未央。
謇将憺兮寿宫,
与日月兮齐光。
龙驾兮帝服,
聊翱游兮周章。
灵皇皇兮既降,
猋远举兮云中。

览冀州兮有余，

横四海兮焉穷。

意思是："云神回环翱翔，翩然飞来，在这里停留，浑身闪光，极其灿烂。他（她）在神宫中安住，与日月齐光。乘着驾龙的车子，穿着天帝一般的衣服，他（她）要到处飞翔，周游四方。他（她）光芒四射，降落大地，突然又高飞云中。游览了中国，还要去观赏别处，游遍四海，又还想游尽什么地方？"

随着雨神、龙神、龙王等水神崇拜相继在中国获得广泛影响，云神崇拜逐渐淡化。尤其是龙神、龙王的权威地位确定以后，人们多是向龙神或龙王求雨，很少再去祈求云神。

然而，云神崇拜并未消失殆尽，这可以从两方面看出：一是有关云神崇拜的祈雨止雨习俗仍余绪不断。近世有扫云止雨的巫术习俗，此俗包含了云神司雨的观念。云神既为掌管雨水之神，可以降雨，也可止雨。在民间，遇久雨不晴，妇女们便会剪一种称作"扫晴娘"或"驱云婆"的纸人，或贴在门上，或用线穿着挂在屋檐下，用以止雨。"吴县如遇久雨，则用纸剪为女子状，名曰'扫晴娘'。手执扫帚，纸人须颠倒，足朝天，头朝地，其意谓足朝天，可扫去雨点也。用线穿之，挂于廊下或檐下，俟天已晴，然后将扫晴娘焚去。"这种模拟巫术，包含着很古老的水崇拜文化因子，纸人为女性，可能与远古女巫祈雨止雨巫术有某种渊源关系。二是云神崇拜以变化的形式而存活民间，并有相当大的影响。云神主雨水，雨水适量，则给人间带来风调雨顺、五谷丰登；雨水过少或过甚，则给人间带来水旱之灾。据此，云神的主雨水之功能逐渐演变为主祸福的功能，云神与祸福的联系，便形成了以云神兆祸福的征兆迷信。《左传·哀公六年》中说："是岁也，有云如众赤鸟夹日以飞三日。楚子使问诸周大史。周大史曰：'其当王身乎。若禜之，可移于令尹，司马。'"可见，至少在东周时，人们已经相信云状预兆祸福，并有用"禜"祭云神除祸或移祸他人的方法。《史记·封禅书》中说：汉武帝"至中山，臞暭，有黄云盖焉。有鹿过，上自射之，因以祭云"。黄云预示凶兆，便以猎物祭云消灾。《史记·天官书》则根据云的形状、颜色把云分为各种类别，并说明了根据云的不同类别行占卜的方法。不难看出，是以云卜晴雨的演变。云神征兆迷信的兴盛以及延续至近现代的久远影响，使人们逐渐淡忘了云神的原始功能，很少直接祭祀云神祈雨止雨。

虹与虹神

虹是水汽经阳光折射后出现于天幕的半圆弧形的七彩光环。虹的出现常常是在降雨之前或雨过天晴，与雨水有着密切的联系。所以，原始人崇拜虹，与崇拜水是相一致的。虹经过动物化后，便成了龙蛇形状的水神。虹经过人形化后，便成为美女神或男神，人形化的虹神便失去了司雨水的职能。

山东淄博区商王村战国果墓出土出廊式双首龙玉璜

虹为司雨之神。在古人的观念中，虹与云是相通的。如把云与蜺（雌虹）连称，《孟子·梁惠王下》中说："如大旱之望云蜺。"《离骚》中说："云蜺而来御。""扬云霓之崦霭兮（蜺与霓同）。"说明古人视云、虹为同类。又如古人把"云"和"霓"都当作气，称云气、虹气。《诗·蜡炼》毛传说："夫妇礼过则虹气盛。"《文选·高重赋》中说："其上有云气。"《庄子·逍遥游》中说："乘云气，负青天。"这也说明，云与虹被视为同类。由此可见，虹是被当作云神之类的雨水神而受到崇拜的。古人还根据虹经常出现于菏泽的特点，把虹想象成饮于菏泽的龙蛇，以解释虹神司水的原因。虹经常于菏泽喝水，所以能降雨。如甲骨文中的虹为象形字，像龙蛇之类的动物，身取虹形，两端作龙蛇之头朝下，意为在菏泽上饮水。《说文》中说："虹，状似虫。"段玉裁注："虫者蛇也。虹似蛇，故从虫。"陈梦家指出："卜辞虹字像两蛇形。"甲骨文中有反映古人虹饮于河水观念的记载："……出虹[自北]饮于河（《前》7. 43. 2）。……出虹自北饮于河（《菁》4）。"殷商以降，虹饮于河的观念代代相传。汉朝传说："虹下属宫中，饮井水，井水竭。"南北朝时传说："后魏明帝正光二年（521年）夏六月，首阳山下有晚虹下饮于溪泉。"清人郝懿行注释《山海经·海外东经》中说："虹有两首，能饮涧水，山行者或见之。"至现代，民间仍残留虹有首饮水的说法。

人们所创造的虹神图纹，则突出地表现了虹饮水降雨的观念。各种考古资料上的虹神图纹，都与甲骨文"虹"字形相似，身躯拱起，两端双首朝下作饮水状。目前所知最早的表现虹神形象的文物是辽宁喀左县东山嘴红山文化遗址中发掘出的"双龙首璜形玉饰"。该玉璜的"双龙首"呈猪首形，说明虹的动物化曾与水神猪相联系。殷墟妇好墓中出土的商代龙首玉璜，一端呈龙首，另一端呈龙尾，应当是双龙首玉璜的讹变形式。周代的青铜器上也有虹纹，也是弓身、双龙首形。虹神形象还见于汉代画像石。在山东嘉祥汉画像石雷公雨师图中，虹身高高拱起，两首龙头张开，作饮水状。虹的一旁和弧形下有雨师、风伯作法施术呼风唤雨，虹的弧背有雷公播雨放电。说明虹与雷公、风伯、雨师等有着密切联系，同为司雨之神。

虹由主虹与副虹组成，主虹明，副虹暗。据此，古人又把虹说成是由阴阳二气相交而成。《淮南子·说山篇》中说："天二气则成虹。"高诱注说："阴阳二气相干也。"《吕氏春秋·节表篇》高诱注说："虹，阴阳交气也。"《汉书·天文志》中说："虹霓者，阴阳之精也。"《初学记》引《春秋纬元命苞》郑玄注说："虹者，阴阳交接之气。"《艺文类聚》引蔡邕的《月令章句》中说："虹，嫦蟆也，阴阳交接著于形色者也。"

虹，既为阴阳相交之气，又被用来象征人类男女相交。《逸周书·时训篇》中说："虹不见，妇人苞乱……，虹不藏，妇不专一。"《诗·鄘风·虫炼》毛传说："夫妇礼过则虹气盛。"虹既象征男女相交，也就被赋予了生育的力量，成为主生殖之神。于是出现了女子感虹生子的神话。《诗纬·含神露》中说："握登（虞舜之母）见大虹，意感而生命舜。"又说："瑶光如蜿，贯月正白，感女枢于幽房之宫，生颛顼。"帝舜母生帝舜，颛顼母生颛顼，都是感虹而生。《玉函山房辑佚书》辑《春秋纬元命苞》中说："黄帝时，大星如虹，下流华渚，女节梦接，意感而生白帝朱宣。"女节在梦中遇虹而怀孕生下了白帝朱宣，也是感虹而生的例子。

虹由于象征男女相交，所以又演变为夫妻神。南朝宋刘敬叔的《异苑》卷一中说："古语有之曰：古者有夫妻，荒年食菜而死，俱化为青绛，故俗称美人虹。"这则神话是说虹是由一对贫穷夫妻饿死之后所化成，所以一个为阴，一个为阳。大概是因为虹的七彩很容易使人联想到艳丽动人的女子,虹又由夫妻神变为专指美女神。东汉刘熙的《释名·释天》中说:"虹,……又名美人。"《类说》卷四十中引《稽神异苑》中说:"首阳山有晚虹,下饮溪水,化为女子,明帝召入宫。曰:'我仙女也,暂降人间。'帝欲逼幸,而有难色。忽有声如雷,忽化为虹而去。"后魏明帝在溪边见到了化为美女的晚虹,就把她带回宫。这女子大概怕明帝为难她,首先表明了自己的身份,并说明自己只是暂留人间,话里暗示明帝不要言及男女之事。可那明帝偏偏不知趣,也许是色迷心窍而失去了理智,竟要逼迫美女成其好事。美女不愿意,但又碍于人君的面子,不好说出难听的话,显出为难的样子。忽然,响起一声雷鸣般的声音,美女遂化为虹飞去了。美女虹神话影响甚广,流传中又经地方化与民族化,演变成为新的情节。台湾泰雅人神话说:从前,有一对夫妻,生活贫穷,靠辛勤劳作相依为命。一天,妻子拾得一块七彩花布,制成衣衫穿在身上。丈夫得知花布的来历,指责她这样做是触犯了祖训,必遭到惩罚。妻子深为悔恨,决意离开人间,于是投水自尽。妻子投水后竟化为一道霓虹,每当雨后天晴就出现在天空,遥望人间的丈夫,据说,霓虹的七彩便是她身上穿的花布衫。

美女化虹的传说广为流传,讲述了后魏明帝将晚虹化作的美女带进宫,美女不愿就范,随雷声化为彩虹飞回天上的故事

虹化为美女,在后世又被解释为虹成精所致。《子不语》中有一则白虹成精的故事:一个叫马南箴的人撑船夜行,搭载了一个姓白的老妇和一个女子。分手时,老妇为答谢马南箴搭载之恩,送给他一匹麻布,告诉他,可以踩着麻布升天来见自己,原来这老妇就是白虹精。次日,马南箴踩在麻布上。麻布果然载着他冉冉升上云天。然后,在一处仙宫就见到了那妇人和女子,老妇人将那女子许配给马南箴。两人成亲后,还经常乘着那匹麻布来往于天上人间。

虹也可以变化为美男子。因为虹最初便被认为是由阴阳二气构成,其阴的成分可以化为美女,其阳的成分就自然可以化为美男了。《神异录》中记载:"庐陵巴丘人陈济,为州吏。其妇秦在家，一丈夫长大端正，着绛碧袍，衫色炫耀，来从之。后常相期于一山涧，至于寝处，不觉有人道相感接。如是积年，村人观其所至，辄有虹现，秦至水侧，丈夫有金瓶，引水共饮。后遂有身，生儿如人，多肉。济假还，秦惧见之，内于盆中。丈夫云：'小儿，未可得我去。'自衣，即以绛囊盛。时出与乳之时，辄风雨，邻人见虹下其庭。丈夫复时少来，将儿去。人见二虹出其家。数年来省母，后秦适田，见二虹于涧，畏之。须臾，见丈夫，云：'是我，无所畏。'后此乃绝。"这位由虹变成的男子，与人间有夫之妇偷情，可谓不算有德。但故事奇异绚丽，富有浪漫情调。虹变的男子出入有虹光闪耀，其与人妇所生之子，也为虹，出入也有虹现，想象美妙动人。虹变的男子偷人之妻，毕竟是件不光彩的事。把虹变的男子说成这样一种伤风败俗的人，与人们认为虹为阴阳之气相交、也即男女相交的象征有关。而在光天化日之下行男女之事，且沉溺其中，被认为是淫邪的表现。那虹变的男子既由淫邪之虹所化，难免作淫邪之事。所以虹无论变男变女，在很多场合的名声并不好。

《异苑》描述了一则异闻，虹来到薛愿家不停喝锅里的汤水，薛愿急中生智倒酒给虹喝，结果虹喝醉了，不停呕吐，可吐出来的却都是金块

虹也往往被当作凶与吉的征兆。虹既能带来风调雨顺，也能引起洪水泛滥。同时，虹与阴阳二气有关，既能繁衍人类，也能在人间散布淫邪之气，败坏人间道德风尚。总之，虹既能招福，也能致祸。将其招福与致祸的功能加以引申，虹就有了显吉兆与显凶兆的功能。虹的征兆迷信正符合汉儒的"天人感应"思想，所以汉代以来得以广为传播。虹之征兆，不仅可以对应人们日常生活事件，而且也可以验证国家治乱兴亡。就日常生活而言，虹的出现常常为凶兆，所以《诗经·鄘风·蝃蝀》中说不能用手指虹，"蝃蝀在东，无敢指之"。虹现既为凶兆，人们就得采用相应的巫术消灾祛凶，如果处理得好，施行的巫术得法，不仅可以免灾，而且可以逢凶化吉。南朝宋刘敬叔《异苑》卷一中说："晋义熙初，晋陵薛愿有虹。饮其釜澳，须臾嗡响便竭。愿辇酒灌之，随投随涸，便吐金满釜，于是灾弊日袪而丰富岁臻。"这则异闻说：晋朝时，薛愿家里来了一条虹，喝锅里

的汤水，喝得唏唏作响，很快就把锅里的汤水喝干了。这样的事情往往预示着灾祸的来临。但是薛愿采取了有效的驱邪措施，拿酒给虹喝。一坛一坛的酒都被喝干了，虹神也醉了，就开始呕吐，吐出来的居然是金块，吐了满满一锅。这一年，薛愿家不仅没有发生祸事，而且庄稼丰收，发财致富。看来，虹的出现到底是吉是凶，还得根据当时处置

宋代黄休复《茆亭客话》卷五中描写了一条虹的样子：头像驴头，身子的颜色像晴天的彩霞

的适当与否来确定，也得根据人们的需要来确定。宋代黄休复的《茆亭客话》卷五中说："韦中令镇蜀之日，与宾客宴于西亭，或暴风雨作，俄有虹霓自空而下，直入于亭，垂首于筵中，吸其食馔且尽焉。其虹霓首似驴，身若晴霞状，公惧且恶之……。"这则异闻说：韦皋镇守蜀地时，有一天在西亭请客吃饭，突然起了一阵狂风暴雨，不一会，雨停了，一条虹霓自天而降，径直进入亭子，低头吸食桌上的食物，而且吃得干干净净。这条虹的头像驴头，身子的颜色像晴天的彩霞，韦皋认为这是不祥之兆，非常厌恶。有个客人就说："夫虹霓天使也，降于邪则为戾，降于正则为祥，理宜然也。公正人也，是宜为庆为祥，敢以为贺。"这事发生后不久的一个月，韦皋就高升为中书令，客人的话果然应验了。由此可见，虹的出现与人的祸福，可以随意解释，就像中国人的圆梦，全在于巧言妙语。

《搜神记》还记载了一则虹预兆社会政治变化的异文："孔子修《春秋》、制《孝经》，既成，斋戒，向北辰而拜，告备于天。乃洪郁，起白雾摩地。虹自上而下，化为黄玉，长三尺，上有所文，孔子跪受而读之，曰：'宝文出，刘季握。卯金刀，起轸北。字禾子，天下服。'"这则故事颇有点穿越文学的味道，刘邦得天下的时代，孔子已作古数百年。为了证明虹显兆的权威性，竟然搬出这位大圣人的在天之灵来宣读刘邦得天下的谶语，而且虹的显兆居然能明明白白地写在三尺长的白玉上，真正可谓神奇。故事虽荒诞不经，却反映了古人关于虹能预兆天下兴亡更替的观念。

在漫长的虹崇拜发展过程中，虹被赋予了代表淫邪、显示征兆、象征男女等多种文

化内涵，但是司雨水却始终是其基本内涵。虹与雨水的密切关系，在人们的观念中始终没有改变。直到晚近，人们仍以虹的方位或出虹的时间来预测晴雨。谚语有"朝虹日头暮虹雨""虹在东，有雨也不凶"等说法，这些应是古代崇虹祈雨的余绪。

风与风神

风常常伴随着雨水而至。在古人的观念中，风是降雨的重要因素。《诗·邶风》中说："习习谷风，以阴以雨。"所谓"东风化雨""呼风唤雨"就含有这种观念。因此，古人崇风，主要是相信风神与雨神和雷神合作，就能遍降甘雨，滋润万物生长。《风俗通义·祀典》中说：风神"鼓之于雷霆，润之于风雨，养成万物，有功于人，王者祀以报功也，戌之神为风伯，故以丙戌日祀于西北"。

风神发挥降雨作用，总是与雨神、雷神分不开的。《山海经·大荒北经》中说："蚩尤作兵伐黄帝，黄帝乃令应龙攻之冀州之野。应龙畜水。蚩尤请风伯、雨师，纵大风雨。"山东嘉祥汉画像石"雷公司雨图"中，雷公在虹的脊背上放电施雨，风伯则在一旁播弄乌云，也表明了风伯与雷公、雨师的合作关系。在中国人的信仰中，风伯与雷公、雨师是同类性质的神灵，所以常被并奉祀于一祠。清《广东新语》中记载："……堂庑两侧又有雷神十二躯，以应十二方位，及雷公、电母、风伯、雨师像。"

雨水于人类有利也有害，司水的风神也有善恶两面。古人认为，风神的善恶与风的大小、方向有关。就大小而言：大风为恶，和风为善。就方向而言，风有四方之分："南风谓之凯风，东风谓之谷风，北风谓之凉风，西风谓之泰风。"风又有八方之别："东北曰炎风，东方曰条风，东南曰景风，南方曰巨风，西南曰凉风，西方曰飂风，西北曰丽风，北方曰寒风。"古人根据不同方向的风对人们生活的影响，确定其善恶，既包含着迷信观念，也包含着一定的生活经验。如：东风被认为是善的，《毛传》中说："东风谓之谷风，阴阳合而谷风至。"《尔雅·释天》疏引孙炎《尔雅》注说："谷之言谷，生也；谷风者，生长之风。"东风又称谷风，是阴阳调和之风，所以能使万物生长。又如：南风也被认为是善的，《诗·邶风·凯风》中说："南风长养，万物喜乐，故曰凯风。"《孔子家语·辩乐》中说："南风之熏兮，可以解吾民之愠兮。南风之时兮，可以阜吾民之财兮。"南风又称凯风，是养育万物之风。又如：西北风被认为是恶的，《史记·律书》中说："不周风居西北，主杀生。"西北风又称不周风，是杀生之风，意为西北风挟带暴雨，毁坏稼禾，给人们带来损失。《吕氏春秋·古乐篇》提到过恶风的危害："昔古朱襄氏之治天下也，多风，而阳气畜积，万物散解，果实不成。"

古代各地区、各民族崇拜的风神形象有很大的差异，因而见诸于典籍资料的风神有多种形象。

- 以神鸟为风神

风在空中流动，鸟也在空中飞翔，很容易使古人产生联想，把有生命的鸟幻想为主宰风的神。再者，鸟展翅飞翔搏打生风，古人便幻想风来自鸟翅，于是奉鸟为风神。所谓"风禽，鸢类。越人谓之风伯，飞翔则大风"就属于这类幻想（《禽经》）。殷人的风

殷人将风与鸟相结合而创造出风、风也即为风神

神凤鸟也是来自这种幻想。凤鸟是不存在的鸟，完全是殷人把风与鸟相结合而创造出的风神。在卜辞中，风与凤同为一字，"凤"字既作凤鸟解，也作"风"字解。"风"可以用鸟的象形文"凤"来表示，说明古人是根据风神迷信观念创造了"凤"字。后来，才创造"风"字，以区别于"凤"字。可以说，"风"字反映了殷人以"凤"鸟为风神的观念。风神凤鸟的形象，《说文》中有描绘："凤，神鸟也。天老曰：'凤之象也，鸿前麐后，蛇颈鱼尾，鹳颡鸳思，龙文龟背，燕颔鸡喙，五色备举。出于东方君子国，翱翔四海之外，过昆仑，饮砥柱，濯羽弱水，莫宿风穴，见则天下安宁。'"凤鸟的形象是在以鸟为基本形体的基础上组合其他动物局部形体而构成的。组合成凤鸟各个部件的动物多是水中生物，如蛇、鱼、龙、龟之类，说明风神与雨水有关。凤鸟暮宿风穴的习性，与古人认为风源于洞穴有关。以凤鸟为形象的风神应是善神。凤鸟的出现会给天下带来安宁，这其中蕴含了性善的风神能赐予风调雨顺、万物滋生的意

义。因此，在中国文化中，凤鸟为吉祥鸟。后来，人们又在凤鸟的基础上创造出凰，为这种神鸟分出了雌雄，合称凤凰。孔颖达注《书·益稷》中说："雄曰凤，雌曰凰。"当然，凤凰也可以合起来指一种鸟，后世又演绎出许多关于凤凰的故事，并且凤凰还与龙合璧，称龙凤呈祥，对中国文化产生了很大的影响。

古代楚人称风神为飞廉，也以鸟为主体形象。屈原的《楚辞·离骚》中说："前望舒使先驱兮，后飞廉使奔属。"王逸注说："飞廉，风伯也。""风伯，神名也。"可知飞廉为风神，因为"风伯"是春秋战国时代流行的对风神的尊称。飞廉司风，所以能致风。《史记·孝武本纪》之《集解》中说："应劭曰：'飞廉神禽，能致风。'"飞廉形象以鸟为主体，并综合了一些动物的特征。高诱注《淮南子·俶真训》中说："飞廉兽名，长毛有翼。"洪兴祖补注《楚辞·离骚》引晋灼的话说："飞廉鹿身，头如雀，有角，而蛇尾豹文。"由此，风神进一步为人们所神化。按照阴阳组合的原则，后世的人们又为飞廉风神配上了对，创造了"风母"。《历代神仙通鉴》卷二中说："蜚（飞）廉生得鹿形蛇尾，爵头羊角，与蚩尤同师一真道人。并居南祁，见对山之后，每遇风雨则飞起似燕，天晴安狀如故。怪而觇之，夜半见一物如囊，豹文而无足，向地吸气二口喷出，狂风骤发，石燕纷飞。廉步如飞禽，乃追而擒之，是为风母，能掌八风消息，通五运之气候。"

- 以山谷、洞穴为风神

山谷、洞穴风神远没有神鸟风神的影响大，但可能更为古老，属于原始自然物崇拜的范畴。山谷、洞穴风神的产生可能与原始初民体验到山谷、洞穴多风有关。《山海经·南次三经》中说："又东四百里，曰令丘之山，……其南有谷焉，曰中谷，条风自是出。""至于旄山之尾，其南有谷，曰育遗，多怪鸟，凯风自是出。"这是说山谷生风。山洞也是风的产生地，称风穴。许慎《文选辨命论》注："风穴，风所从出也。"《北堂书钞》卷一五八中引《外国图》说："风山

古人有洞穴夏生风、冬入风的说法

之首，高三百里，有风穴，方三十里，春风自是出也。"风自穴出的观念又与神鸟生风的观念相融合，出现了凤凰"暮宿风穴"的说法及神鸟从洞穴鼓翅生风的说法。清代王士禛的《皇华纪闻》卷一中说："桐城南三十里撩风山，山中有风穴。穴中有物如苍鹅，鼓翅则大风自穴中出，卷茅拔木，如海飓然。"风自穴出的观念跟山民对洞穴的观察与体验有关。山区的洞穴，冬暖夏凉，冬天气温比外界暖和，没有风吹的感觉，夏天则气温比外界凉爽，走近洞口便有一股凉风袭来。所以古人有洞穴夏生风、冬入风的说法。《汉唐地理书钞》辑《盛弘之荆州记》中说："宜都佷山县有山，山有风穴，口大数尺，名曰风井。夏则风出，冬则风入。风出之时，吹拂左右，常净如扫。暑月经之，凛然有衣裘想。樵人有冬过者，置笠穴口，风汲之。经月，还涉长阳溪而得其笠，乃知溪穴潜通。"古人还描绘了洞穴生风的威力。北魏郦道元的《水经注·河水》中说："北屈县故城西四十里有风山。上有穴如轮，风气萧瑟，习常不止。当其冲飘也，略无生草，盖常不定，众风之门故也。"风穴常年生风，风口之地寸草不生。

- 以箕星为风神

箕星又称箕斗，是古代天文学中二十八宿的东方苍龙七宿之一，共四颗，古人想象其连接线呈簸箕形，故命其名。古人想象有神灵簸动这天上巨大的簸箕，才产生了风。箕星在天上出现时，就预示刮风。据此，风神又被尊称为"箕伯"。汉代应劭的《风俗通义·礼典》中说："《周礼》风师者，箕星也；箕主簸扬，能致风气。"古人还根据箕星离月亮的距离来预测起风。《春秋纬》中说："月离于箕风沙扬，故知风师其也。"迷信的信仰中包含着古人气象经验的积累。

- 以犬为风神

古人奉犬为风神，可能与从殷代一直流传到汉代的以犬祭风神的习俗有关。卜辞中有以犬祭风神的记载："于帝史风二犬（《卜通》398）。""宁风，北巫犬（《明续》45）。""宁风，巫九犬（《库》992）。""宁于四方其五犬（《明续》487）。"古人祭风主要是祈求息风。上录息风之祭主要用犬。这种习俗还屡见史籍。《尔雅·释天》中说："祭风曰磔。"郭璞注说："今俗当大道中磔狗，云以止风。"郑玄注《周礼·大宗伯》中说："披

《山海经·北山经》中的山挥形象，山挥可能是犬之类的风神

磔牲以祭，若今时磔狗，祭以止风。"《淮南万毕术》中说："黑犬皮毛烧灰，扬之以止风。"古人杀狗以祭风神，可能与狗迅跑四蹄生风有关。由此，风神具有了犬的形象特征。《物理小识》卷二中说："风伯像犬。"《七修类稿·天地类》中也说："风伯之首像犬。"后来，又在犬的基础上加上其他形象，风神的形象更加神乎其神了。《元史·舆服志二》中说："风伯……神人犬首、朱发、鬼形、豹胯、朱袴，负风囊，立云气中。"风神一副人不人、鬼不鬼、兽不兽的模样，神奇而怪异。

山𢶍是古人幻想的类似犬的山中动物。《山海经·北山经》中说："有兽焉，其状如犬而人面，善投，见人则笑，其名山𢶍，其行如风，见则天下大风。"《山海经图赞·北山经图赞》中也说：山𢶍"行如矢激，是惟气精，出则风作"。山𢶍可能也是犬之类的风神，因为"其行如风，见则天下大风"，"是惟气精，出则风作"。

- 以人为风神

人形化的风神有男性也有女性，以女性风神影响最大。风姨是女性风神之一。《北堂书钞》卷一四四引《太公金匮》中说："风伯名姨。"这是风姨名称的出处。《西阳杂俎·支诺皋》中说："封（风）十八姨，乃风神也。"称风神为风姨，可见是视为女性。清代李汝珍的《镜花缘》第二回编派了风姨的轶闻趣事："话说风姨闻百花仙子之言，在旁便说道：'据仙姑说得其难其慎，断不可逆天而行。但梅乃一岁之魁，临春而放，莫不皆然，何独岭上有十月先开之异？……今月娣既有所恳，无须推托，待老身再助几阵和风，成此胜会。……设有过失，老身情愿与你分任，何如？'"此段虽系文学描写，却也反映了渊源甚远的风神滋润万物生长的信仰。古代诗人还借风姨信仰来写景抒情，另有一番情趣。《范石湖集·嘲风》中说："粉红骇绿骤飘零，痴骏封（风）姨没性灵。"贯云石的《清江引·咏风》中说："薄情的风家十八姨，大逞狂心力，揪挦万片红，摔碎千条翠，断送了好光阴都是你。"诗歌中的风姨，打上了诗人情绪的烙印，却仍留有风神信仰的残痕。

女性风神还有孟婆。清代褚人获的《坚瓠二集》卷二中收集了不少关于孟婆的资料："古称风神为孟婆。蒋捷词云：'春雨如丝，绣出花枝红袅，怎禁他孟婆合皂。'宋徽宗词云：'孟婆好做些方便，吹个船儿倒转。'按北齐李骑验聘陈，问陆士秀曰：'江南有

正如画中所绘，古人总是将风神、雨神、雷神放在一起，这也是同自然现象一致的

孟婆,是何神也?'士秀曰:'《山海经》:帝女游于江,出入必以风雨自随;以其帝女,故称孟婆。'《丹铅总录》:'江南七月间,有大风甚于舶舺,野人相传为孟婆发怒。'"由这些材料可知,孟婆为江南女风神,是天帝之女,出入必带风雨。

菡之仙是后来附会上的女风神。据《封神演义》记载,菡之仙是一位道姑,后来被封为雷神部下助风神。她有一个风袋,上阵作战时,打开风袋,便能放出"能吹天地暗,善刮宇宙昏,裂石崩山倒,人逢命不存"的黑风。看来,菡之仙女风神算不上什么善神,后来被姜子牙一鞭子打死,也是必然的下场。

古书中男性风神与女性风神的形象

石尤也是附会上的一位女风神。《元氏长庆集·洞庭遭风诗》中说:"石尤翻动忽成灾。"《升庵全集》卷五十七中说:"石尤风,打头逆风也。"可见石尤女神所刮之风为断人行路之风。传说石尤女风神系一位姓石的女子死后变化而成。《琅嬛记》卷中引《江湖纪闻》中说:"石尤风者,传闻为石氏女嫁为尤郎妇,情好甚笃。尤为商远行,妻阻之,不从。尤出不归,妻忆之,病亡。临亡,长叹曰:'吾恨不能阻其行,以至于此。今凡有商旅远行,吾当作大风,为天下妇人阻之。'自后商旅发船,值打头逆风,则曰:'此石尤风也。'遂止不行。妇人以夫姓为名,故曰石尤。"南朝宋孝武帝的《丁都护歌》中说:"愿作石尤风,四面断行旅。"唐代李商隐的《拟意》诗中说:"去梦随川后,来风贮石邮。"尤,也作邮。菡之仙女风神与石尤女风神是上古风神信仰世俗化后的产物,有关她们的传说,已不重在表达风神观念,而是重在借风神观念表现人间的七情六欲以及喜、怒、哀、乐之情。在她们身上,少了神味,多了人味。

人形风神也有男性的。男性风神为一白发老翁。《集说诠真》中说:"今欲塑风伯像,白须老翁,左手持轮,右手持箑,若扇轮状,称曰风伯方天君。"

无论男性风神、女性风神,都是古人试图从人的角度来重新解释风的生成的产物。

人形风神更多地带上了一些人间生活的气息。

雷与雷神

雷电撼天动地的威力，震撼人心。古人对于雷神的崇拜仅次于天帝。雷神的威力很大，几乎无处不到。在雷神崇拜包容甚广的观念中，以雷神为司水之神的观念占据首要地位。这是因为雷电往往与雨水相伴相随，一阵电闪雷鸣之后，就会哗哗啦啦下起大雨，古人以为雨水是雷电所为。

以动物为主要形体的雷神，往往具备水神龙的特征。《山海经·海内东经》中说："雷泽中有雷神，龙身而人头，鼓其腹。在吴西。"雷神生于水泽，又有水神龙的身躯，应该是人们创造出来的水神。古人又用动物鼓腹发声的现象来说明雷鸣，使雷神作为动物化的水神能得到一种合理的解释。《淮南子·地形训》中明确说明了《山海经》中所记雷神"鼓腹"的发声作用："雷泽有神，龙身人首，鼓其腹而熙。"古人奉雷神为水神，所以在殷人的卜辞中，雷与雨有时同时出现："癸巳卜，贞，雨，雷，十月，在□（《后》下1,12）。"《夷坚支志》中说："淳熙丙申，桂林连月不雨。府守张钦夫试遣驭卒持公牒诣雷州雷王庙，问何时当雨。"问雷神雨事，是以之为司雨之神。祭祀雷神祈雨的习俗也反映了雷神司雨的观念。侗族普遍崇拜雷神，称雷神为"雷婆"，在农事活动中如遇久旱不雨，便祭雷神。祭祀活动非常隆重，要设坛杀猪与牛献祭雷神，然后祈雷神降雨。湘西苗族称雷神为"希送"，凡遇天旱无雨或久雨成灾，便祭雷神请雨或止雨。祭祀据灾害的大小分大祭和小祭。大祭用牛，小祭用猪。祭祀由苗巫主持，剪白纸两大束，摆桌子一张，上放酒肉饭碗各七个。祭物牛需用刀杀死，猪则定要秀棒打死。牛肉或猪肉用白水煮，不能放盐，因为据说雷公最忌盐，若犯忌，雷神就不会接受祭物。祭祀时，苗巫敲鼓摇铃，念咒行法。贵州都匀一带每年春天的"迎雷节"是祭雷的宗教性节日。在第一声春雷后，人们来到固定的"节日坡"，举行祭祀活动，祈求雷神给新的一年带来雨水。仫佬族奉雷神为司雨之神，并称雷神为雷王，遇旱便向雷王求雨，有的地方设有雷王庙。在雷王诞生日五月初五（有的地方为六月初六），全村要祭雷王庙，

古画中雷州雷王（右）的形象

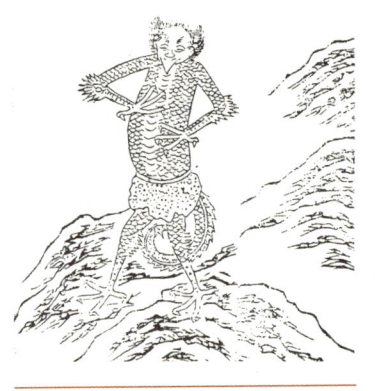

《山海经》中描绘雷神"龙身而人头"

杀牛作为祭品，还要插五色纸旗。有些村一年祭雷王庙四次。

虽然雷神曾以仅次于天帝的身份，管理过天下许多事务，具有许多职能，但司水却始终是其主要职能，因为雷神观念的产生与传承发展，始终是与农业社会的生活紧密联系着的。

对雷神的崇拜，起源古老，汉代盛极一时，晋以后渐渐衰落。到宋代，因道教的推崇，雷神崇拜又开始恢复昔日的声威。至元、明，由于道教的推波助澜，雷神地位大大提高，雷神崇拜风靡神州大地。雷神的形象因时因地因民族而异。早期的雷神，多为兽形，至春秋战国，已是人形。《楚辞·远游》中说"左雨师使径侍兮，右雷公以为卫"。中国的雷神，主要有如下几种。

● 龙形与牛形

以龙为主体的雷神，应当是较早的雷神了。《山海经·海内东经》所描绘的雷神，就是"龙身而人头"。把雷神形象与龙联系起来，是基于两个方面的原因：一是雷神崇拜观念方面的原因：古人奉雷为神，主要是相信雷与雨水有关，而幻想中的龙是司雨之神，于是，古人便以龙为雷的主体形象；二是形态方面的原因：雷鸣常伴随着闪电，古人以为闪电即为雷的外形，而闪电蜿蜒曲折的形象与龙形相似，由此，古人便以为龙是雷的化身。

夔牛曾是幻想中的以牛形为主体的雷神。《山海经·大荒东经》中说："东海中有流波山，入海七千里。其上有兽，状如牛，苍身而无角，一足，出入水则必风雨，其光如日月，其声如雷，其名曰夔，黄帝得之，以其皮为鼓，橛以雷兽之骨，声闻五百里。"

● 鸟形

雷来自天空，天空中可见的生命实体只有飞翔的鸟，以鸟为雷神就是十分自然的事了。《广异记·雷斗》中说："唐开元末，雷州有雷公与鲸斗。鲸身出水上，雷公数十，在空中上下，或纵火，或诉击，七日方罢。"当代学者萧兵说："结合着雷州地区以雷为鸟形来看，这数十只在天空中飞翔的'雷公'，大概也就是所谓雷鸟神。"雷鸟神纵火的功能，显然源于雷电触击树木房屋引起大火的自然现象。壮族雷神则保留了比较完整的雷鸟神形象。壮族民间传说雷神有青蓝色的脸，鸟喙，双翅，翅下有手，左手可以招风，右手可以招雨。雷神鼓巨翼飞行，翅膀扇动便发出隆隆的雷声。雷鸣必伴随闪电，所以雷神又有如蛇信一样的舌头，巨大的蛇信一伸一缩，便是一闪一闪的闪电。鸟喙，双翅，突出了雷神的鸟形特征。

鸟形雷神，曾广为流行，留下了很多痕迹。铜鼓表面多鸟喙形象，有学者认为是雷神形象。广东南海县有雷神庙，所塑雷神为鸟喙雄翼。福建漳泉一带，民间至今仍以雷公为鸡头人身，手臂兼有两翼，两手并执金锤。

● 人形

在龙形、鸟形等动物雷神形象的基础上，雷神演变成人形。汉代王充的《论衡·雷虚篇》中说："画图之工，图雷之状，累累如连鼓之形，又图一人，若力士之容，谓之雷公，使之左手引连鼓，右手推椎，若击之状。其意以为雷声隆隆者，连鼓相扣击之（音）也。其魄然若敝裂者，椎所击之声也。"《元史·舆服志二》中说：雷神"犬首鬼形，白拥项，朱犊鼻，黄带，右手持斧，左手持凿，运连鼓于火中"。清代黄斐默的《集说诠真》中说："今俗所塑之雷神，状若力士，裸胸袒腹，背插两翅，额具三目，脸赤如猴，下颏长而锐，足如鹰鹯，而爪更厉，左手执楔，右手持槌，作欲击状。自顶至旁，环悬连鼓五个，左足盘蹴一鼓，称曰雷公江天君。"人形雷神的特征，集中反映了古人对于雷鸣、闪电自然现象的人神化解释。当雷神还处在动物形状的时候，古人解释雷鸣为龙鼓腹或鸟振翅发出的声音，解释闪电则为龙的现身或蛇信的伸屈；伴随着雷神的人形化，古人又从人的行为角度重新解释了雷鸣、电闪，认为雷鸣是雷神打击天鼓所为，隆隆的雷声是雷神左手拉动连环鼓，连环鼓依次相碰发出的声音，不连贯的雷鸣即炸雷或霹雳则为雷神右手椎击鼓所发出的声音。即上引汉代王充所谓："其意以为雷声隆隆者，连鼓相扣击之（音）也。其魄然若敝裂者，椎所击之声也。"雷字最初写作䨻，有连鼓之形。䨻本源于甲骨文，说明殷人已经相信雷鸣的声音是雷神捶击连环鼓发出来的。为了解释闪电现象，元、明、清典籍所记雷神，又添上持斧形象，雷神一手持楔，一手持斧，持楔仍作雷鸣，持斧作闪电。斧与闪电有什么联系呢？原来古人是从闪电的功能来解释其产生的。闪电落地时，

《集说诠真》中形容雷神坦胸露腹、背插两翅、脸赤如猴、足如鹰鹯

往往能够劈断大树，劈开房屋。因此，古人以为闪电是雷神用斧子劈物时发出的火花。所以，在古代有"雷斧"之说。《梦溪笔谈》卷二十中说："世人有得雷斧、雷楔者，云：'雷神所坠，多以震雷之下得。'而未尝得见。元丰中，予居随州，夏月大雷，震一木折，其下乃得一楔，信如所传。凡雷斧多以铜铁为之，楔乃石耳，似斧而无孔。世传雷州多雷，有雷祠在焉，其间多雷斧、雷楔。"雷斧之说，源于古人对雷电劈裂树木屋舍所造成的惨烈景象的震惊，因此视雷电有利斧劈物之神威。能够击动天鼓，挥动天斧的雷神，必为壮汉。所以古人又为雷神创造了"裸胸袒腹"的大力士形象。任何派生的文化现象都会保留有传统的文化因子。人形雷神也残留有部分动物的特征，如人形雷神仍有鸟翅、鹰足、厉爪，最为突出的是有鸟喙。鸟喙尖嘴，成了雷神最统一的特征。

闪电与闪电神

雷、电本为同一种自然现象。当天空中带正电与负电的云块撞击时，闪出的火光为"电"，发出的声响为"雷"。但处于蒙昧状态的人们却往往把它分为两种事物，奉为两种神灵而予以崇拜，在创造雷神的同时也创造了闪电神。

闪电伴随雷鸣，因而与雨水有关，所以最初的闪电神为龙形

闪电伴随着雷鸣，因而与雨水有关，所以最初的闪电神为龙形。如古人称闪电为火龙。《左传·桓公二年》中说："火龙黼黻，昭其文也。"闪电稍纵即逝的光亮确实也像蜿蜒游动的龙，这也是以龙为闪电神的原因。古人祈雨多求雷神，间或也同时向雷神、闪电神祈雨，但几乎不单独祈求闪电神降雨，闪电神主要是作为雷神的配偶神而存在的。

古人以雷神为男性，以闪电神为女性。明代都印的《三馀赘笔》中说："俗呼雷电为雷公电母。然亦有所本。《易》曰：'震为雷，离为电。'震，长男，阳也；而雷出天之阳气，故俗云雷公。离，为中女，阴也；而电出地之阴气，故俗云电母。"雷神能发出震耳欲聋的雷声，充满阳刚之气，自然为男神；闪电神只能放出阴森森的光亮，就只好作为女性，成为雷神的妻子。闪电神于是被称作"雷妇""雷母""闪电娘娘"。

闪电神虽为女性神,却也无法使人感到温柔可爱,相反却使人感到恐怖畏惧,因为闪电撕裂天空光耀夺目的形象给人的心灵以强烈的震撼,人们对电母的惧怕多于依赖。《元史·舆服志》中描写了电母形象:"画神人为女人形,缥衣朱裳白裤,两手运光。"电母是一位穿着艳丽的女人,靠手上两面镜子发出闪电。清代黄斐默的《集说诠真》中也记有电母形象:"今俗又塑电神像,其容如女,貌端雅,两手各执镜,号电母秀天君。"

《封神演义》则把电母的镜子由两面夸大为二十一面。电母自己介绍说:"贫道'金光阵',内夺日月之精,藏天地之气,中有二十一面宝镜,用二十一根高杆,每一面悬在高杆顶上,一镜上有一套。若人、仙入阵,将此套拽起,雷声震动镜子,只一二转,金光射出,罩住其身,立刻化为脓血。纵会飞腾,难越此阵。"闪电神经过道教的渲染,其自然神的威力竟转化为神秘莫测的法术了。

不过,电母无论有多大的法力,其附庸雷神的地位却总无改变。这大概是由中国社会"夫唱妇随"人伦观所决定的。

气象类的水崇拜对象除了上述几种外,还有雪、雾等,不过这些没有产生什么影响,这里只略为提及。古人之所以崇拜雪,可能跟古人观察到雪能化作水有关。殷卜辞有燎祭雪请雨止雨的记载:"其燎于雪,又大雨。弜燎于闪,止雨(《金》189),用燎祭,应是祭天上的雪。"《淮南子·天文训》中说:"青女乃出,以降霜雪。"霜雪为青女所降,反映了雪神的人形化。

闪电神也就是后来的电母,她总是与雷公在一起,这大概是由中国社会"夫唱妇随"的人伦观决定的

第九章 龙——水神动物的组合

龙是在水崇拜观念基础上形成的幻想中的动物,是水崇拜庞杂的动物水神群不断实现整合的产物。

龙崇拜的基本观念是兴云布雨,这与水崇拜的基本观念是一致的。龙的形象是由多种动物组合而成,组合成龙形象的动物,多是被奉为水神的动物。这说明,龙的组合不是随意进行的,而是在司雨水的前提下,对多种动物的集中。龙的组合经历了不断发展演变的历程,在这一漫长的组合过程中,留下了不同的组合体,因而形成了千奇百怪的龙。不管龙的组合如何变化,构成龙的主体形象的动物,始终是水神动物。当然,龙的组合在演变过程中也有讹变发生,某些非水神动物也为龙的某些组合体吸收,但这在龙的组合中始终处于次要的地位。

龙的组合对象——水神动物

● 蛇

蛇由于习水性而被奉为水神。蛇构成了龙的基本形态与生态,龙屈曲盘旋的身躯、蜿蜒浮水的习性,都取自于蛇。因此,龙蛇的关系纠缠不清,古人往往视其为同类。

《左传·襄公二十一年》中说:"深山大泽,实生龙蛇。"

《孟子·滕文公下》中说:"当尧之时,水逆行,泛滥于中国。蛇龙居之,民无所定。"李白的《早秋赠裴十七仲堪》诗中说:"穷冥出宝贝,大泽饶龙蛇。"这是说龙、蛇都是一类水族,以水域为居所。《左传》一书中既释蛇为水物,又释龙为水物。《左传·庄公十四年》中注:"服虔云:蛇,北方水物。"《左传·昭公二十九年》中说:"龙,水物也。"

《尔雅·释鱼》中说:"䗂,蛇。"郭璞注:"龙类也,能兴云雾而游其中。"

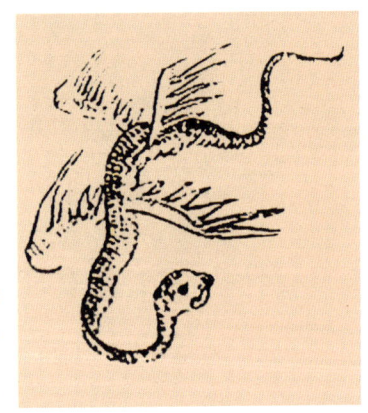

被怪化的长有翅膀的水神动物蛇

《唐书》中说:"先天中,明皇以旱亲往龙首池祈祷,有赤蛇自池中而出,应时澍雨。"

西晋傅休奕的《灵蛇铭》中说:"嘉兹灵蛇,断而能续。飞不须翼,行不假足,上腾云霄,下游山岳。逢此明珠,预身龙族。"

晋代郭璞的《螣蛇赞》中说:"螣蛇配龙,因雾而跃,虽欲升天,云罢陆漠。"

这些材料说明,古人信仰中的蛇神与龙神都具屈伸腾飞、兴云布雨等神性,有着渊源关系。

由龙与蛇的渊源关系,古人又创造出蛇化为龙的传说。

《续仙传》中说:"孙思邈尝救一青蛇,龙子也,后为龙王,召至水府,得龙宫药方三千道,作千金方三十卷,俱非人世所有。"

古书中的人面蛇身神

《北梦琐言》中说:"同光中,沧州民子路逢白蛇,以绳系之,摆其头落,须臾雷电摄此子上空中,为电火烧死。坠地而背有朱书曰:此人杀安天龙,为天符所诛。"

《蓂胜野闻》中说:"太祖在滁,尝濯手于柏子潭,有五蛇扰而就之,因祝之曰:如天命在予,汝其永附焉。一日战毕,群坐藉土,蛇忽蜿蜒其侧,帝乃掩以兜鍪,顷复报战,亟戴兜鍪而往。是日,手刃甚众。军法:战胜必祭甲胄。众惟帝功居多。乃置兜鍪于前甫奠。忽霹雳大震,白龙夭矫自兜鍪中出,挟雷声,握火光,腾空而去,诸将等自是畏服。"

这些传说,反映了古人蛇可化龙的观念,从中也可辨出蛇龙演化的痕迹。

● 鱼

鱼是水中最常见的动物,因而被奉为水神。鱼在龙身上显现的特征主要有鳞与须。

大量的龙纹龙雕都以鱼鳞饰背。龙以鱼鳞饰背,说明龙汲取了鱼鳞的特征。所以古人说龙,都说龙鳞似鱼鳞:

宋代罗愿《尔雅翼·释龙》中说:"龙,……鳞似鱼。"

宋代陆佃《埤雅广要》中说:"龙,八十一鳞,具九九之数,九阳也。"

明代李时珍《本草纲目》中说："龙有九似：……鳞似鲤……。其脊有八十一鳞，具九九阳数。"

唐代还流行一种龙首鱼身的怪异动物纹饰，人们称其为"鱼龙变纹"。鱼龙变纹是一种介于鱼、龙之间的纹象，反映了鱼、龙之间的演变关系。

最常见的各类鱼都属柔顺动物类，不具备凶猛、怪异的形象与习性，很难引起人们的敬畏与恐惧。所以崇拜中的鱼神很少采用鱼的原型，多半要将其怪化，如鱼身鸟翼苍身而白首赤喙的鳐鱼神，鱼身而一目的薄鱼神等。也正因为如此，鱼神崇拜很容易与其他同类性质的崇拜发生融合。鱼神崇拜融入龙神崇拜便是很自然的事了。同样的道理，龙神便成为鱼神的高级形式，于是便产生了许多鱼登龙门而化为龙的神话传说。

《太平广记》卷四六六引《三秦记》中说："龙门山，在河东界。禹凿山断门阔一里余。黄河自中流下，两岸不通车马……。每岁季春，有黄鲤鱼，自海及诸州，争来赴之。一岁中，登龙门者，不过七十二。初登龙门，即有云雨随之，天火自后烧其尾，乃化为龙矣。"清代张澍辑的《三秦记》中说："江海大鱼薄集龙门下，数千，不得上。上则为龙，不上者鱼，故云曝腮龙门。"

《交州记》中说："交趾封溪县有堤防龙门，水深百寻，大鱼登此门化成龙，不得过，曝腮点额，血流此水，常如丹池。"

鱼跃龙门传说，反映了鱼神与龙神之间的演变关系，而这种演变关系的实质则是龙神综合了鱼神的部分特征。

● 马

马非水物，怎么会成为龙所综合的对象呢？原来，最初作为构成龙的局部特征的马，并非陆地上的马，而是水中的河马。河马因为生活在水中而被奉为水神，所以为龙神所融合。神话传说中的龙马便是这种融合的雏形。

《尚书注》中说："伏羲氏王天下，龙马出河。"

《礼·礼运》中说："故天降膏露，地出醴泉，山出器车，河出马图。"注："马图，龙马负图而出也。"疏："伏羲氏有天下，龙马负图出于河，遂法之画八卦。"

鱼神很少采用鱼的原型，很多情况下都会被怪化，例如一鱼多身、鱼身而一目等

《汉唐地理书钞》辑《遁甲开山图》中说："陇西神马山有渊池，龙马所生。"

明代陈仁锡《潜确类书》卷一一一引《瑞应图》中说："龙马者，神马也，河水之精。"

传说中的龙马居于水中，说明龙最初综合的对象为河马。当然，古人对动物本无严格的细致区分，又习惯于在事物之间建立起神秘的联系并视为一类，所以，龙在综合了河马的特征之后，又必然融入一般陆马的特征。

龙对马的综合主要表现在两个方面：马的局部形象——马首；马习水御水的功能或神性。

龙外形上的显著特征是以马首为头。《尔雅·释龙》中说："画龙有三停九似之说……，九似者，角似鹿，头似驼……。"

《论衡·龙虚》中说："世俗画龙之像，马首蛇尾。由此言之，马蛇之类也。"

水神动物马在古书中的形象

以马首为龙首，还有实物为证。汉代有一种流行的龙图，为马首蛇尾。这种龙图以速写的方式突出了龙的马首特征。甲骨文的某些龙字也突出表现了龙的马首蛇身形象。可见至迟在殷商时代已产生马首蛇身龙纹图。

头是动物最显特征的部分。在龙的形象中，龙以马为首，马的特征便十分突出，所以古人又笼统地说龙为马形。

《礼·礼运》中孔颖达疏："龙而形象马……。"

《论衡·验符》中说："湘水去泉陵城七里，水上聚石曰燕室丘，临水有侠山，其下岩淦，水深不测。二黄龙见，长出十六丈，身大于马，举头顾望，状如图书画龙，燕室丘民皆观见之。去龙可数十步，又见状如驹马，大小凡六，出水遨戏陵上，盖二龙之子也。"描绘大黄龙，说"身大于马"，可见形似马，只不过比马大罢了。描绘小龙，则直说"状如驹马"。

《太平广记》卷四二五引《录异记·王宗郎》中说："有群龙出水上，行入汉江，大者数丈，小者丈余，如五方之色，有如马、驴之形。"

所述如马形的龙，实则是以马首为头的龙神。

由于龙与马存在融合演变关系，所以神异的马又可以龙相称，而且传说中的神马还可以变化为龙，或者生出龙驹。

冠之以龙名的马屡见于典籍：

《渊鉴类函》卷四三三引罗汝斌《龙马赋序》中说："永乐十八年。青州诸城县产龙马，其鳞甲箸鬣，龙也。文臆，俶尾，形色光彩，走趋意态皆龙也。乡氓告于有司而献之。"

《上书》卷四四三中说："《扬雄赋》：'乘翠龙而超河兮，陟西岳之峣崝。'师古云：'翠龙，穆天子所乘马也。'"

《汉书·西域传》中说："薄梢、龙文、鱼目、汗血之马充于黄门。"注："孟康曰：四骏马名也。"

刘歆的《西京杂记》卷二中说："汉文帝自代还，有良马九匹，皆天下之骏马也。……一名龙子。"

李商隐的《过华清内厩门》中说："自是明时不巡幸，至今青海有龙孙。"

《魏书·吐谷浑传》中说："青海周回千余里，海内有小山，每冬冰合后，以良马置此山，至来春收之，马皆有孕，所生得驹，号为龙种，必多骏异。"

徐陵的《徐孝穆集·骢马驱》诗中说："白马号龙驹，雕鞍名镂衢。"又唐代杜甫的《杜工部草堂诗笺·惜别行送刘仆射判官》诗中说："只收壮健胜铁甲，岂因格斗求龙驹。"

龙马、翠龙、龙文、龙子、龙孙、龙种、龙驹等都是马的称谓。

典籍中载有马化龙、生龙驹的传说：

柳宗元的《龙马图赞》中说："明皇时，灵昌郡得异马于河，其状龙鳞，虺尾，拳毛，环目，肉鬣居，帝闲二十年，从封禅郊籍，和銮者数十。后帝西幸，马至咸阳西入渭水化为龙，泳游去，不知所终。"

《唐书》中说："天室中，陇右节度使皇甫惟明奏：龙支县人库狄孝义家有马生龙驹，经九旬有九日，身有鳞而不生毛。臣就检视，时有庆云五色，遥覆其上，久而不散。伏望宣付史馆以为实录，从之。"这些传说的产生，都与龙马之间存在融合关系有关。

● 牛

牛被奉为水神，主要是由于野牛与水牛性习水的缘故。牛神崇拜中影响最大的是犀

龙外形上的显著特征是以马首为头

牛崇拜，对牛类而言，龙所综合的也主要是犀牛的局部特征。犀牛是一种头上长着一只角或两只角的凶猛的野牛。角是动物雄性的标志，也是力量与强悍的象征。因而角崇拜曾在先民中广为流行。犀牛的角便曾是人们倍加崇拜的对象。古人视犀牛角为神异之物，赋予其种种神奇的功能，如辟水、通天、照明等（见前述）。因此犀牛供献给龙的便是它的一只或一对角。

给龙加角始于商代。商代龙角是多种多样的，但都可以看作是犀牛角的艺术变形，并且多数为一双角，极罕见一只角。至清代，龙的双角仍大体保留了牛角的形象。对此，刘城淮先生说："龙的角的确主要取自于牛。"李埏先生也说："我认为，龙的首角是古人摹拟牛头而塑造出来的。"这些见解的确比较切合龙的实际。龙角取自牛角，也有传说为证。《帝王世纪》中说："有神龙首，感女登于常羊，生炎帝，人身牛首。"《孝经授神契》中说："神农氏蛇身而牛头。"说龙为牛首、牛头，皆因龙头有牛角。

龙加上了牛角，无疑增添了威仪与神性。东汉王充的《论衡·龙虚》中说："短书云：'龙无尺木，不能升天。'"唐代段成式的《酉阳杂俎》中说："龙头上有一物如博山形，名尺木。龙无尺木，不能升天。"古人所说尺木，应为龙角之误。龙无角，不能绝地升天。这与古人对犀牛角的信仰观念是一致的。古人称犀牛为通天犀，认为犀牛通天与角有关。《本草集解》中说："通天犀，乃胎时见天上物过，形于角上，故曰通天……。"《渊鉴类函》卷四三〇引《抱朴子》中说："通天犀，……得其角一尺以上刻为鱼而衔以入水，水常为开方三尺，可得息气水中。"犀牛角为绝地通天的象征。龙绝地通天的本领，实缘于犀角，而非尺木。犀牛角对龙有着重要的意义。

古人称犀牛为通天犀，认为犀牛通天与角有关。龙绝地通天的本领，缘自于犀角

龙对牛角的吸纳，不仅仅是因为牛角具有绝地通天的神性，而且还因为龙神与牛神存在水神神性的一致性、同一性，可以传说为证。清代钱泳的《履园丛话·祥异》中说："国初安东县长乐北乡名团墟，乡民张姓者，畜水牛百头，入水辄失其一。一夕，张梦牛云：'我已成龙，与桑墟河龙斗，不胜，君可于吾角上系二刀以助之乎？'张旦起，视群牛中谁

可系刀者。有一牛最大，腹下起鳞，如龙然，遂以双刀系之。次日大风雨，桑墟河龙伤一目遁去。此牛遂入大河，化为龙。今过大河，讳'牛'字，过桑墟，讳'瞎'字，否则风涛立至矣。丁丑秋日，余游海州云台山，闻之舟人所述如此。亦载《海州志》。"

● 猪

先民以猪为水畜，奉其为水神。龙对猪的融合，最早见于辽河流域新石器时代的两件龙形玉。一件是三星他拉村出土的龙形玉。细长的龙身弯成C形。龙的首部较长，有长吻闭口，鼻端与吻部截平，并排两个圆形鼻孔。双眼细长呈突起状，体现了猪首的特征。尤其是颈脊耸起的长鬣更引人注目，它是猪的形体标志。《礼记·曲礼》中说："凡祭宗庙之礼……豕曰刚鬣。"郭璞的《山海经图》记豪猪说："毛如攒锥，中有激矢。"可见奋起的猪鬣是古人突出表现的猪的特征。第二件龙形玉是在内蒙古翁牛特旗广德公乡黄谷屯出土的，造型与三星他拉村龙形玉基本相同，也表现出了猪首的特征。新石器时代以后的龙，猪首特征虽逐渐淡化，但仍有迹可寻。如殷墟妇好墓出土的"猪首屈体龙"玉器，仍带有猪首的意味。殷商以后，龙的猪首特征逐渐消失，大概是由于猪这种家畜过于蠢笨，除了供人肉食外，又无任何长处，逐渐失去了尊宠地位的缘故。

龙的鼻端与吻部截平，并排两个圆形鼻孔，颈脊耸起长鬣等都具有猪的特征

● 鳄

蛟龙的原型即为鳄鱼

鳄鱼为水陆两栖爬行动物，先民奉为兴云吐雾降雨的水神。龙与鳄有着密切的联系。龙的重要种类蛟龙即起源于鳄鱼，鳄鱼为蛟龙的原型。古人描绘的蛟龙形象与鳄鱼基本一致。晋代刘渊林（逵）注左太冲（思）《吴都赋》中说："鳄鱼，长二丈余，有四足，似鼍，喙长三尺，甚利齿，虎及大鹿渡水，鳄击之，皆中断。"鳄鱼除古人描绘的这些特征外，尚有布满全身的硬皮鳞。作为神灵的蛟龙也具备这些特征：有鳞、四脚、噬人等。

《淮南子·原道训》中注："蛟，水蛟。其皮有珠。世人以为刀剑之口。"

《周礼·梓人》中说："鳞，龙蛇之属。"

《韩非子·说难》中说："从龙之虫，可狎而猗也，然喉下有逆鳞径尺，婴之则杀人。"

《艺文类聚》卷九十六引《山海经》中说："蛟似龙蛇，四脚，而小头细颈。颈有白婴，大者数围。卵生，子如一二斤瓮。能吞人。"

《渊鉴类函》引《墨客挥犀》中说："蛟之状如蛇，其首如虎，长者数丈。多居溪潭石穴，声如牛鸣。岸行或溪行者，时遭其害。见人先腥涎绕之，既入水，即于腰下吮其血，血尽乃止。"

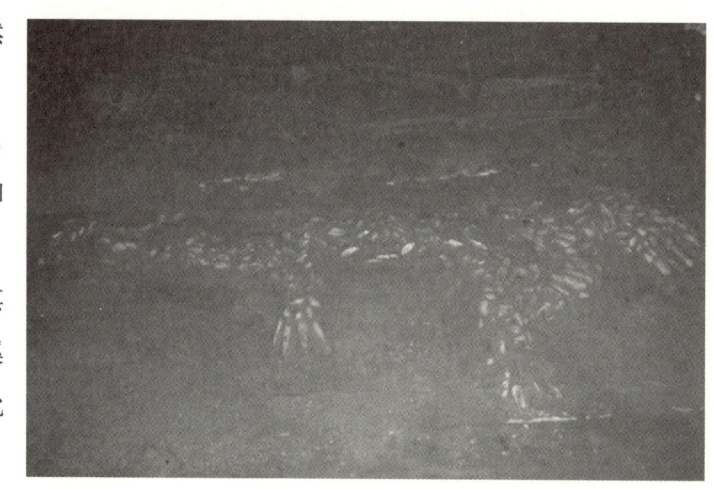

仰韶文化遗址出土的蚌塑龙

两相对照，蛟龙特征与鳄鱼一一对应，可见古人视鳄为蛟龙，蛟龙是以鳄鱼为原型的神灵。

1987 年 6 月，考古工作者在濮阳西水坡，发掘出一处距今 6000 余年的仰韶文化早期的遗址，其中一大型墓葬里有一用蚌壳堆塑的龙，其造型即取自鳄鱼，是古人以鳄为龙的见证。当然，随着龙的组合不断扩大，鳄鱼的形象特征也随之逐渐淡化。不过，龙始终保留了鳄鱼四只脚的特征，清代北京故宫九龙壁上的琉璃龙，仍有四脚。

● 蜥蜴

蜥蜴与鳄鱼极其相似，古人视其为同一类神灵，以为这类神灵可大可小，大者如鳄鱼，达一两丈，小者如蜥蜴，仅数寸。因此蜥蜴也被视为水神。蜥蜴由于与鳄鱼形似，所以构成龙的形象特征与鳄鱼基本相同，很难作独立的分析。但这并不意味着蜥蜴对龙的影响为鳄鱼所抵消，事实上，蜥蜴作为一种比鳄鱼更常见的动物，往往更直接、更经常地成为人们构想龙的原始材料；同时，蜥蜴还与鳄鱼相结合，为龙提供了可大可小的神性。蜥蜴对龙的影响可以古人视蜥蜴为龙的现象来证明，如称蜥蜴为"石龙""石龙子""龙子"等。

古书中的水神动物蜥蜴形象

晋代崔豹的《古今注·鱼虫》中说："蝘蜓，一名龙子，一曰守宫，……其长细五色者，名为蜥蜴。"

李时珍的《本草纲目》中将蜥蜴分成三类,认为生于山石间的蜥蜴应称石龙:"《本经》惟用石龙,后人但称蜥蜴,实一物也。且生山石间,正与石龙、山龙之名相合……。生山石间者曰石龙,即蜥蜴,俗称猪婆蛇,似蛇有四足,头扁尾长,形细,长七、八寸,大者一下二尺,有细鳞,金碧色,其五色全者为雄……。"

《辞海》中"石龙子"条说:"石龙子,爬行纲,石龙子科。长约21厘米。周身有鳞列24或26行。背面黏土色,一般有三条纵走的淡灰色线,鳞的周缘淡灰色,因此呈现网状斑纹。"

以龙称蜥蜴,说明蜥蜴与龙有着深远的渊源关系,蜥蜴在龙的组合中占有重要的位置,对龙的形成产生了较大的影响。

● 鸟

雨水降自天空。龙要播洒雨水,必须要有飞天的本领,于是能飞翔的鸟也成为造龙的材料。人们为龙装上了鸟的双翅,也就赋予了龙飞翔的本领。古人称有翼的龙为"应龙"。《山海经·大荒东经》郭璞注:"应龙,龙有翼者也。"袁珂按:"《广雅·释鱼》云:'有翼曰应龙。'郭说本此。"汉代文物中的龙纹,不少带有双翼,也是有翼之龙存在的明证。如河南安阳县英庄出土的东汉画像石刻《应龙图》中:画有一条蛇躯兽足的巨龙,腾云驾雾凌空而飞,其背部生有一对尖端向前弯曲的翅膀,显示出振翅飞翔的意味。

南阳汉代石刻 带翅膀的龙

河北定县汉墓出土的金银错狩猎纹铜车饰上的龙纹,也有双翼。翼上的根根羽毛飞逸飘动。河南南阳县出土的东汉画像石刻《龙虎斗图》上,那遍体鳞纹的龙长有一对尖刀状的翅膀。

陕西西安汉城遗址出土的汉代青龙瓦当,所绘龙纹形象似兽而有龙头鳞身,肋间生双翅,翅的形状经过艺术加工,有很强的装饰性。至隋唐,龙纹仍带有艺术化的双翅。如江苏丹徒县丁卯桥出土的唐代金盒上的龙纹,似兽而鳞身,有带鹰爪的四足,肋间柳叶状的翅膀,呈弯曲状,装饰性很强。陕西西安何家村唐代窖藏出土的龙凤纹银碗,是唐代金银器中的早期作品。银碗外底刻有一条曲身飞舞的龙，肋间有草叶状的双翅。陕西三原县唐李寿墓出土石椁上所刻龙纹，龙头兽身，肋间双翅似飘动的火焰。陕西乾县唐永泰公主墓墓盖上的龙纹，则有两条长飘带似的双翅。

鸟翅是龙飞天神性的象征。唐以后，龙的双翅渐渐消失，或演变成抽象纹饰，翅膀的特征丧失殆尽。但龙却仍承袭了飞天的神性。这说明，龙一旦借助于动物的某种特征形成某种神性后，就不会因为这种动物特征的消失而失去所获得的神性。这是因为龙的形象易变，而信仰观念则具有一以贯之的稳定性。正是依靠这种信仰观念的稳定性，龙才不会因为形态的变化而发生性质的变化。

古书中水神动物之一鸟的形象

要指出的是，龙由于对鸟翅的综合而与鸟建立了密切的联系，以至于附带添上了鹰的利爪。宋代罗愿的《尔雅翼·释龙》中说："龙……爪似鹰……。"龙的鹰爪竟然一直保留传承下来。

鸟能融入龙的形象，也由于在古人的观念中鸟与雨水有密切联系的缘故。传说中有一种神鸟被称作"龙雀"，也称飞廉，古人视其为能纵风雨的风神。汉代张平子（衡）的《东京赋》中说："龙雀蟠蜿，天马半汉。"注："龙雀，飞廉也。"《楚辞·离骚》王逸注："飞廉，风伯也。"洪兴祖补注："应劭曰：'飞廉神禽，能致风气。'"

传说中的"一足鸟"也是与降雨有关的鸟。汉代刘向的《说苑·辨物》中说："其后齐有飞鸟，一足，来下止于殿前，舒翅而跳，齐侯大怪之，又使聘问孔子。孔子曰：'此名商羊，急告民趋治沟渠，天将大雨。'于是如之，天果大雨。"一足鸟商羊能预告雨情，必定是与雨水神有某种血缘的联系。《孔子家语·辨证》中有同一传说的记载，并更为详细，也予采录，以供参照："齐有一足之鸟，飞集于宫朝，下止于殿前，舒翅而跳。齐侯大怪之，使使聘鲁，问孔子。孔子曰：'此鸟名曰商羊，水祥也。昔有童儿屈其一足，振汛两眉而跳，且谣曰：天将大雨，商羊鼓舞。今齐有之，其应至矣。急告民趋治沟渠，修堤防，将有大水为灾。'顷之大霖，雨水溢泛诸国，伤害民人，唯齐有备不败。"

汉代青龙瓦当中，龙的肋间有双翅，并且有很强的装饰性

把鸟与雨水联系起来，可能基于两个方面的原因：其一，鸟是先民可见到的能在天空飞翔的唯一的活物，容易被视为在天空操纵降雨的神灵；其二，某些鸟类随着阴雨的

来临而发生变化，如燕子在降雨前由于云层密集而做低空飞行，甚至飞入人家庭院，商羊神鸟即体现了这种特点。鸟类的这种生态，具有预兆降雨的功能。据此，先民们很容易想象其具有降雨的神性，而鸟降雨的神性便构成了鸟为龙所融合的内在原因。

龙的组合历程

龙是由各种水神动物组合而成的。各种水神动物由于包含着共同的信仰观念，必然发生合并与融合，龙便是这种合并与融合的产物。各种水神动物之间的合并与融合经历了由少到多、由分散到集中的过程，龙由此而呈现出千姿百态、变化多端的形态。龙的不同形态，主要是因为龙的不同组合所合并的水神动物品种数量多少不等，构成种类各有差异，所谓"龙生百种，种种不一"，即源于此。

根据组合物中水神动物种类的多少，我们把龙分为简单的组合与复杂的组合。简单的组合是指两三种水神动物的组合，复杂的组合是指三种以上的水神动物的组合。

● 简单的组合

在这类组合中，两种水神动物的组合居多，三种的则较少。这类组合产生了最初的龙。

▲ 鱼与其他水神动物的组合。有关鱼的组合，古籍记载最多。

鱼与鸟的组合。这种组合产生了以鱼为主体的鱼身鸟翼的龙。

文鳐鱼。《山海经·西次三经》中说："泰器之山，观水出焉，西流注于流沙，是多文鳐鱼，状如鲤鱼鱼身而鸟翼，苍文而白首，赤喙，常行西海，游于东海，以夜飞。其音如鸾鸡，其味酸甘，食之已狂，见则天下大穰。"文鳐鱼的出现能带来天下大穰，说明这种神兽与农业生产所需的风调雨顺有关。

鳟鱼。《山海经·东次四经》中说："子桐之山，子桐之水出焉，而西流注于余如之泽。其中多鳟鱼，其状如鱼而鸟翼，出入有光，其音如鸳鸯，见则天下大旱。"鳟鱼的出现会使天下大旱，说明鳟鱼为水旱之神。

蠃（贝为虫）鱼。《山海经·西次四经》中说："邽山……蒙水出焉，南流注于洋水。

文鳐鱼

鳟鱼

蠃鱼

其中多黄贝；蠃鱼，鱼身而鸟翼，音如鸳鸯，见则其邑大水。"蠃鱼也是水旱之神。

鳎鳎鱼。《山海经·北山经》中说："涿光之山，嚣水出焉，而西流注于河。其中多鳎鳎之鱼，其状如鹊而十翼，鳞皆在羽端。其音如鹊，可以御火，食之不瘅。"在古人的观念中，火与旱相通，可以御火的鳎鳎鱼，则是具有驱旱神性的水神。

鳎鳎鱼

鲐鲐鱼。《山海经·东次三经》中说："鼓踵之山广员二百里，无草木，有大蛇，其上多玉。有水焉，广员四十里皆涌，其名曰深泽，其中多蟠龟。有鱼焉，其状如鲤，而六足鸟尾，名曰鲐鲐之鱼，其名自叫。"鲐鲐鱼为鱼身鸟尾六足，不取鸟翼而取鸟尾、鸟足，是鱼与鸟相组合的变种。

鱼与马的组合。这种组合构成了鱼身马首的龙，如马首鱼。

郦道元的《水经注·温水》中说："（扶南象浦）源潭湛濑，有鲜鱼，色黑，身五丈，头如马首，伺人入水，便来为害。"马首鱼，实际上就是马首鱼身的龙。

鲐鲐鱼

鱼与牛的组合。牛鱼即是鱼与牛组合而成的水中神兽，其皮毛能与潮起潮落相感应。西晋张华的《博物志》卷十中说："东海有牛鱼，其形如牛，引其皮悬之，潮水至则毛起，潮退则毛伏。"由牛鱼形象可见，牛的形象占据了主体地位，这在鱼与各类动物的组合中比较少见，可能是由于牛水神信仰的影响大于鱼水神信仰的缘故。

鱼与龟的组合。蚌鱼即属此类。《山海经·西山经》中说："英山……禺水出焉，北流注于招水。其中多蚌鱼，其状如鳖，其音如羊。"郭璞注："音同蚌蛤之蚌。"吴任臣《广注》引《事物绀珠》中说："蚌鱼如龟，鱼尾、二足，音如羊。"蚌鱼由鱼身、鱼头、鱼尾加龟背组成，由于龟背在蚌鱼形象中占据显目位置，所以说"蚌鱼如龟"。

鲭鱼

鱼与猪的组合。鲭鱼、鳛父鱼等都是此类组合的产物。鲭鱼身带猪毛。《山海经·南次三经》中说："鸡山，……黑水出焉，而南流注入海。其中有鲭鱼，其状如鲋而彘毛，其音如豚，见则天下大旱。"鲭鱼出现，天下大旱，表现出水旱之神的身份。鳛父鱼则是鱼首猪身。《山海经·北次三经》中说："阳山，……留水出焉，而南流注于河。其中有鳛父之鱼，其状如鲋鱼，鱼首而彘身，食之已呕。"

鱼与狗的组合。古人奉狗为天神，称天狗，并认为天狗司雨水，所以鱼能与狗组合成龙，如鲭鱼。《山海经·北山经》中说："北岳之山，……诸怀之水出焉，而西流注于嚣水。其中多鲭鱼，鱼身而犬首，其音如婴儿，食之已狂。"

鱼与蛇的组合。鱼与蛇是组合成龙的两种基本材料，它们的组合构成了龙的基调：蛇的弯曲圆长的身躯与布满身躯的鱼的鳞纹。鯈蛹即是一种由鱼与蛇组合而成的初具龙形的神灵。《山海经·东山经》中说："独山，……末涂之水出焉，而东南流注于沔，其中多鯈蛹。其状如黄蛇，鱼翼，出入有光，见则其邑大旱。"鯈蛹为水旱之神，包含龙的基本信仰观念。因此，鯈蛹从外形到内涵都具备了龙的资格。

鯈蛹

▲ 古籍中有关蛇与各种水神动物相组合而构成新神兽的记载，也有不少。

蛇与鸟的组合。这种组合多为蛇身加鸟翼，如鸣蛇。《山海经·中次二经》中说："鲜山，多金玉，无草木。鲜水出焉，而北流注于伊水。其中多鸣蛇，其状如蛇而四翼，其音如磬，见则其邑大旱。"鸣蛇能引发旱灾，当属水旱之神。

又如肥遗。《山海经·西山经》中说："太华之山，削成而四方，其高五千仞，其广十里，鸟兽莫居。有蛇焉，名曰肥遗（据郝懿行校改），六足四翼，见则天下大旱。"肥遗也为蛇身鸟翼的水旱之神。与鸣蛇相比，此种蛇除有鸟翼外，还添上了鸟足。

酸与

又如酸与。《山海经·北次三经》中说："景山，南望盐贩之泽，北望少泽，其上多草、薯蓣，其草多秦椒，其阴多赭，其阳多玉。有鸟焉。其状如蛇而四翼，六目三足，名曰酸与，其鸣自詨，见则其邑有恐。"酸与在蛇身、鸟翼基础上也加上了鸟足。

又如化蛇。《山海经·中次二经》中说："阳山，阳水出焉，而北流注于伊水。其中多化蛇，其状如人面而豺身，鸟翼而蛇行，其音如叱呼，见则其邑大水"。化蛇主要是蛇的整体形象与鸟翼的组合。化蛇能带来大水，说明其为水旱之神。

化蛇

又如飞蛇。《山海经·中次十二经》中说："柴桑之山，……多白蛇飞蛇。"郭璞注："即螣蛇，乘雾而飞者。"又郭璞的《螣蛇赞》中说："螣蛇配龙，因雾而跃。虽欲升天，云罢陆略。"飞蛇，即螣蛇。从这些材料中，我们无法认定飞蛇有无鸟翼，但其升天而飞的神性却是来自鸟翼的功能，由此也可以说明飞蛇融入了鸟翼的特征，至少是融入了鸟翼的功能特征。

蛇与龟的组合。蛇与龟都是古人信仰的水神，两者合并为一体称玄武。汉代画像石刻所绘玄武为龟蛇相交形象。古籍所记与其一致。《楚辞·远游》中洪兴祖补注："说者曰：'玄武谓龟蛇，位在北方故曰玄，身有鳞甲故曰武。'……《文选》注：'龟与蛇交为玄武。'"《后汉书·王梁传》李贤注："玄武，北方之神，龟蛇合体。"古人奉玄武为水神。《后汉书·王梁传》中说："玄武，水神之名。"玄武为龟蛇的合体，既可以龟形显世，又可以蛇形为体。《礼记·曲礼》孔颖达疏："玄武，龟也。"唐代段成式的《酉阳杂俎·支诺皋下》中说："朱道士者，太和八年常游庐山，憩于涧石，忽见蟠虵如堆缯锦，俄变为巨龟，访之山叟，云是玄武。"龟蛇互变，是因为玄武的形象中，既有龟，又有蛇。

蛇与猪的组合。如蛇身而披带猪毛的长蛇。《山海经·北山经》中说："大咸之山，无草木，其下多玉。是山也，四方，不可以上。有蛇名曰长蛇，其毛如彘豪，其音如鼓柝。"

除鱼、蛇之外，还有其他水神动物的相互组合，但相对来说，在典籍中的记载要少得多。

又如天马。《山海经·北次三经》中说："马成之山，……有兽焉，其状如白犬而黑头，其名曰天马，其鸣自訆。"天马能飞，说明有鸟翼，至于状如白犬，实为马形的怪化。

马与鸟的组合。马装上鸟的翅膀，便有了飞天的神性，而且被称为龙马。明陈仁锡的《潜确类书》卷一一一引用《瑞应图》中说："龙马者，神马也，河水之精。高八尺五寸，长颈，胳上有翼，旁有垂毛，鸣声九音，有明王则见。"

狐与鸟的组合。《山海经·东次二经》中记载："姑逢之山，无草木，多金玉。有兽焉，其状如狐而有翼，其音如鸿雁，其名㺍㺍，见则其邑大旱。"㺍㺍为狐身有翼的神兽，是狐与鸟的结合体，该兽出现便有大旱，说明其为水旱之神。

此外，还有牛、犬、羊等动物的相互组合，也都是龙的雏形。

● 复杂的组合

这类组合所产生的龙，是逐渐趋向成熟的龙。这是因为此类组合至少使得龙的头、角、身、纹等部位能分别体现出不同水神动物的特征，而融汇尽可能多的种类的动物特征，

玄武

长蛇

天马

㺍㺍

成熟的龙的形象至少在头、角、身、纹等体现出不同水神动物的特征

恰恰是龙成熟的标志。

关于龙的多种动物的组合，古人也多有说明。宋代罗愿的《尔雅翼·释龙》中说："龙，角似鹿，头似驼，眼似兔，项似蛇，腹似蜃，鳞似鱼，爪似鹰，掌似虎，耳似牛。"

明代李时珍的《本草纲目》中说："龙有九似：头似驼，角似鹿，眼似兔，耳似牛，项似蛇，腹似蜃，鳞似鲤，爪似鹰，掌似虎，是也。"

《渊鉴类函》卷四三八引《会编世传》中说："画龙有三停九似之论，谓自首至脾，脾至腰，腰至尾，相停也；九似者，角似鹿，头似马，眼似兔，项似蛇，腹似蜃，鳞似鱼，爪似鹰，掌似虎，耳似牛。"

这些关于龙的多种动物特征的描绘，虽不一定准确，却也反映了龙是由多种动物组合而成的实际情况。龙的复杂组合，就其总体形象而言，仍体现了水神动物相组合的原则，但在事物的一般规律之中总包含着特殊的因素，龙的复杂组合，也融合了一些非水神动物的局部特征。实际上，各种水神动物在组合成龙的过程中，也在相互融合，变得你中有我，我中有你。龙的各局部形象，很难说是仅仅取自某种动物，它往往是多种动物同一局部形体混合而成的，如龙头像马、像牛、像驼、像驴又像鳄；龙身像蛇、像鳄、像鱼又像鹿；龙鳞像鱼、像鳄又像蛇；龙之角像牛、像鹿、像羊又像犀；龙之爪像鹰、像鳄又像虎，如此等，说明龙融合的动物越多，动物之间的混合性就越强，龙就越具幻想性。

上述组合动物，都可以归入龙的大家族，因为这些组合动物，符合龙的组合性的形象特征，且大都具有水神的含义（或水居、或兴云布雨、或为水患、或为旱灾、或能驱旱、或可除水等），即使其中一部分组合动物没有明示这种含义，也都很可能为记载的指向另有侧重所致。组合动物的水神的含义与龙的根本含义是一致的。因此，这些组合物都具备龙的资格。总之，从最宽泛的角度而言，一切由两种以上的水神动物组合而成的具有水神神性的神兽，都属于龙的大家族，都可以称之为龙。王大有的《龙究竟是什么》

龙不同于一般的水神动物，它是一种幻想物，没有原形动物为形象

中说："广义龙有四十几种，分为六大类，即鳄鼍类、蛇类、鱼类、龟类、兽类、鸟类。"这种划分，虽失之偏颇，但其采用的广义视角与方法，却有助于全方位认识龙的多种组合形态，为我们对龙的组合形态的认识提供了有力佐证。

由对龙的多种组合形态的考察可见，龙是在水神动物信仰基础上产生的，但龙又不同于一般的水神动物。龙与一般的水神动物的区别就在于：一般水神动物是实际存在的动物，基本上以实有的原形动物为其形象，而龙不是实际存在的动物，而多是由两种以上的被奉为水神的动物组合而成的幻想物。

各种水神动物的合并组合，除了信仰观念一致方面的自然因素外，还有人为方面的因素，即通过水神动物的组合，汇集更多的水神神力为一体，构成具有更强神力的崇拜对象。这就是为什么在所有的祈雨对象中，龙会成为最具权威性的祈雨对象的原因所在。

第十章 人物水神

本章所讨论的水崇拜中的人物水神，有其特定的涵义。人物水神直接来自神话传说、历史史实中的人物。

黄帝

黄帝既是神话中的英雄神，也是经过神话历史化后的人们心目中的远古帝王。他的业绩，既见于神话，也见于传说。有关黄帝的传说，突出反映了他作为人间帝王为中华民族的祖先所作出的泽惠子孙的伟大创造与发明，如用玉（坚石）作兵器、造舟车弓矢、染五色裳、采铜铸鼎、作指南车；他的妻子教民养蚕，他的臣子仓颉造字，大尧作干支，伶伦制乐器等。这些传说，歌颂了中华民族祖先的聪明才智和创造精神。黄帝广为人知的业绩，也是这些传说中的主要内容；黄帝之所以成为中华民族的象征，主要是靠这些传说的代代相传。

传说中的黄帝形象在中国人的心目中占据着主要位置，而神话中的黄帝则渐渐湮没在历史的深处。正因为如此，人们提到黄帝，已很少将他与水神联系起来。然而，古籍中的黄帝神话，却说明黄帝具有水神神性，黄帝最初是被当作水神创造出来的。黄帝、蚩尤的战争是黄帝神话的最著名的部分。战争打得十分激烈，黄帝全凭他的水神神性，操纵水旱动物神击败了对方，赢得了战争的胜利。《山海经·大荒北经》中说："蚩尤作兵伐黄帝。黄帝乃令应龙攻之冀州之野。应龙畜水，蚩尤请风伯雨师，纵大风雨。黄帝乃下天女曰魃。雨止，遂杀蚩尤。"黄帝、蚩尤

南阳汉代画像石中的《虎吃女魃》画像。女魃形象是一年轻女子，瘦小裸体。画像中下方躺在地上挣扎者便是。古人认为虎能吃旱神女魃，以便驱旱祈雨

之战，表现为水神之间的斗法。黄帝驱使动物水神应龙以水攻击蚩尤，蚩尤则请来水神风伯雨师，掀起一场大风雨，使应龙的水无法发挥威力。黄帝又派天帝的女儿魃来参战。魃，旱神。郭璞说："音如旱妭之魃。"郝懿行说："《玉篇》引《文字指归》说：'女妭秃无发，所居之处，天不雨；同魃。'"旱神魃，从形式上看，是与水神相对立的神，从功能上看，却有着某种同一性。水神司水职能，可表现为降雨放水之功能，也可表现为止雨收水之功能。旱神魃是由水神止雨功能独立化而形成的神，也属水神大家族。魃的神力与蚩尤的风伯雨师纵大风雨的神力针锋相对并略胜一筹，所以黄帝最终取得了胜利。黄帝与蚩尤之战，是远古民族部落之间的兼并战争在神话中的反映；而用水神之战的神话来反映部落之间的战争，则说明当时的人们极为崇拜水神的神力。

黄帝最初被说成是人形化的雷神

黄帝最初被说成是人形化的雷神。神话所述黄帝的出生、神职、婚姻无不与雷有关，均说明黄帝为雷神。《河图稽命征》中说："附宝见大电光绕北斗权星，照耀郊野，感而生黄帝轩辕于青邱。"《河图帝纪通》中说："黄帝以雷精起。"说明黄帝生于雷电。《春秋合成图》中说："轩辕主雷雨之神也。"轩辕即黄帝。《春秋命算序》中说："黄帝，一曰帝轩辕。"《太象列星图》中说："轩辕十七星在七星北，如龙之体，主雷雨之神。"黄帝神职为主雷雨，必为雷神。作为雷神的黄帝，其地位是极高的。雷之巨响震撼天地，雷之电光撕裂长空，光耀刺目，对原始先民具有无与伦比的威慑力量，所以雷神是主宰乾坤的天神，是上帝。黄帝，亦称皇帝，《释文》中说："皇帝，本又作黄帝。"皇帝即皇天上帝，黄帝的称谓也可表明其天帝的身份，而天帝则是水神之王。

当人物化的龙神代替雷神成为天神之后，黄帝便由人物雷神摇身一变成了人物龙神，黄帝的形貌、行为又都附会上了龙的特征。《山海经·海外西经》中说："轩辕之国，……人面蛇身，尾交首上。"《史记·天宫书》中说："轩辕，黄龙体。"《史记·封禅书》中说："黄帝得土德，黄龙地螾见。"《吕氏春秋·应同》中说："黄帝之时，天先见大螾、大蝼。黄帝曰：'土气胜，土气胜，故其色尚黄，其事则土。'"《开元占经·龙鱼虫蛇占篇》引《春秋合成图》中说："黄帝将亡，则黄龙坠。"因中央土色为黄色，黄帝占据中央，便被附会成了人物龙神中的土龙，即黄龙。上引神话都赋予了黄帝黄龙的特征。黄龙（土

古画中的黄帝形象

龙）是龙中地位最高的人物龙神（这种地位在中国历史上始终没有改变）。黄帝由人物雷神至人物黄龙神的变化，是时代崇尚风气变化的结果，这种变化并没有改变其人物水神的性质，也没有改变其崇高的地位，因为人物雷神与人物龙神是有渊源关系的人物水神，且又是属于各自不同时代的至尊之神。

蚩尤

蚩尤是带有悲壮色彩的失败的英雄神。他是由动物水神牛神人物化并融合远古部落首领人物史迹而形成的人物水神。

这位英雄神，还保留了水神，尤其是水神中牛神的突出特征。《归藏·启筮篇》说："蚩尤出自羊水。"说明蚩尤为水族。《述异记》中说："涿鹿今在冀州，有蚩尤神；俗云，人身牛蹄，四目六手。……头有角，与轩辕斗，以角抵人，人不能向，今冀州有乐名《蚩尤戏》，其民两两三三，头戴牛角而相抵。汉造角抵戏，盖其遗制也。"上述神话片段所描绘的蚩尤神牛蹄牛角的形象特征，表明他是以牛为原型的人物水神。其牛角的形体特征特别突出，蚩尤由此而被赋予了以牛角抵敌搏斗的功能。这种角抵的功能充分表明了蚩尤是附寓于牛神的人物水神。所以后世人们扮演蚩尤神演戏要头戴牛角。当然，蚩尤在其他神话典籍的记载中还表现出了另外一些动物的特征，如蛇、龟的特征。《汉书》中说："太原有蚩尤神昼见，龟足蛇首。"《博古图》中说：蚩尤"其状如兽，附以两翼"。这些动物都曾是原始先民信仰中的动物水神，它们出现在牛神蚩尤的变化着的形体中并不矛盾，因为在原始信仰中，同类意义的不同信仰对象是可以互变的，最著名的例子是鱼龙互变。但，蚩尤的原型形象却始终是以牛角为其主要特征的。另外，典籍还说到蚩尤有"铜头铁额"，这实际上也是由坚硬的牛头引起的幻想，也可说明蚩尤的原型为牛神。

蚩尤神是战败神，因此他没有像黄帝那样被奉为至尊之神，更不可能成为人间帝王，但他却是一个曾十分强大而后战败的部落的代表或首领。这就是说，他跟氏族部落社会的历史有几分联系。据说，蚩尤所代表的氏族部落为九黎三苗。《国语·楚语下》中记载："及少之衰也，九黎乱德……其后三苗复九黎之德。"注："九黎，黎氏九人，蚩

古画中身首相离的蚩尤。蚩尤是带有悲剧色彩的战败之神

尤之徒也。"又："三苗，九黎之后也。"《尚书·吕刑》中说："王曰：'若古有训：蚩尤惟始作乱，延及于平民，罔不，寇贼，鸱义，奸宄，夺攘矫虔。苗民弗用灵，制以刑，惟作五虐之刑曰法……。'"据此，九黎与三苗应为同一部落的不同称谓，这个部落奉蚩尤为始祖神，可称蚩尤部落。蚩尤部落战败后，其后裔曾一次又一次积聚力量，发动过多次大规模的反抗斗争，依次与黄帝后裔颛顼、尧、舜、禹等有过激烈的战斗，典籍多有记载。这里引《正义》中的说法："郑玄以为苗民即九黎之后，颛顼诛九黎，至其子孙为三国。高辛之衰，又复九黎之恶，尧兴，又诛之，尧末，又在朝，舜臣尧，又窜之，后禹摄位，又在洞庭逆命，禹又诛之。"蚩尤部落及后裔前赴后继、宁死不屈的反抗精神，令人感叹不已！大约是在与禹的战斗中，蚩尤后裔三苗遭灭顶之灾。《墨子·非攻下》中说："昔者三苗大乱，天帝殄之，日妖宵出，雨血三朝，龙生于庙，犬哭乎市，夏冰，地坼及泉，五谷变化，民乃大振，高阳乃命禹于玄宫（原脱'命禹'二字，据王念生说补），禹亲把天之瑞令，以征有苗。……禹既克有三苗……天下乃静。"即使是虚写三苗将亡的异兆，也透露出了这场战争血雨成河、悲壮惨烈的消息，即使是贬损战败者的文字，也隐饰不住对战败者惊天地、泣鬼神的斗争精神的惊叹。时至今日，我们读到这些文字，仍不能不为之震撼！中国远古历史上曾发生了怎样一场惨绝人寰的战争！天地若有情，也将为之哭泣！当然，这血腥的战争，是在氏族部落形成国家的过程中所不可避免的。蚩尤后裔战败后，再也无力进攻中原，其残存的部落成员开始了漫长的迁徙。然而蚩尤神的影响却一直延绵不绝，蚩尤神的遗迹留在了中华大地之上。《山海经·大荒南经》中说："有宋山者……有木生山上，名曰枫木。枫木，蚩尤所弃其桎梏，是谓枫木。"郭璞注："蚩尤为黄帝所得，械而杀之，已摘其械，化而为树也。"此说枫木为蚩尤遗迹。《皇览·冢墓记》中说："蚩尤冢，在东平寿张县阚乡城中，高七丈，民常十月祀之。有赤气出如匹绛帛，民名为蚩尤旗。肩脾冢，在山阳巨野县重聚，大小与阚冢等。传言黄帝与蚩尤战于涿鹿之野，黄帝杀之，身首异处，故别葬之。"黄帝分解蚩尤尸体一说，又见于宋代罗泌《路史·后记四》："黄帝传战蚩尤于中冀而诛之，爰谓之解。"解，即分解尸体之意。由于黄帝将蚩尤身体分解，所以蚩尤冢有两处。两处蚩尤冢也为蚩尤遗迹。宋代沈括《梦溪笔谈》卷三中说："解州盐泽……卤色正赤，……俚俗谓之蚩尤血。"蚩尤被尸解之处得名"解"，解州盐泽是又一蚩尤遗迹。上述遗迹，或虚或实，却都表达了人们对蚩尤永恒的纪念。蚩尤为战败神，虽然被正史斥为"贪虐""暴"，然而他的神威常驻不散。黄帝出师，也要画蚩尤像以威震天下。《龙鱼河图》中说："后天下复扰乱，黄帝遂画蚩尤形象，以威天下。"齐国统治者祀八神，其中也有蚩尤。《封禅书》中记载："三曰兵主，祀蚩尤。"汉高祖刘邦起兵，也要祠黄帝、祭蚩尤于沛庭。汉武帝时，还传闻蚩尤神白日显灵。《汉书》中记载："武帝时，太原有蚩尤神昼见，龟足蛇首。"对蚩尤的祭祀也代代不绝。《述异记》卷上说："太原村落间祭祀蚩尤神，不用牛头。"这种不用牛头的祭祀可见其时的人们仍从古俗奉蚩尤为牛神。"蚩尤戏"是以戏剧再现蚩尤神迹来纪念蚩尤的形式，已如前述。需要特别说明的是，蚩尤的后裔大部分构成苗族的主体，其余部分分别与其他部落后裔融合形成瑶、黎、畲、汉等民族。苗族仍奉蚩尤神为祖先神，并举行祭祀活动。湘西、黔东北的苗族在祭祀时，须杀猪供奉蚩尤神。湖南城步的苗族祭祀的蚩尤为枫神，是源于蚩尤神话中"桎梏化枫"的故事。甘肃《永登县志》中说："县城西南十里许，有村落，居民全系苗族……即世俗所呼'蛮婆子'。相传舜帝窜三苗于三危……所遗者。""他们（薛家湾人）所供奉的秘密之神，正是和黄帝作过战的蚩尤，这种说法以当地的学者为最多。"瑶族也奉蚩尤为祖先神。每年旧历五月二十七至二十九日的还愿节，瑶族都要以舞蹈祭祀蚩尤神。蚩尤神的深远影响，说明他是一位包含着史实因素的英雄水神。

蚩尤雕像

共工

共工也是一位失败的英雄水神。

共工神话可以分为前后两个部分，前一部分是以振滔发洪水为核心情节的共工神话，后一部分是以触倒不周山引起洪水为核心情节的共工神话。古今学者已经注意到了这两部分神话的不同。古人高诱注解《淮南子·原道训》所载共工触不周山神话时说："共工以水行霸于伏牺、神农间者，非尧时共工也。"今人朱芳圃说："其神话当分两系：一是《淮南子·天文训》言：'共工……触不周之山。天柱折，地维绝。'此盖先民解释天象地形之神话，谓日月星辰之移于西北，水潦尘埃之归于东南，由于天倾西北，地不满东南，其原因为共工触不周山，使天柱折，地维绝所致。二是《淮南子·本经训》言：'共工振滔洪水，以薄空桑。'"两部分神话的根本不同在于共工发起洪水的方式不同，即振滔与触倒不周山天柱的区别。这种不同反映了古人解释洪水起因的角度不同。振滔发洪水，是掀起波涛引发洪水。波涛之掀起，必然是由于淫雨不止、山洪暴发所致。这里，古人是从降雨现象来解释洪水起因的，由此而产生的共工神是兴云布雨之神。触不周之山而致地倾东南，引发洪水，是说由于天柱地势倾斜的原因，各条水系汇集东南低处形成洪水，这是从中国地势由西北高处向东南低处渐次降低的状态来解释洪水起因的。由此而产生的共工神是力大无比的战神。分析至此，不难发现，两类共工神话在反映原始先民的现实生活时有着不同的侧重面，振滔共工神话，侧重反映了先民与洪水自然灾害的斗争；触山共工神话侧重反映了氏族部落间的兼并战争。

古书中形容作为水神的共工具有动物水神蛇神的形象

以振滔发洪水为情节中心的共工神话传说片段群，表现的是水神的共工，反映了共工一系列水神的神性，属于共工神话传说较为原始的部分。由共工发洪水的神性可见，共工代表的是洪水水神，其形成源于初民对洪水的畏惧与崇拜，是初民对洪水巨大破坏力加以神化、人神化的产物。共从洪声，工从江声，共工神的命名即与洪水和滔滔江水相关。《淮南子·本经训》高诱注："共工，水官名也。"也可见共工是洪水神。洪水带给人类的只有灾难，所以共工神在多种场合为恶神。同时，洪水之伟力又使人们无限崇拜，所以共工又是英雄神。

作为水神，共工具有动物水神蛇神的形象特征。《淮南子·坠形训》中说："共工，景风之所生也。"高诱注："共工，天神也。人面蛇身，离为景风。"

《山海经·大荒西经》郭璞注引《归藏·启筮篇》中说："共工，人面蛇身，朱发。"

《神异经》中说："西北荒有人焉，人面朱发，蛇身人首足，而食五谷，禽兽贪恶顽愚，名曰共工。"

蛇是影响广泛的动物水神，从某种意义上说，蛇是水神的标志。因此，人物水神往往具有蛇的局部特征。赋予共工蛇的形象特征，也就赋予了水神的属性。看来，共工之振滔发动洪水，是由他的蛇神属性所决定的。由此也可见，振滔发洪水神话传说群中的共工神更接近自然神，是比较原始的人物水神。《淮南子·本经训》中说："舜之时，共工振滔洪水，以薄空桑。龙门未开，吕梁未发，江淮通流，四海溟涬。民皆上丘陵，赴树木。舜乃使禹疏三江五湖；辟伊阙，导瀍、涧；平通沟陆，流注东海。鸿水漏，九州干，万民皆宁其性。"

典籍多载有洪水神话、禹治水神话，透露出中国上古曾经历过一段洪涝灾害频繁的时期，共工神及其神话便是在这一历史背景中产生的。典籍中关于上古洪水泛滥的起因有过多种解释。《淮南子·人间训》中说："古者沟防不修，水为民害。禹凿龙门，辟伊阙，平治水土，使民得陆处。"这是说洪水泛滥是由于沟防不修，河水不得畅流。《淮南子·齐俗训》中说："禹之时，天下大雨，禹令民聚土积薪，择丘陵而处之。"这是说天下大雨而引发洪水。两种说法，都出于先民的实际观察，是人话；唯有共工振滔之说，才是神话，而神话与人话往往是混杂在一起的。如上引共工振滔神话，先说洪水起因于共工振滔，又说龙门未开、吕梁未发而洪水泛滥（等于说沟防未修而造成洪水泛滥），这说明，先民在观察到洪水真实起因的同时，又因巨大的恐惧心理而产生神秘的幻想，把洪水说成是神灵所为。

共工振滔神话群还包括相柳神话。相柳，或相繇，是共工的臣子，也是洪水泛滥的祸根。《山海经·海外北经》中说："共工之臣，曰相柳氏，九首，以食于九山。相柳之所抵，厥为泽溪。禹杀相柳，其血腥，不可以树五谷种。禹厥之，三仞三沮，乃以为众帝之台，在昆仑之北，柔利之东。相柳者，九首，人面，蛇身而青。不敢北射，畏共工之台。台在其东，台四方，隅有一蛇，虎色。首冲南方。"《山海经·大荒北经》中说："共工臣，名曰相繇，九首蛇身，自环，食于九土，其所歍所尼，即为源泽，不辛乃苦，百兽莫能处。禹湮洪水，杀相繇，其血腥臭，不可生谷；其地多水，不可居也；禹湮之，三仞三沮，乃以为池，群帝因是以为台，在昆仑之北。"两条记载内容基本相同，可见为同一神话，相柳与相繇为同一水神，其构成形象中，蛇的特征更为突出，比共工更接

共工之臣相柳的蛇的特征更明显，比共工更接近自然水神

近自然水神，所以他发动洪水更为直接，走到哪里，就把洪水带到哪里。所谓"相柳之所抵，厥为泽溪""其所欤所尼，即为源泽"。从相柳与共工的臣属关系来看，相柳是共工发动洪水的工具，相柳发动洪水之行为，必受共工之驱使。也就是说，共工发动洪水的神力，除了振滔而外，也是通过驱使相柳来实施的。共工之驱使相柳，有如黄帝之驱使应龙。自然，要消除洪水之害除了杀掉共工，还必须除掉共工赖以发动洪水的工具，所以禹杀相柳。从共工既能振滔、发起洪水又能驱使相柳带来洪水的神性来看，共工应为半人半兽之洪水神，其人神化程度低于黄帝、蚩尤，高于相柳。

共工洪水水神，也经历了历史化的演变。这种历史化的结果，使共工神与早期氏族部落的首领发生了联系。因为共工洪水神是带给人类灾难的恶神，所以他所影射的也是战败的氏族部落的首领。这样，便形成了共工神话的另一部分，即以触不周山引发洪水为情节中心的部分。《淮南子·天文训》中说："昔者共工与颛顼争为帝，怒而触不周之山，天柱折，地维绝。天倾西北，故日月星辰移焉；地不满东南，故水潦尘埃归焉。"在这里共工引发洪水的原因十分明确，即与颛顼争夺统治权。而前述振滔洪水神话中的共工发动洪水，则目的不明，更符合洪水自然泛滥的实际情况。由此也可见两部分共工神话的不同。历史化的共工水神更多地附会上了社会的属性，而原始的共工则具有更多的自然属性。共工水神发动洪水的方式也发生了变化，由发挥自身具有的动物水神功能或驱使动物水神功能变化为人为的搏斗形式，即触倒不周山。显然，这里包含了先民对历史化的共工水神发动洪水方式的重新解释。这种解释，既与人间的争斗相联系，又与中国的地貌相契合，因

神话中共工怒触不周山而引发了大洪水

此获得了普遍的认同，从而改变了共工神话的原始面貌。

变形后的共工神话也形成了以触不周山神话为中心的神话群。古籍虽只存零碎片段，但连缀起来，也可见其大概。

共工水神作为部落首领神，他有自己的属地——共工国。

《山海经·大荒西经》说："不周（负子），有两黄兽守之，有水曰寒暑之水，水西有湿山，水东有幕山。有禹攻共工国山。"

共工部落曾附属于尧帝部落联盟，共工为尧帝之臣。《韩非子·外储说右上》中记载："尧欲传天下于舜。"鲧谏曰：'不祥哉！孰以天下而传之于匹夫乎！'尧不听，举兵而诛杀鲧于羽山之郊。共工又谏曰："孰以天下而传之于匹夫乎！尧不听，又举兵而诛共工于幽州之都。"尧传位于舜，共工继鲧之后而进谏，遭到诛杀，一说流放。可见共工与鲧一样为尧之臣子。此处说为尧诛杀，另说共工遭颛顼诛杀，同一共工不可能遭到两次诛杀，因此，共工应为某部落首领神的统称，非指一人一神。

共工部落除与颛顼为帝位争斗外，还与高辛、神农、祝融、女娲等争斗过。分别见于《淮南子·原道训》、《雕玉集·壮办》、唐代司马贞的《史记·补三皇本纪》、宋代罗泌的《路史·太吴纪》。其中，与高辛的争斗，失败尤为惨烈："昔共工……，与高辛争为帝，遂潜于渊，宗族残灭，继嗣绝祀"。

共工氏子嗣的命运截然不同。共工氏之不才子死后化为厉鬼，成为人们被禊驱避的对象。冬至日作赤豆粥即为驱厉鬼遗俗。宋代罗泌的《路史·后记二》注引《岁时记》中说："共工氏有不才子，以冬至日死，为厉，畏赤豆，故作赤豆粥以禳之。"共工氏另一子句龙，则成为平九土治水患的后土神，亦即社神，受人祭祀。《左传·昭公二十九年》中说："共工氏有子曰句龙，为后土。……后土为社。"《国语·鲁语》中说："共工氏之伯九有也，其子曰后土，能平九土，故祀以为社。"

共工作为自然界的洪水神，他是人类厌恶的对象；共工作为战败部落的首领神，他是历史所贬斥的对象，所以共工神总是被视为恶神，成为人们永久抨击的对象。但，原形的共工能掀起滔天的洪水，变形的共工能触倒天柱不周山，改变大地的面貌，其惊天动地的神力千秋万世震人心弦，令人惊叹。所以，他是英雄神，尽管是失败的英雄。共工神话的两大部分虽然相对独立，各成体系，但也有着不可截然分离的联系，这就是共工始终保持了发动洪水的水神的神力，尽管其发动洪水有方式的不同、目的有无的区别。

羿

羿是驱除旱魔的水神。羿的主要事迹是射日。

羿为什么要射日呢？这是因为十日并出，造成天下干旱，农作物枯死，直接威胁着人类的生存。《淮南子·本经训》中说："十日并出，焦禾稼，杀草木，而民无所食。"十日并出，是原始先民解释旱情发生时的幻想。按他们的推想，天上有十个太阳，均为羲和之子。《山海经·大荒南经》中说："羲和者，帝俊之妻，生十日。"十日平时不是同时出来的。《山海经·大荒东经》中说："有谷曰温源谷。汤谷上有扶木，一日方至，一日方出，皆载于乌。"据此，平时天空出现的只有一个太阳，不会造成灾害。可是，尧时十日并生，自然就要招致大旱了。这是古人凭着直观的感觉，把旱灾的发生，归咎于太阳，从而想象出十日并出的情景。十日并出，无疑是日神有意造成天下大旱，危害人间。日神显然是人们心目中的旱神。我国少数民族众多的射日神话，几乎都说明了射日是因为众日并出，造成天下大旱。壮族《特康射太阳》中说："古时候天上挂着12个太阳，12个太阳像火团，田里禾苗晒焦了，山上树木晒干了，山泉断了水，江河见石头。"布依族《十二个太阳》中太阳的数目也是12个。12个太阳违背天神的旨意，不轮流出现，而是争着一起出现在天空，以至于"大地被烘烤得热气腾腾，河流干了，树木枯萎了，田地开裂了，庄稼也被晒死了"。瑶族《射太阳》则说"10个太阳同时出来，把土地晒得冒烟，把庄稼晒得燃起火，把鸟兽晒成腊肉，把人的皮肤晒得爆裂，眼睛睁不开"。彝族《射太阳和月亮》

湖北随县曾侯乙墓出土的衣箱上绘有后羿射日图像

河南南阳出土的东汉时期后羿射日石刻

中说9个月亮和7个太阳一起出来,"把地上的庄稼晒枯了,草木也晒死了"。此外,羌族、纳西族、黎族、独龙族、珞巴族等民族的射日神话,都表明射日的原因在于众多的太阳(包括月亮)造成旱灾。我国大多数少数民族与汉族一样,很早就进入了农业社会。旱灾对农业社会影响较大,所以我国大多数少数民族都有射日神话,而其中绝大部分射日神话都与旱灾有关,反映出各民族人民对消除旱情、确保农作物丰收的要求。各民族的射日神话与汉族射日神话有一种天然的联系,都可以用来说明羿射日的原因。

羿和少数民族神话中的射日英雄,都具有超凡的伟力和神奇的箭法,按说射日应是这些英雄神十分容易办到的事。但所有射日神话中的射日都要经过艰难的历程,射日英雄神要经受种种磨难,战胜种种艰难险阻。这一方面反映出,旱灾对古人具有巨大威慑力,旱灾是难以战胜的;另一方面也反映出,古人为战胜旱灾曾作出了种种努力。当然,这些努力虽含有有效的成分,比如掘井汲水、开河引水等,但更多的努力恐怕都是徒劳无益的,属于驱旱祈雨的巫术行为。射日英雄为达射日目的克服和战胜种种艰难险阻的行为,就是这类巫术行为的反映,也潜含着驱旱祈雨的意义。由此看来,羿在前往射日途中翦除猛兽修蛇,打击风神、河伯的行为,就与射日构成了一个完整而有机的神话故事。

在羿射日神话中,羿所打击的这些凶禽猛兽,与太阳旱神共同造成了旱灾的严重后果。十日齐出,造成旱灾,同时也就出现了这些怪兽。这些怪兽与旱灾是紧密联系的,旱灾出现,它们就出现,说明它们也是造成旱灾的因素。同时,它们的出现给人们带来了极大的危害,它们对人们的危害与旱灾的危害是同一类现象。因此,羿打击这些怪兽,也是驱旱祈雨。羿打击的这些怪兽,都与水神有着亲缘关系。《述异记》中说:"猰貐,兽中最大者,龙头、马尾、虎爪,长四百尺,善走,以人为食。"《淮南子·本经训》高诱注:"猰貐,兽名也,状若龙首,或曰似狸,善走而食人,在西方。"凿齿是居住在南方畴华大泽的水怪。九婴是有九个头的水火之怪。《淮南子·本经训》高诱注:"九婴,水火之怪,为人害。"九婴为水与火两种不相容的自然现象的化身,看似矛盾,其实有着内在的一致性。火与旱是相适应的,天下大旱赤地千里,万物枯焦,像着了火一样,同时,旱时的炎热与火烤无异,所以民间信仰中,往往把旱与火联系起来,火神往往就是旱神。说九婴为水火之怪，等于说它为水旱之怪，也等于说它为水怪、水神。因为水怪、水神有司水之职，既能纵水、降雨，也能止水、止雨，而止水、止雨往往就造成旱灾。另九婴被羿杀于凶水之上，说明它居于凶水，是凶水水神。另外，大风，即大鹏，是居于青丘水泽的风神；修蛇是居于洞庭湖的水神；封豕（猪）居住的林木是祈雨的地方，封豕也是水神。这些怪兽出现在大旱之时，说明古人认为大旱与它们的兴风作浪有关。羿射杀它们，也是为了驱旱祈雨。

羿历尽艰难，打击种种水神水怪、驱旱祈雨的神迹，反映了上古民众以巫术方式抗击旱灾的活动。这与禹治洪水神话反映上古民众以巫术方式抗击洪涝有某种相似性，禹杀水神共工、相柳、无支祁，羿打击多种水神，都是上古民众抗击自然灾害巫术活动的反映。如进一步分析，羿神话反映的巫术可能就是与早期人类狩猎劳动相关的射杀动物的行为。在现代民俗活动中，还可以找到这种射杀动物驱旱祈雨巫术仪式的残迹。如云南怒江傈僳族遇上大旱，便要施行祈雨巫术。一种巫术是用弩弓向水潭射箭，俗信认为这样可以触动龙神，使其降雨。射箭意味着对龙神施加武力威胁，是由射杀动物演变而来的巫术行为。为什么要威胁龙神呢？显然是因为民众认为天旱无雨是龙神作祟。另一种巫术是用毒药毒死河中的扁头鱼，俗信认为这样可以使天降雨。毒死扁头鱼，意味着翦除为旱的水神。汉族大部分地区曾流行天旱"晒龙王"祈雨的巫术仪式。"晒龙王"，即抬着龙王塑像在烈日下曝晒，让龙王经受烈日烤灼之苦。龙王不降雨，天下大旱，赤日炎炎，现在让他曝晒，可以说是以其人之道，还治其人之身。有趣的是在抬龙王游行曝晒之时，还要走三步抽一鞭，施予人间的酷刑。曝晒和鞭打龙王，目的都是惩罚为旱的龙王迫使其降雨。这种对水神的惩罚巫术，是杀死动物驱旱祈雨巫术仪式的变异形式。

后羿杀怪除旱的伟大功绩，折射了上古民众抗击旱灾的史实

中国历史上存在过的杀死水神动物驱旱祈雨的巫术，及其连绵不绝的演化形式，显

示出羿翦除或打击各种动物水神的意义在于驱旱祈雨。

羿的射日、杀怪除旱的伟大功绩，折射了上古民众抗击旱灾的史实，反映了上古民众力图征服旱灾的坚强意志。羿的神迹，也决定了他的根本神性必然与水旱相连。所以在历代人民心中，羿是除旱水神，即与为害人民的水神（水怪）相对立的英雄水神。《淮南子·氾论训》中说："羿除天下之害，死而为宗布。"宗布即《周祀·党正》中所谓禜酺，宗与禜、布与酺，声近字通。郑玄注："禜谓雩禜水旱之神。""酺者为人物灾害之神也。"在神话中，能够战胜水旱之灾的多为水神。看来，羿能战胜水旱之灾，在于他具有水神神性。

羿神话传说群还有羿夺河伯之妻洛水女神雒嫔的故事。

《楚辞·天问》王逸注："雒嫔，水神，谓宓妃也。羿又梦与洛水神宓妃交接也。"《文选·洛神赋》李善注："宓妃，伏羲氏之女。溺死洛水，遂为神。"《楚辞·天问》中说："帝降夷羿，革孽夏民，胡射夫河伯而妻彼雒嫔？"羿能与水神雒嫔交接，表明羿与雒嫔为同类，同为水神。

与其他人物水神有所不同的是，羿的神力较少动物属性，而主要表现为人的属性，即人的射箭本领。《淮南子·修务训》中说："羿左臂修而善射。"《管子·形势解》中说："羿，古之善射者也。"把人的本领无限夸大，并赋予羿，羿便有了射落太阳的神力。羿射日神力，是人的射箭本领的神异化，因而表现了对人类自身能力的赞美与夸耀，这是羿水神的独特之处。

夸父

驱除旱魔神的另一种形式是驱除太阳。夸父就是运用这种神力的英雄神。夸父的主要神迹是追日。

古籍所载夸父追日神话，只从表面上解释了夸父追日的动机，或谓之自不量力要捉住太阳，或谓之与太阳竞走。按此类解释，似乎夸父所作所为只是一种游戏，其中虽透露出气吞山河的英雄之气，但毕竟是一种愚蠢的行为，夸父的牺牲似乎也是无谓的牺牲。

显然，这类解释并没有深入揭示夸父追日的真正动机，也无法与夸父神话产生的巨大影响联系起来。后世关于夸父追日遗迹的传说众多，说明夸父神迹影响广泛而深远，为历代民众所赞美。如果夸父的行为毫无意义，就不会产生如此巨大的影响。唐代张鹭的《朝野佥载》卷五中说："辰州东有三山，鼎足直上，各数千（十）丈。古老传云，邓夸父与日竞走，至此煮饭，此三山者，夸父支鼎之石也。"这是关于夸父煮饭石遗迹的传说。《太平御览》卷四十七引《郡国志》中说："台州覆釜山，……有巨迹，云是夸父逐日之所践。"这是关于夸父巨迹的传说。《安定图经》中说："振履堆者，故老云夸父逐日，振履于此，故名之。"这是关于夸父振履落泥形成土堆遗迹的传说。《太平御览》卷三八八引《荆州记》中说："零陵县石上有夸父迹。"这是关于夸父石迹的传说。众多遗迹说明夸父神话产生的影响深广，因此，夸父追日应该具有与上古民众切身利益相适应的重要意义，这意义便是驱除旱灾祈雨。透过追日神话的描写，结合相关神话与民俗资料，再顾及夸父神的其他神迹进行综合考察，便可发现这种意义。

夸父追日，极度口渴而喝干了黄河和渭河，这种夸张描写实际上反映了人间极其严重的旱情

《山海经·大荒北经》中说："大荒之中，有山，名曰成都载天。有人珥两黄蛇，把两黄蛇，名曰夸父。后土生信，信生夸父。夸父不量力，欲追日景，逮之于禺谷。将饮河而不足也。将走大泽，未至，死于此。"《山海经·海外北经》中说："夸父与日逐走，入日，渴欲得饮，饮于河、渭，河、渭不足，北饮大泽，未至，道渴而死。弃其杖，化为邓林。"

两则记载，为同一神话的异文，都突出描绘了夸父追日的极度口渴，喝干了黄河、渭河的水都不够解渴。这种夸张的描写，实际上反映了人世间极其严重的旱情。上古人以为旱情是由太阳神造成的，前所述射日神话关于太阳为旱的叙述就可以作为佐证。由此看来，夸父追日，其意义与射日一样，是为驱旱祈雨。神话说夸父渴死后所弃手杖化

《山海经·海外北经》中描绘的夸父形象——手握两蛇,追逐太阳

为邓林,邓林即桃林,应与桑林一样,都是古人信仰中的雨水生出之所。古籍载有著名的商汤桑林祈雨故事,云南大理旧有浇山林祈雨的民俗,说明邓林(桃林)与祈雨有关。夸父神话还极言邓林之广大,《列子·汤问》中说:夸父"弃其杖,尸膏肉所浸,生邓林,邓林弥广数千里焉"。此邓林能生出更多的雨水。值得注意的是,邓林本为夸父所弃之杖浸润夸父尸体膏血生成,是夸父精魂所托之形。《山海经·海外北经》中说:"邓林在其东,二树木,一曰博父。"郝懿行说:"盖谓邓林二树而成林,合其大也。"又说:博父,"即夸父"。这是把邓林说成了夸父的化身。邓林既为夸父化生之形,应寄寓着夸父未尽遗愿,即驱旱祈雨。这种以化生方式传承英雄遗愿的神话形态还可见诸鲧生禹神话。鲧治水失败,尸体三年不腐,以吴刀剖之,生出禹,禹继之实行其未尽治水遗愿。夸父化邓林神话,透露出了夸父追日为驱旱祈雨的目的。

夸父的追日,实际上是逐日,是要把太阳赶回其居住之所禺谷。其所表现的实际上是一种逐日驱旱的巫术,这种巫术在女魃神话中也有表现。女魃,为旱神。魃与炊相通,《说文解字》中说:"炊,火气也。从火,友声。"火气象征干旱,所以《诗经·云汉》中说:"旱魃为虐。"《毛传》也说:"魃,旱神也。"《说文解字》中也说:"魃,旱鬼也。从鬼,友声。"神话说,魃为天女,《山海经·大荒北经》有所谓"黄帝乃下天女曰魃"。天,指天神。天神所指比较复杂,然而天空中太阳最为显目,所以天神往往指太阳神。此处的天神可指太阳神,这样便可以与女魃的神性联系起来。由此可见,女魃即太阳神之女。女魃神的产生,应与上古民众关于太阳为旱的认识有关。神话说,女魃从天上下来帮助黄帝打败蚩尤水神后,"不得复上,所居不雨。叔均言之帝,后置之赤水之北。叔均乃为田祖,魃时亡之。所欲逐之者,令曰:'神,北行!'先除水道,决通沟渎"。女魃所居必有大旱,人们逐之便念口诀。神话与巫术咒语已融为一体,可见女魃神话反映的是地地道道的驱日神祈雨巫术仪式,只不过,所逐对象已由日神之女所置换。这样,逐日巫术演变成为赶旱魃以及后来的浇旱魃的巫术仪式，便一直流传下来，至清代，仍盛行不衰。《天津杨柳青小志》中就记载了清末民初天津遇旱浇旱魃的盛况（见本书《水崇拜的仪式》一章）。在中国历史上不断重演的赶（浇）旱魃巫术仪式，可以确凿无疑地证明夸父追日的意义在于驱旱祈雨，夸父追日神话反映的是上古民众驱旱祈雨的巫术仪式。

夸父追日驱旱祈雨的神迹是与他的神性紧密相连的。综观夸父神话，可以断定，夸父是司水旱之英雄水神。夸父的形象与动物水神有密切的关系："有人珥两黄蛇，把两黄蛇，名曰夸父。"蛇为水神，也经常代表龙神，黄蛇即象征黄龙神。夸父两耳各挂一条黄蛇，两手又各握一条黄蛇，表明他有驾驭水神司水的神力。夸父本为人神，但他的原形却是动物水神。《山海经·东山经》中说："山有兽状如夸父而彘毛，其音如呼，见则天下大水。"彘，被奉为水神由来已久。这种叫夸父的兽具有彘的特征，表明他是水神，所以他的出现必然伴随着大水。夸父的动物原形还被说成具有猿类的整体特征。《山海经·西次三经》中说："崇吾之山……有兽焉，其状如禺而文臂，豹虎而善投，名曰举父。"郭璞注说："或作夸父。"郝懿行注说："《尔雅》云：'貜，迅头。'郭注云：'今建平山中有貜，大如狗，似猕猴，黄黑色，多髯鬣，好奋迅其头，能举石擿人，玃类也。'如郭所说；惟能举石摘人，故经曰善投，因亦名举父。举、貜声同，故古字通用；与夸声近，故或作夸父。"这些注解是说：貜与举相通，又貜善举石投人，所以又称为举父，举与夸音近，所以又称作夸父。据此，夸父的原形是叫做貜的猴类之神兽。这种猴类之兽具有水神的神性，所以夸父的动物原形，在猴类神兽的主体特征上，又附加上了一些动物水神的局部特征，如附加上了猪的局部特征，猴兽具有猪的皮毛。

夸父动物原形的特征决定了他的水神身份。夸父为水神，具有司水旱之神职，所以能担当追日驱旱祈雨重任。

中国神灵信仰有一个突出的特征，就是同一神迹，往往可以张冠李戴，被说成是不同的人神所为。表面上看去，似乎重叠、矛盾。认真加以清理，却可以发现其大致有序的规律，这就是：同一神迹的转换，大多是在具有同样神性的人神之间进行的。这其中的道理是不难理解的，神的神迹与神的神力是相适应的，有同样的神力，就能创造出同样的神迹。具有同样神力的不同人神，当然可能创造同样的神迹。二郎神是在中国影响很大的水神，由于他与夸父的神性一致，所以也具有夸父追日的神迹。因此夸父追日的驱旱祈雨意义，还可以从追日神迹转嫁旁移而形成的二郎神赶太阳的传说中得到证实。二郎神是以斩除水怪治水的神迹而闻名于世的，他追赶太阳必然与水旱有关。《二郎捉太阳的故事》中说，洪古时代，7个太阳接连不断地出现，只有白昼，没有黑夜。赤日似火，常有人死于酷热。壮汉二郎决心追捉太阳。二郎追捉太阳的原因与夸父相同，结果却不一样，夸父追日失败了，二郎神却获得了成功。夸父神留下的遗憾，由二郎神来予以弥补，可以说是民众渴望战胜旱灾的愿望最终得到了某种满足的体现。二郎神追日传说有一个关键性的情节，便是用山把太阳一个一个压住，使其不得复出。这是二郎成功的手段，其中也经历了一番曲折。最初，二郎捉日不得法，捉住太阳无处放，捉住第一个太阳，无处放，再捉住第二个太阳时，前一个太阳则逃之夭夭。后来二郎用扁担担着两座山，捉得太阳，便压在山下。最后把多余的太阳都压在山下，留一个太阳照亮人间。其他二郎追日故事也都有以山压日的基本情节。《二郎担山赶太阳》中的13个太阳，被二郎用山压住了12个，从而解除了酷热。压日的山，也是由二郎担来的，只不过担山的扁担已非一般之物，而是由二郎的武器三尖两刃神刀化成的金扁担。《杨二郎填海追太阳》中的二郎指杨二郎，有了具体所指。杨二郎用来压日的山，已不需担来，而是随手可抓。这些变异，没有改变二郎神追日的基本情节，说明各地流传的二郎神传说，出自同一个母体。夸父追日神迹能移接为二郎神迹，也说明夸父与二郎有基本相同的神性，同属水神家族。

二郎神图。传说中二郎追逐太阳并捉住了他们，将他们压在了山下。夸父未完成的事情，二郎神却完成了

女娲

女娲是创世神，也是生殖神，还是水神。女娲补天的神迹，完全可以解释为治水除涝的活动，与水神相关。

女娲补天的原因在于天倾地裂，洪水泛滥。《淮南子·览冥篇》说："往古之时，四极废，九州裂，天不兼覆，地不周载，燧炎而不灭，水浩洋而不息，猛兽食颛民，鸷鸟攫老弱。"

天穹的四边倾倒、九州大地陷塌，引起了洪水泛滥，虽属神话式的说法，但也必有一定的现实依据。这种说法应该出自上古民众对当时发生的特大洪水所产生的错觉或幻觉：洪水滔天，无边无际，人们便以为天的四边倾倒了，大地陷裂了。由此，当人们渴望征服这滔天的洪水时，便自然而然幻想出了补天平水患的神话。可见，女娲神话中女娲补天的行为，起因于洪水，目的在于治理水患。上引文献又说："于是女娲炼五色石以补苍天，断鳌足以立四极，杀黑龙以济冀州，积芦灰以止淫水。"炼五色石以补苍天是神话对人们以石堵塞洪水行为的折射反映。鳌、黑龙均为水怪，对洪水的泛滥起着推波助澜的作用，女娲杀掉这些水怪，其意义也在除去水患。"积芦灰"则明确说明是为"止淫水"。神话将后两件事迹与补天一并叙说，也说明补天是为治水。接下来神话又叙补天结局，也突出了补天的治水目的："苍天补，四极正；淫水涸，冀州平；蛟虫死，颛民生。"

女娲治水杀水怪的神迹，也为其他英雄神（如禹、二郎神等）所具有，表明她与治水英雄神有相通的地方。补天治水之神迹，则为女娲所独有。而补天巨大的神力，却是远远超出其他一切治水神力的。从神话的角度而言，补天这一神力的成立是由两个方面的因素决定的，其一，补天者女娲是创世大神，大地万物本为女娲化生，所以当天倾地裂之时，她能补之。《说文》中说："娲，古之神圣女，化万物者也。"《山海经·大荒西经》中说："有神十人，名曰女娲之肠，化为神，处栗广之野，横道而处。"郭璞注："或作女娲之腹。"又说："女娲，古神女而帝者，人面蛇身，一日中七十变，其腹化为此神。"这些记载说明，女娲为化生天地万物的创世女神。其二，补天所用的材料——石，在人们的信仰中是神灵之物。中国自古便有灵石崇拜，石往往是兼司雨水与生殖的水神的象征，既是人们祈雨的对象，也是人们祈子的对象，石神异非凡，所以用作补天。神话传说中描写的女娲补天之石也确显得神奇瑰丽。《太平御览》卷五十二引《玉歆之南康记》中说："归类山山石红丹，赫若采绘，峨峨秀上，切霄邻景，名曰女娲石。大风雨后，天澄气静，闻弦管声。"

以补天治水神迹而闻名的女娲，免不了要被人们奉为水神，成为人们祭祀祈雨的对象。《论衡·顺鼓》中说："雨不霁，祭女娲。"女娲作为水神，其形象具有动物水神蛇

女娲补天起因于洪水，目的在于治理水患

的突出特征。《楚辞·天问》王逸注："传言女娲人头蛇身。"

在中国信仰文化中，由于雨水与生殖有着密切联系，女性人物水神往往也是生殖之神。古籍中就说女娲为生殖之神。《路史》卷三引《风俗通》中说："女娲祷祠神祈而为女媒，因置婚姻，行媒自此始矣。"媒神既然是婚姻之神，也就是生殖之神，是人们祈子的对象。神话中又说"女娲作笙簧"，也与生殖有关。"笙簧"本属乐器，然而，"笙，生也，象物贯地而生"，所以作"笙簧"有繁殖之义。五代后唐马缟的《中华古今注》中说："上古音乐未和，而独制笙簧，其义云何？答曰：女娲伏羲之妹，人之生而制其乐，以为发生之象。"可谓道出了女娲作笙簧的真义。女娲又有抟黄土造人的神迹，也与她的媒神身份相一致。《太平御览》卷七十八引《风俗通》中说："俗说天地开辟，未有人民，女娲抟黄土作人，剧务，力不暇供，乃引絙于泥中，举以为人。"另外，女娲化生万物的神迹也与她司生殖的职能密切相关。

女娲补天治水、司雨与化生万物、造人、主生殖等体现了水神信仰的双重意义。

大禹

大禹，又称禹、夏禹，是上古治水神话中的英雄人物。

大禹毕生治水，足迹遍布中华大地，先后治理过黄河、长江、济河、淮河四渎，泗水、汝水、漯水等。有关他的神话传说遍载史籍，而且口口相传，世代不衰。据说他活了360岁，仙逝后成为中华大地共祀的水神。人们祭祀他，不是像祭祀其他水神那样，仅仅为祈求临时性的降雨或免除水祸，而是祈求获得根治水患的神力。他成了人定胜水的意志力的象征，或许可以说，他的精神已经超出了水崇拜文化的范畴，成为中华民族不畏艰辛、勇于献身、乐于吃苦、敢于战胜并善于战胜恶劣的自然环境的伟大民族精神的象征！他的庙宇遍布全国，如忠州禹庙、三门峡禹庙、开封禹王台、桐柏县禹庙、会稽禹庙等。其中，以会稽禹庙最为富丽堂皇。据说，大禹死后，葬于会稽，人们在会稽为其建庙。《金楼子·兴王篇》中描绘了会稽禹庙的景观：庙中有铁犀、铁蓁、石船等大禹用过的治水工具。奇怪的是，庙里没设大禹神像，而是供奉着大禹妻涂山之女的神像。

女娲在《山海经》中的形象为人面蛇身

汉代画像石中女娲和伏羲的形象

神台上，以珠玑为帐，雍容华贵，为其他禹庙所不能比。据说，每当良辰吉日，春水荡漾，涂山神姑便率众女子出游，水上便出现一座以黄金和翠玉为饰的仙桥，涂山神姑与众女子穿着绫罗绸缎站在桥上，一片花团锦簇。涂山神姑特别灵应，所以当地人十分崇拜她。大禹治水有功，涂山氏作为他的贤内助也有一份功劳，当受世人崇祀。但换一个角度来讲，涂山氏受人崇祀也反映出了大禹在人们心目中的神圣地位。

有关大禹的家世，说法很多。最通常的说法是：禹是鲧的儿子。大约是在尧帝时代，河水泛滥，洪水滔天，人们不能定居，只能逃往高山穴居，或在大树上巢居。当时，鲧在河南崇地（今登封）治水有功，尧帝便派他治理天下水患，对他说："你一定要按我的旨意引水，如果违命，我要灭你九族。"

古代石刻中大禹的形象

鲧治水时，鸱鹗和乌龟跑来献计献策。鲧采纳了他们的办法，壅土挡水，以高地的土垫低地，堵塞百川。结果，河水不能畅流，水位不断升高。这种治水的办法无疑是有百害而无一益的。但是鲧执迷不悟，就用这种方法辛辛苦苦一连干了九年，他本人做出了巨大的牺牲，付出了艰巨的劳动，天下依然是"洪水滔滔，无所止极"。鲧已无法可施，为了救天下百姓，只得铤而走险，去盗用天帝的"息石息壤"。"息石息壤"是一种可以自动生长的石土。鲧用盗得的"息石息壤"来做堤坎，堤坎能随水的上涨而自动增高。后来天帝知道了这件事，怒气冲天，于是命兽身人面的火神祝融乘两条龙，将鲧杀死在羽山之野。

这位勤劳的失败英雄死后并不甘心，尸体不腐烂，腹中孕育着新的生命，企图让新的一代去完成自己未竟的事业。经过三年的努力，终于孕育成了禹。人们用吴刀剖开了鲧的肚子，禹就生了出来。鲧生出禹后，一说变成黄龙，一说变成黄熊，一说变成三足鳖，潜沉入羽山下的深渊。

禹的长相不凡，身高九尺多，虎鼻，骈齿，鸟嘴，耳有三洞。禹因父亲的失败而痛心疾首，决心要继承父志，完成父亲未尽的治水大业。其时，正是舜帝当朝，舜帝大约知道了禹的志向。就派他去治水。禹起初治水，也承其父的堙、填之法，效果不好。《楚辞·天问》言："洪泉极深，何以填之？"洪水渊源极深，大禹又怎么能用土填得平呢？

后来，大禹进行了一番考察，沿着水流走遍济水和淮水，觉得父亲用堆塞垫土的办法不是好办法，于是制定了新的治水方法。他根据地形的高低，利用水性，以疏通河道的办法排泄洪水，同时也不完全排除"堙"的方法，而是以"疏"为主，以"堙"为辅。晋代王嘉《拾遗记》卷二中说："禹尽力沟洫，导以夷岳，黄龙曳尾于前，玄龟负青泥于后。"黄龙曳尾，是疏通河道，玄龟负青泥是用以修补堤岸，堵塞漏洞。用这种以疏为主、以堵为辅的方法治水，很快获得了成功。禹掘地开河疏通九河，让洪水流入江河，江河流入大海，困扰中原大地的洪患渐渐缓解。

禹治水来到涂山，见到涂山女。涂山女名女娇，天生丽质，婀娜多姿。美女爱英雄，英雄爱美女，两人一见钟情。但是禹因治水重任在肩，不得不斩断儿女私情。女娇美目涟涟传递秋波，禹视而不见，狠了狠心，转身离去，继续往南方巡行。女娇深明大义，又善解人意。她不阻拦禹，只是派了一个丫环在阳坡等候禹。当禹经过阳坡时，那丫环便唱起了女娇作的歌："我等着那人呀，啊呀！"歌声表明了女娇的心迹，也给禹注入了生命的活力。

禹来到淮河。淮河河神无支祁兴风作浪，至使淮河泛滥，两岸百姓吃尽了苦头。为治理淮河，禹三次来到淮河源头桐柏山。他每次到那里，都遇上狂风呼啸、电闪雷鸣、飞沙走石，树木也被风吹得发出惊涛骇浪般的吼声，工程无法进行。大禹怒发冲冠，召集众神，命令他们同心协力治服淮河水神，囚禁了鸿蒙氏、章商氏等不敢上阵的神。

大禹在昆仑山北部斩杀了水怪相柳

这样，众神一起参战，终于围住了凶恶的水神无支祁。这无支祁人高马大，力大无穷，虽然围住了他，却不能将他缚住。禹先后叫童律、乌柚去，都没有制服无支祁。最后，派太阳神庚辰去才制服了他。无支祁被锁在淮阴的龟山脚下，淮河从此驯服，乖乖地流入大海。禹治无支祁的事迹，是禹治理淮河艰苦工程的神话式反映。

禹又在昆仑山北部遇上水怪相柳作祟。相柳为共工之臣，生着九个人头，一个蛇身。

相柳走到哪里，哪里就陷为水泊。禹斩杀相柳，相柳血涌如泉，又腥又臭，所流到的地方，都成为深渊，五谷不能生长，人也不能居住，禹往深渊填土，填了三次，三次都陷塌，深渊依然存在。群神来帮助禹治服深渊，在深渊填平之后垒起一座群神之台，以为镇妖。从此，这地方再也没有陷塌过。

禹已经 30 岁了，只顾得治水，尚未娶妻。这一年，他南行治水又经过涂山，想起涂山女的歌，禁不住起了与涂山女成亲的念头。当时天色将晚，禹说："我要娶妻子，一定有愿意嫁我的。"话刚说完，就有九尾白狐来拜访大禹。九尾白狐是瑞兽，它的出现是吉祥的兆头，表明禹与涂山女的婚姻是幸福美满的。禹于是娶了涂山女。娶妻四天，禹就出门治水去了。

禹一去就是 10 年，有三次路过家门，他都没有进去。禹前前后后治水 13 年，劈山开地，掘通九河三江，疏大川三百小河三千，让百川之水流入大海。

禹最大的功劳是治服黄河。黄河三门峡原是一个大湖，经常泛滥成灾。禹劈山泄水，让三门峡湖水经黄河而泄入大海。他用开山斧、划水剑来治水。挥动巨斧劈了三下，把山劈为三道门，分别叫"鬼门""神门""人门"，然后用划水剑将水划入河道。三门峡河道中流有一砥柱，传说是禹劈山治水留下的遗迹。禹劈去山的两边，河水从两边分流，绕山而过，山在水中，像石柱，所以叫砥柱。

禹劈开三门峡后，要从北岸人门岛过到南岸鬼门岛察看水情。当时，风急浪高，河水上涨。禹骑在马上，扬鞭打马飞天一跃，马跃起的时候，用力很猛，在北岸留下了两个后蹄印；前蹄落在南岸，在南岸留下了两个前蹄印。

禹在河南登封县嵩山南麓治水时，妻子涂山氏每天赶来送饭，为了开通轘辕山，排泄洪水，禹每天变成一头力大无比的熊开掘河道。为了避免妻子看见自己化为熊时的丑陋样子，他事先就对妻子说："你如想给我送饭，必须听见鼓声才能来。"不料禹撬石头时，

禹最大的功劳是治服黄河。传说禹在三门峡挥动巨斧将山劈为三道门，用剑将水划入河道

石头飞起来，落在鼓上，敲击鼓响，发出"咚"的一声。于是涂山女给她的丈夫送饭来了，见到禹正化作一头熊通水道，涂山氏想到自己的丈夫竟变成这样丑怪的模样，又羞又惭，转身就朝嵩山上跑去。禹急欲解释，连忙追赶上来。等禹赶到时，涂山氏即刻变成了石头。涂山氏早有身孕，禹就对她说："归还我的儿子。"石头便开启一道裂缝，启就生下来了。随后，裂缝又自动闭合。至今，嵩山上仍有启母石，人们曾在石旁立启母庙。

涂山氏变成了石头，启需要有人哺养。于是，涂山氏的妹妹涂山姚又主动嫁给了禹，代姐育婴。至今在涂山姚居住过的少室山下还有涂山姚庙。古书上也曾有过记载，《古今图书集成》中说："少姨庙在少室山下。杨炯的《碑铭》中称：'少姨庙者，故老相传，启母涂山氏之妹也。'"

启生下来以后，禹还是无暇回家。他说："我听到我儿启在呱呱地哭，但我不能去亲亲自己的儿子，我只能一心一意地去平土地，治洪水。"

禹带领人们疏通天下的河道，事事处处堪称表率。他不仅规划、指挥治水，还长年累月与人们一道劳作。由于工作过度劳累，他手上的指甲脱落了，腿上的毫毛磨尽了，两股流血，颜面黑瘦，嘴尖脖子细，呼吸上气不接下气。因积劳成疾，他的脚也跛了，走起路来左脚越不过右脚，右脚迈不过左脚，只能前腿拖着后腿一步步走，人们把这种步法称禹步。后来的巫师，奉禹为水神，作法时还模仿这种步法，以为神异。

禹召集四方群神在会稽山聚会，商议治水大计。有个叫防风氏的神，自恃治水有功，迟迟才到。禹为严明纲纪，毫不留情地将防风氏杀死。防风氏的尸体大得出奇，他的每节骨头都大到足够一辆车来装载。

禹劳力于天下而死，成为天下河流水域之尊神。人们立庙祭祀禹，祈求他带来风调雨顺，免除洪涝之灾，保佑五谷丰收、六畜兴旺，尤其是治水开河，必到禹庙祭祀。

李冰父子

李冰以兴修四川成都都江堰水利枢纽工程而千古闻名。据司马迁《史记》记载，秦代李冰任蜀郡守时，在今灌县地方凿山通水，将岷江一分为二，既消除了水灾，又兼有灌溉与航运之利。

这一工程，就是都江堰。都江堰灌溉了成都平原大片良田，使其成为天府之国。清代卢文弨《群书拾补》辑《风俗通逸文》中说：李冰治理岷江时，江中有水神为害，每年都要娶人间两名少女为妻，人们若不及时奉送两名少女，岷江水神就要发水灾。看来，这位岷江神与黄河河伯有同样的恶习。这一年，献女的日子又快到了，主持这一仪式的巫觋向新上任的郡守李冰说："拿出百万钱买两个民间女子吧。"李冰说："不必，我自有女子。"到了岷江神娶妇这一天，李冰将自己的两个女儿打扮起来，好像准备沉江的样子。李冰走进江神祠，来到神位前拿着两杯酒对江神说："江君大神，我今天敬你一杯酒，希望能见到尊容。"说罢，放一杯酒于神座上，举起另一杯酒一饮而尽。饮罢，一扬手扔掉空酒杯，表示滴酒不剩。但是放在神座前的那一杯酒却纹丝不动，没有半点消耗。李冰厉声吼道："江君瞧不起这杯酒，敬酒不吃吃罚酒，只好武力相拼了！"说罢，李冰拔出宝剑，忽然消失。过了很久，人们看见有两头苍牛在江边相斗。又过了一会儿，李冰现出真身回来，满头大汗，对他的部下说："我的对手力气太大了，你们应当帮帮我。我是面向南边的那头苍牛，腰间那块白色的东西是我的绶带，你们可以把它作为标记。"说罢，又变成苍牛与江神牛斗起来，李冰的属下对着面朝北的那头牛刺去，江神被杀死了。从此，岷江神娶妇的恶俗得以废除。蜀人十分仰慕李冰的果敢与胆气，凡是壮健的男子，都自称是李冰的儿子。

传说故事中李冰化为一头苍牛与江神牛相斗，最终与属下一起杀死了江神，消除了水患

李冰去世后，川人把他奉为神明，立庙祭祀他。1974年3月，在都江堰附近的外江里，出土了一尊东汉时的李冰石像，这说明汉代就已有李冰庙。至今，在岷江离堆上还有一座气宇轩昂的古代建筑伏龙观，据说是晋代为祭祀李冰而建造的。观内有庙宇三重，为清代末年重建，神位上供奉李冰石像。

人们祭祀李冰，也同时祭祀李冰的第二个儿子二郎神，并同视为修建都江堰的大功臣。在岷江东岸的玉垒山麓,有合祭李冰父子的二王庙。庙依山取势,从山脚盘旋而上,殿宇巍峨。相传二王庙建于南北朝时期,原来叫望帝庙,供奉上古蜀王望帝,后来改祀李冰父子,所以称作二王庙。庙的正殿有李冰塑像,他身穿秦代袍服,正襟危坐,手握图卷,好像正在思考工程的部署。后殿设有李冰儿子李二郎的塑像,李二郎手持铁锹,英姿勃发,好像正率领民众劈山开水。二郎与其七友斩蛟故事在民间仍有流传。秦灭蜀国,秦始皇命李冰赴蜀任郡守,二郎也跟父亲一道来蜀地。当时蜀地水灾连年,李冰治水,派二郎前往岷江上游查寻洪水祸源。二郎跋山涉水,从秋到冬,从冬到春,都没有找到水患根由之所在。

四川都江堰李冰父子雕像

一天,二郎进入山林继续查找,遇一猛虎,他张弓射箭,一箭射穿猛虎喉咙,猛虎倒地而死。二郎走到死虎跟前,拔出腰刀,正要割下虎头,忽听四周林子一阵响动,二郎以为又有猛虎出现,抬头一望,只见七位猎人从林子里走出。原来这七位猎人捕猎这只猛虎已经很久了,一直都没有得手,刚才他们正在林子里埋伏等候这只虎,见有人与虎在一起,所以围上来。二郎举起虎头给他们看,七人都惊叹不已,十分佩服二郎的勇敢,纷纷与二郎搭话,询问来历。当他们知道二郎为探水患根源而来深山时,都一致要求与二郎一同前往查找水患。二郎答应了他们的要求,与他们一同上路了。很快,二郎与七位猎人成了很好的朋友。这一天,二郎与七位猎人来到灌县城附近的一条小河边,听到河边一座茅屋内传来哭泣之声。他们前去打听,才知道是一位老妇人正为她的幼孙将被沉水祭孽龙而哀伤。二郎及七位猎人明白了,原来水患的祸根就是这条孽龙。弄清了洪水祸源,二郎便带着七位猎人返回,把情况告诉了父亲。李冰听了儿子的汇报,沉思片刻,便教给二郎等人擒龙之法,众人领计而行。李冰随后又派大队人马作为增援。到了沉童祭龙那一天,二郎持一把三尖两刃刀,与七位全副武装的猎人一起进入江神庙,埋伏在神座后面。神座上坐着那位老妇的孙子,也就是献给孽龙的祭品。不一会儿,狂风骤起,大雨飘洒，孽龙乘着风雨来到庙宇，正准备攫取祭物时，伏在神位后的二郎及七位猎人突然出现，一起刺杀孽龙。孽龙左右招架，终于抵挡不过，放弃祭物，窜出庙宇逃跑了。埋伏在四山上的众官兵一起敲锣打鼓，高声怒吼，四周一片楚歌。孽龙胆战心惊，只得慌忙溜入河水中。二郎与七友紧追不舍，也一起跳入水中。在水中，二郎与七友围杀孽龙，孽龙斗不过，又窜上岸；二郎与七友也上岸，孽龙只有喘息之力，已无招架之功，终于被抓住了。这时，二郎与七友也精疲力竭了，只好在王婆岩下作短暂的休息。他们把孽龙用绳子系着放在浅浅的河水里。谁知这看似浅而窄的小河，竟有龙洞直通崇庆州大河。孽龙乘二郎与七友小憩的机会，挣断绳子，钻进龙洞逃走了。二郎其实并没有放松警惕，他躺在河边一直捏着置入水中的三尖两刃刀，耳朵凑近刀柄监听水中龙的动静。忽然他惊声喊道："龙跑了！"七友忽地从地上站起来，与二郎急忙去寻找龙。终于，在新津县童子堰又将龙抓获。他们牵着龙往回走，走到刚才小憩的王婆岩，遇上前日在茅屋哭泣的那位老妇人。老妇人感激二郎救孙儿之恩，特赠送一副铁锁链来锁龙。二郎接过锁链，套在龙身上，并将龙锁系在伏龙观深潭中的石柱上。从此以后，岷江上下游就消除了水患。二郎治水有功，与其父李冰齐名千古，受人崇祀。

相传李冰的二儿子二郎与七位猎人朋友用铁锁链将孽龙锁在伏龙观深潭中的石柱上，从此消除了岷江水患

协助二郎擒孽龙根除患祸根源的七位猎人，也受到后人的祭祀，称为梅山七圣。《封神演义》上说梅山七圣原为七怪，即猿、猪、羊、牛、狗、蜈蚣、蛇，因助纣为虐，被杨戬、哪吒收取斩杀，后化为七怪。看来，七圣的出身并不好，只是后来改邪归正了。二王庙旧时设有七圣殿，塑七友像，形状诡异，百姓也称为"七怪"。至今，二王庙山门内小戏台横额尚有木刻线雕金人物图像，其中就有七友。横额图像大约为清朝初年绘制。图像主题是二郎率七友助李冰斗犀牛。图像右侧有象鼻怪兽，身披鳞甲，即为犀牛，旁边有一位留胡须的壮汉正徒手与犀牛相搏，即为李冰。从中至左，有八位武士，第四

位居中的武士，戴冠穿战袍，腰悬宝剑，倒持三尖两刃刀，即为二郎。其余七位均着战袍，前后有猎犬跟从，当为七猎人梅山七圣。

二王庙供奉治水功臣李冰父子，官府民间祭祀不断，祈求两神显灵免除岷江水患，实际上是把两神视作司职岷江的水神。清雍正五年（1727年），封李冰为敷泽兴济通佑王，封二郎为承德广惠显英王。二王庙又称崇德庙。宋时，二王祀仪最为隆重，每年要杀羊五万只祭祀二王神。二郎大概是青出于蓝而胜于蓝吧，随父李冰治水名扬天下，神迹广为传播。二郎被民间奉为水神后，其影响竟远远超出李冰，从南到北，二郎成了正义水神的代名词。人们不仅把李冰之子称作二郎神，还把历史上出现的其他人物也奉作二郎神，而二郎神已不仅属于蜀地河川，许多地方的河川也都有了二郎神，以作本地镇水之神。宋至明朝，人们把隋朝人赵昱奉为二郎神，称灌口二郎神，并在灌口建有庙宇。在远离灌口2000多里的苏州，竟也有赵昱二郎神庙。遇上水涝旱灾，人们都进庙烧香祈祷求助。患疮痛的人，在农历六月二十四赵昱生辰这一天进庙祈祀，能消除疮痛，据说颇为灵应。另外，宋徽宗时的一名得宠宦官，死后不知怎么也被称作了灌口二郎神。据说是因为他生前捉拿冒充二郎神的道士有功，所以被奉为二郎神。晋时名将邓遐死后也被尊奉为二郎神。襄阳城有二郎神庙。浙江杭州忠清里也有二郎神庙。这些人都被奉为二郎神，可能生前大都或多或少做过一些治水之事吧。治理水患的二郎神，已经成为正义水神之美称！

屈原

战国时期楚国的爱国大诗人屈原，因投汨罗江而死被奉为江神。《三教源流搜神大全》卷二中说："江渎，楚屈原大夫也。"《月令广义·岁令一》中说："江神即楚大夫屈原。"

屈原是中国历史上有名有姓的第一位大诗人，为战国时期楚国人，做过楚怀王的左徒、三闾大夫，博学多才，善擅辞令，颇有政治抱负和方略，后受上官大夫谗毁遭致流放。流放期间，楚国都郢为秦兵攻破，屈原深感国破家亡的悲痛，投汨罗江（长

古画中的屈原形象

江水系的湘江支流）而死，有《离骚》《九歌》等诗篇传世。屈原的诗作和人品一直得到人们推崇，明代被奉为江神。屈原投水而死，与他受巫鬼文化的影响崇拜水、信仰水神密切相关。屈原放逐之地，有着浓厚的崇巫尚卜风习，屈原耳濡目染，不能不受到熏陶与影响。朱熹所言极是："昔楚南郡之邑，沅、湘之间，其俗信鬼而好祀，其祀必使巫觋作乐歌舞以娱神。蛮荆陋俗，词既鄙俚，而其阴阳人鬼之间，又或不能无亵慢淫荒之杂。原既放逐，见而感之，故颇为更定其词，去其泰甚。"屈原为当地祭祀鬼神的歌谣所感动，便取材其间，创作了《九歌》等带有浓郁巫风色彩的诗歌。《九歌》中，对湘水水神湘夫人、云神云中君、黄河河伯等水崇拜的对象，作了浓墨重彩的渲染、绚丽多姿的描绘以及声情并茂的颂扬。如歌吟湘水水神二妃："帝子降兮北渚，目眇眇兮愁予。袅袅兮秋风，洞庭波兮木叶下。"其情其景迷离哀怨，凄惘动人：秋风袅袅，树叶飘落，洞庭湖闪着粼粼的波光，湘水二妃来到银白色的沙滩上散步，远远望去，就能看见二妃惆怅忧愁的泪光。这样的描写，倾注了作者的深情，表达了作者对水神女神的浪漫主义幻想。诗人最终选择水作为归宿，与他对水神的绚丽瑰奇的幻想多少有些关系吧。

屈原因投江被奉为水神，民间也就相应产生了带有神话色彩的屈原传说。

屈原作离骚的传说中讲道：屈原流放到沅、湘之后，定居汨罗江畔的玉笥山，在那里修建了简陋的芦棚房屋。一天夜晚，屈原在江边漫步，听着涛声吟咏新作《离骚》，吟到悲愤之处，江水停止了声息，月亮躲进了云层。忽然，芦棚后面发出阵阵哭声。屈原大吃一惊，走近一看，只见黑暗中一群蓬头垢面的男女聚成一团哭泣。屈原询问其故，才知道他们是一群屈死的冤魂。他们哭泣着说："刚才先生的诗文，道出了我们的肺腑之言，所以引起伤心恸哭。"说罢，群魂顿首拜揖作别。随即一阵狂风呼啸，飞沙走石。风过后，月朗星稀，树影婆娑，空无一人，屈原感叹不已，真可谓"笔落惊风雨，诗成

传说神鱼载负屈原尸体溯流而行。屈原倚坐鱼鳍，头戴云冠，身穿白袍，面貌如活人一样

泣鬼神"。至今，在玉笥山下，汨罗江畔还有一四角亭，名曰"骚亭"，亭中立青石碑，刻有《离骚》全文。

神鱼送屈原的传说中讲道：秦国将要攻陷郢都时，屈原不忍见故国沦亡，含恨怀抱大石，自沉汨罗。当地百姓知道了这件事，都来打捞他的尸体。然而，两天两夜，找遍了汨罗江水域，都没有着落。第三天早晨，打捞尸体的人们忽然看见有一条金色的大海鱼，跃出海面，载负着屈原的尸体，溯流而行。屈原倚坐鱼鳍，头戴云冠，身穿白色长袍，容貌如活人一样。百姓正准备迎接屈原上岸，神鱼潜入水中已经游出很远了。神鱼载尸经过湘江，入洞庭湖，湘君、湘夫人极力挽留也未能如愿，鱼精水怪来阻留也未成功。神鱼衔屈原尸体，横穿八百里洞庭湖，直入长江。屈原盘坐鱼口，凭吊残破之郢都，泪如泉涌。随后进入西陵峡，至空岭时，有暗礁"三珠"挡道。神鱼发怒摇鳍摆尾，浪碎石崩。于是，神鱼闯过恶滩。屈原故里秭归人听说神鱼送屈原还乡，都到江边来迎接。神鱼载屈原尸至秭归城东一个后起名叫"屈沱三漩"的地方，绕游三周，忽然腾空入云，与尸消逝在天空。升天之时，只留下屈原的衣冠于一鱼形山脊，后人因此在这里修建了屈原的衣冠冢，来纪念这位爱国诗人。

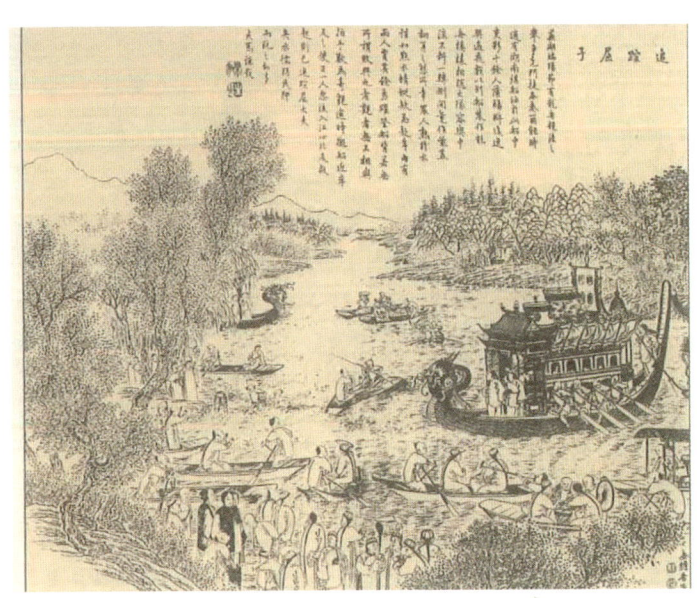

端午吃粽子、划龙舟还有着祭祀祈祷的意义，即祈求风调雨顺，岁熟年丰

在民间，对江神屈原的祭祀，可以说是最持久和最具群众性的。现在，南方各省每年端午节，仍流行划龙舟和吃粽子的习俗，以纪念屈原。

端午节的粽子，据说原本是五月五日投到江里祭祀屈原的，后来就演变成在这一天吃粽子的习俗。《艺文类聚》引《续齐谐记》中说："屈原五月五日投汨罗而死，楚人哀之。每至此日，以竹筒贮米，投水祭之。汉建武中，长沙欧回，白日忽见一人，自称三闾大夫，谓曰：'君当（常）见祭，甚善；但常所遗，苦蛟龙所窃。今若有惠，可以楝树叶塞其上，以五彩丝缚之，此二物蛟龙所惮也。'回依其言。世人作粽，并带五色丝及楝叶，皆汨罗之遗风也。"

龙舟竞渡也是端午节的重要活动，相传是为拯救投江的屈原而形成的习俗。南朝梁吴均《续齐谐记》中说："楚大夫屈原遭谗不用，是日（农历五月初五）投汨罗江死，楚人哀之，乃以舟楫拯救。端阳竞渡，乃遗俗也。"

划龙舟、吃粽子，还有更深层次的原因：即向水神祈雨求丰年。其实划龙舟与吃粽子，早在屈原之前就已存在，而且都与祈雨有关。关于两种活动先于屈原，闻一多先生在他的《端午节》里已作了很好的论证。当屈原死于水中而被视为水神后，两项活动又与纪念屈原相联系起来了。这里，只有祭祀对象的转换(从祀江神到祀屈原)，意义却仍是一致的，即祈求风调雨顺、岁熟年丰。水神祭祀对象的转换在中国还有很多例子，如江神，先祀奇相，后来又祀二郎，甚至把伍子胥也当作江神来祭祀。不管换了多少对象，祭祀的目的、意义都始终没有改变，从对其他江神的祭祀到对江神屈原的祭祀也是如此。只不过因为屈原的爱国主义精神及其不朽的诗作，掩盖了他被奉为水神的原有之意。端午吃粽子、划龙舟的祭祀祈祷意义往往也就为纪念的意义所掩盖了。

第十一章 兼职司水神灵

司雨水，是诸类水神的主要神职，但并非为水神所垄断。有不少其他类别的神灵，在具有各自基本神职的同时，也兼有司雨水神职。人们除了向水神祈雨外，还向这些兼司雨水的神灵祈雨。这种现象也应该属于水崇拜文化的范畴，因为向兼司雨水的神灵祈雨，与向水神祈雨，并无本质的区别，都反映了人们对一定对象司雨水功能的信仰，包含了水崇拜的基本观念。

兼司雨水的神灵，既有自然神，也有动物神，还有人物神。本章只讨论其中的山神、石神，因为山神与石神曾是较有影响的祈雨对象。

山神与司雨水

山，包容万物，神秘莫测，引人崇拜。《韩诗外传》中说："山者，万人之所瞻仰。草木生焉，万物殖焉，飞鸟集焉，走兽伏焉。"《礼记》中说："今夫山，一拳石之多及其广大，草木生之，禽兽居之，宝藏兴焉。"

古代山崇拜，内容十分复杂，不同的山，有不同的山神，不同的山神，又有不同的神职。但是在考察大量的山崇拜资料之后，却可以发现，不同的山神在具有各自主要神职的同时，大都共同兼有司水神职。古代天子祭天下名山，百姓祭本地山神，常常事关旱时祈雨、平时祈求风调雨顺。

● 山神司雨水

崇山峻岭，多有瀑布溪泉，山间又终年云雾缭绕，水汽弥漫。我国大多数河流都源于山区。《春秋说题辞》中说："山之为言宣也，含泽布气。"据此，古人便以为雨水积蓄于山间。河流消涨，天降雨水，都被认为是山神所为。因此，山神被认为具有司雨水的神性。《公羊传·僖公三十一年》中说："曷为祭泰山、河海？山川有能润于百里者，天子秩而祭之，触石而出，肤寸而合，不崇朝而遍雨乎天下者，唯泰山尔。"为什么天子要祭祀泰山呢？因为山神与河神、海神一样，具有致雨的功能。另外，云能致雨，古人认为山能致雨，还跟山能生云气有关。《春秋纬元命苞》中说："山者，气之包含，所含精藏云，故触石布山。"说云为山之精气所化，是视山为有生气之物。《韩诗外传》中说："山者……出云导风。"《礼记·祭法》中说："山林川谷丘陵，能出云，为风雨，见怪物，皆曰神。"山能出云，云能致风雨，山神显然是行云布雨的神灵。

《山海经·大荒南经》中说："大荒之山，有云雨山。"以云雨称山，突出了山与云雨的密切关系。神话传说中的不少山神都具有司雨水的神性，反映了山神司雨水的观念。巫山山神瑶姬神女"旦为朝云，暮为行雨，朝朝暮暮，阳台之下"。意思是说神女早晨变为云彩，飘浮在山谷之中，黄昏时分，行云又化作雨水，飘飘洒洒，年年岁岁的早晨与黄昏都是如此。这说明古人相信巫山神女为兴云布雨的山神。山神能兴云布雨，便成为人们祈雨的对象。广德祠所供山神张大帝，就是人们祈雨的对象。宋代吴曾的《能改斋漫录》卷十八中说："广德军祠山广德王……。历汉五代以至本朝，水旱灾沴,祷之无不应。"显然,古人认为张大帝山神具有司雨水神性。

古画中的山神图

● 祈雨仪式

在山神司雨观念支配下，产生了祭祀山神祈雨和向山神施行巫术祈雨的仪式。

祭祀山神，可以追溯至舜时。《书·舜典》中说："望于山川，遍于群神。"关于祭山祈雨的确凿记载，最早见于殷商甲骨文。

殷人以"燎"或"夋"的方法来祭山祈雨，显然是把山奉为降雨神灵。

周代，将祀五岳与四渎列为国家祀典。《史记·封禅书》引《周官》中说："天子祭天下名山大川，五岳视三公，四渎视诸侯，诸侯祭其疆内名山大川。"五岳，即东岳泰山、南岳衡山、西岳华山、北岳恒山、中岳嵩山。祀五岳与祀四渎一样，均与雨水有关。《重修纬书集成》卷三《礼含文嘉》中说得明白："天子祭天地宗庙六宗五岳，得其宜，则五谷丰，雷雨时至，四夷贡物。"天子亲自主持祭祀五岳的主要目的在于祈求风调雨顺、五谷丰登。

周以降，皇帝祀五岳的活动延续不断。唐宋两代，还为五岳加封进爵。历代皇帝举行声势浩大的祭五岳活动，包含着明显的政治意义——显示皇帝天尊的地位、统领国事的权威，也包含着祈求风调雨顺、国泰民安的意义。

对山神举行的巫术祈雨仪式大都为民间的活动，如烧山祈雨、搜山祈雨。

烧山祈雨，是属于胁迫一类的巫术。《搜神记》中说："樊东之口，有樊山。若天旱，以火烧山，即大雨。今往往有验。"《酉阳杂俎》中说："太原郡东有崖山，天旱，土人常烧此山以求雨。俗传崖山神娶河伯女，故河伯见火，必降雨救之。今山上多生水草。"以火烧山，是对山神的一种威胁，一种惩罚，其用意在于让山神感受旱时灼热之苦，不得不降雨。与烧山祈雨相类似的巫术是伐山林祈雨。《左传·昭公十六年》中说："九月，大雩，旱也。郑大旱，使屠击、祝款、竖柎，有事于桑山，斩其木。不雨。子产曰：'有

崇山峻岭，多有瀑布溪泉；我国大多数河流源于山区，因此古人便认为雨水积蓄于山间，山神掌握着雨水

事于山，艺山林；而斩其木，其罪大矣。'夺之官邑。"斩其木，也是惩罚山神，逼迫其降雨的方法。子产不赞成这种方法，而提出了一种相反的方法，即保护山林以祈雨。大概其时就并存两种截然相反的巫术。

搜山祈雨是以保护山神的利益、取悦山神使其降雨的巫术，流行于旧时四川羌族地区。遇大旱，羌族村寨便行此仪式。寨民先行搜山，禁止上山打猎、砍柴、挖药等，违者予以谴责甚至予以痛打。

以山神为对象的祭祀与巫术祈雨仪式，随着道教的兴起、佛教的传入渐成淡化趋势。道教的道观、佛教的寺庙，多建于名山大山，于是道观的神仙、佛寺的菩萨，渐渐代替山神成为人们进山祭拜祈雨的对象。供奉山神的烟火，只是在道教、佛教影响微弱的偏

僻地带，才保持旺盛延续。

● 山神形象与水神

山神司雨水的观念，反映在形象上，便是以蛇为山神形象。蛇是龙神的原型之一，也是人们普遍认同的司雨水的动物水神（前已详述）。以蛇为山神形象，与人们关于山神司雨水的观念相适应，同时，也与山脉蜿蜒起伏的状貌相符合。

用作山神象征的蛇，多数不是实际生活中存在的蛇，而是以蟒蛇为原型幻想而成的巨蛇。神话传说中的巨蛇，其巨大程度往往只有山脉可以作比。其实，这些巨蛇就是山的神灵化的产物、山神的象征，或者干脆可以说，就是人们信仰中的山神。

在神话传说中，有不少巨蛇山神。

昆仑巨蛇山神。《古小说钩沈》辑《玄中记》中说："昆仑西北有山，周回三万里，巨蛇绕之得三周。蛇为长九万里。蛇居此山，饮食沧海。"显然，所记绕昆仑山三周而长九万里的巨蛇只能是幻想中的巨蛇，也是幻想中的昆仑山山神。它是由层层环绕的昆仑山山体结合大蟒蛇的形象想象而来。昆仑山巨蛇既体现了昆仑山的特征，又体现了蛇的特征，因而是古代民众所创造的昆仑山山神。

巴蛇山神。《山海经·海内南经》中说："巴蛇食象，三岁而出其骨。"又《海内经》中说："有巴遂山，渑水出焉。又有朱卷之国，有黑蛇，青首，食象。"能够吞食大象，且三年才吐出象骨的巨蛇，也是现实生活中不可能存在的。所以屈原在《天问》中发出疑问："一蛇吞象，厥大何如？"巴蛇也只能是人们以蛇为原型，结合山的巨大形体想象而成的山神。另有两则巴蛇神话异文，则反映了山与巨蛇之间的互化关系，进一步证明巴蛇为山神。宋代范致明的《岳阳风土记》中说："巴陵，……今在鄂州蒲圻县界。……《江记》言：'羿屠巴蛇于洞庭，积其骨为陵。'《淮南子》曰：'斩蛇于洞庭。今巴蛇冢在州院厅侧，巍然而高，草木丛翳。……兼为巴蛇庙，在岳阳门内，太守欧颖废之。'"巴陵山为巴蛇之骨堆成，说明巴蛇为巴陵山神。另《山海经》又说洞

巴蛇

庭湖畔的巴陵山旁有象骨山，是巴蛇吞象吐出的骨头堆积而成："巴蛇吞象，暴其骨于此山湖旁，谓之象骨港。"巴蛇所吐象骨能堆积成山，表明巴蛇有造山本领，也正好说明巴蛇为山神。

钟山烛阴山神。《山海经·海外北经》说："钟山之神名烛阴，视为昼，瞑为夜，吹为冬，呼为夏。不饮，不食，不息。息为风。身长千里，在无启之东。其为物，人面蛇身赤色，居钟山下。"烛阴神人面蛇身，是半人半蛇的巨蛇山神。它身长千里，完全是连绵千里的群山山脉动物化的产物，符合山的特征。烛阴山神，身躯庞大，神通也广大，昼夜交替，四季更迭，刮风下雨，均由烛阴所为，这里把开天辟地的某些神迹归于烛阴山神，表明其神格几乎接近开天辟地的盘古。这可能与中国三分之二的土地为山脉有关。《古小说钩沈》辑《会中记》所记钟山山神则更进一步人神化了："北方有钟山焉，山上有石首如人首：左目为日，右目为月；开左目为昼，开右目为夜；开口为春夏，闭口为秋冬。"石首成为钟山山神的形象，完全失去了巨蛇的形象，由此也可见巨蛇山神向人物山神的转化。

烛阴

章尾山烛龙山神。《山海经·大荒北经》中说："西北海之外，赤水之北，有章尾山。有神，人面蛇身而赤，直目正乘。其瞑乃晦，其视乃明。不食，不寝，不息，风雨是谒，是烛九阴，是谓烛龙。"章尾山神烛龙能致风雨，反映了山神司雨水观念。烛龙即"烛阴"。《山海经·海外北经》中郭璞注：烛阴，"烛龙也，是烛九阴，因名云"。章尾山山神与钟山山神有着同样的形象，即烛阴（龙）巨蛇形象。可见，烛阴（龙）作为山神形象，具有某种普遍性。

蜀郡西山巨蟒山神。《太平御览》卷八八二引《郡国志》中说："蜀郡西山有大蟒蛇，吸人；上有祠，号曰西山神。每岁，土人庄严一女置祠旁，以为神妻，蛇辄吸。将不尔，即乱伤人。周氏平蜀，许国公宇文贵为益州总管，乃致书为神媒合婚姻。择日设乐，送玉女像以配西山神。自尔以后，无复此害。"此则记载反映了以大蟒蛇为西山神的观念及其祭祀情况。蟒蛇山神娶妇与河伯水神娶妇同出一辙，都是远古人祀的遗风与变化形式。许国公为了废除这种陋习，便用玉女像来代替活人献祭。所采用的是更早的以玉献祭山神的方法，只不过是将玉石雕成了女像而已。可以说是以无害或害处不大的传统仪式来代替取消了有害的传统仪式。

海上巨蛇山神。神话传说记有海上山神，说明古人所幻想的巨蛇神，不仅指内陆山神，而且包括海岛山神。《古今图书集成·禽虫典》卷一六二引《广异记》中说："近世有波斯，乘船泛海，漂入一大岛中，得诸宝甚多。随风挂帆而行，遥见峰上有赤物如蛇形，久之渐大。胡曰：'此山神惜宝来逐也。'舟人莫不战惧。俄见两山从海中出，高数百丈。胡喜曰：'此两山者，大蟹螯也。其蟹好与山神斗，神多不胜，甚惧之，今其螯出，无忧矣。'大蛇寻出，蟹盘斗良久，夹其头，死于水上，如连山，船人因是得济。"大蛇由山体变化而来，死后化为起伏连绵的山峦——连山，反映了古人以大蛇为山神的观念。

巨蛇山神是山与蛇叠合、幻化而成的产物，它既体现了山的外形特征，又反映了山神司雨水的观念，因而是有代表性的山神形象之一。

石神与司雨水

天下之石，形状千奇百怪，使人产生丰富的联想与幻想。石有多种用途：如取火、冶铁、雕刻、造房等。石的大家族中又包括奇珍异宝：如钻石、宝石、玉石、化石等。这一切都使人对石产生崇拜，奉石为神。石神崇拜观念错综复杂，其中有两种基本的观念影响较大，一是石神司雨水；二是石神主生育。两种观念又有着内在的联系。

- 石神司雨水

石神司雨水观念见诸于神话传说，也反映在祈雨仪式中。《王子年拾遗记》中说："员峤之山，东有云石，或广五百步，或四十、五十、或十数步，驳骆如锦，扣之则片片，蓊然云出，俄而遍润天下。西有星池，周千里，水色随四时变化，神虫有神龟出烂石之上，此石常浮于水边，方数百里，其色多红，质虚，烧之有烟，香闻数百里。烟气升天，则成香云，遍润天下，则成香雨。"云石、灿石生云气而遍降甘霖，反映了石神司雨水的观念。

云石、灿石生云气、石穴出泉等现象使古人认为石为司雨水神灵

山泉从石穴中涌出，是常见的自然景观。古人不知石泉水何以源源不绝，只能从神秘的幻想中寻求答案，以为冥冥之中有石神的主宰，石神积蓄着取之不尽、用之不竭的雨水。《华阳国志》中说："有王者，尝上大石上，命作羹，从者曰：'无水。'王乃以剑击石，出水。今王水是也，破石存焉。"石破而水出，且源源不绝，可见此石实为司水神灵。

石是古人祈雨的对象。向石神祈雨的仪式也反映了石神司雨水的观念。《晋书》中说："陈总为殿中侍御史，遣诣终南山请雨。总先除小石祠，惟存大石一所而祈之，祈文曰：'峨峨大石，佐岳通理，含滋吐润，惠我四海。'"这是以大石为祈雨对象。更多的祈雨石则形似某些动物或酷似人形。以这样的石头为祈雨对象，便于人们赋予无生命的石头以生命，是石神崇拜进一步神灵化、人格化的产物。《寰宇记》中说："桂州兴安县有卧石一枚，其形似人，而举体青黄隐起，谓之石人。可以祈雨。小举则雨小，大举则雨大。"奉人形石为司雨水石神，所以向其祈雨。同上书又说："贵州有洞池，周十余丈，下有石牛。时出池间，岁旱民杀牛祈雨。以血和泥涂牛即雨，尽即晴，以为恒。"牛形石，为司雨水石神的表象，向其祈雨，用的是巫术仪式。

石神司雨水观念的产生，有多方面的因素。石神崇拜与山神崇拜有着密切的联系。石多出自山川，许多山体本身就是由石构成。所以石往往被视作山的象征，被奉为山神。《礼记》中说："今夫山，一拳石之多。"《释名》中说："山体曰石。石，硌也。"《春秋说题辞》中说："周易，艮为山，为小石。阴中之阳，阳中之阴。阴精辅阳，故山含石，石之为言托也。"又说："山有水石精流，以生木。"《尔雅》中说："土高有石为山。"古人认识到石与山的密切关系，所以以石代替山，人们向山神祈雨，往往祭祀祈求山石。在长期的祭山石祈雨的活动中，山石渐渐脱离与山的关系，而成为人们信仰中的独立的司雨水的石神。

由此可见，石神司雨水观念与山神司雨水观念有着渊源关系。

又石神司雨水观念的产生跟雷神司雨水观念有关。古人视石为雷神。有些石头，形似鼓，击之能发出如雷的鸣响；再加上山石山脉崩塌，轰鸣如雷，所以古人将雷与石联系起来。古人称形似鼓的石头为石鼓。石鼓被古人视为天鼓，也即雷神。《汉书》中说："成帝鸿嘉三年五月乙亥，天水冀南山，石鼓鸣，声隆隆如雷。"王隐的《晋书》中说："惠帝永康元年襄阳郡上言，得鸣石鼓，声闻七八里。"刘敬叔的《异苑》中说："晋武帝时，吴郡临平岸崩出一石鼓，击之无声。以问张华。华曰：'可取蜀中桐材刻作鱼形，扣之，则鸣。'于是如言，声闻数十里。"《山川纪异》中说："武安县南有鼓山，上有二石如鼓，南北相当，世传鼓鸣则有兵起。"鼓最初在古人的意识中就象征雷神。古人幻想雷鸣为雷神鼓腹而发出的声音。雷神的腹即为鼓。《山海经·大荒东经》中郭璞注："雷兽即雷神也，人面龙身，鼓其腹，则雷。"雷神彻底人神化后，鼓便从雷神的形象中分离出来，转而成为雷神的法器。由于鼓与雷神有着密切联系，古人便将石鼓与雷神联系起来，视石鼓为雷神。《皇极经世书》说："石为雷。雷者，石气之所化。"石为雷神，自然便具有了司雨水神职。可见，石神司雨水观念的产生，还与古人视石（主要是形似鼓的石）为雷神有关。

- 石神主生殖

奉石神为生殖之神，起因有多种，如有些石头、石峰、石穴酷似男女生殖器官；有些石头形似鸟卵，鸟卵也是人们视为具有生殖力的神物等。但其中最主要的原因，却是由于石神具有兴云布雨的神性。我们知道，云雨，在中国与性交、生殖有着隐秘的联系。云雨是性交的隐喻与代名词，性交又与生殖互为因果。所以兴云布雨之神，又是生殖之神，如鱼神、蛙神、龙神、虹神、云神、巫山女神等既司雨水，又主生育。由此可见，石神主生殖之职是与司水神职紧密相关的，均属于水崇拜范畴。

我国有不少的石生人、石化人、人化石的神话传说，都反映了石神主生育的观念。启出生神话，是著名的石生子神话。清代马辅的《绎史》卷12引《随巢子》中说："禹娶涂山，治鸿水，通轘山，化为熊。涂山氏见之，惭而去。至嵩高山下，化为石。禹曰：'归我子！'石破北方而生启。"神话蕴含着石为生育神的观念。史籍又记有启母石的传说，启母石，即生出启的巨石。《汉书·武帝记》中说："（元封元年）春正，行幸缑氏。诏曰：'朕用事华山，至于中岳，获驳鹿见夏后启母石。'"清代景日昣的《说嵩》卷四中说：

神话传说中，禹的妻子涂山氏化为了石头，而禹的儿子启就是从这石中生出

"太室南麓张相公庵稍东，为启母石，当崖之下。"又说："《名胜志》所载，怀远县古涂山有禹会村，石坂下，巨石危立，俨然妪立，人呼启母石。居人每刲血以祭，至以粉黛妆饰石首。"启母石不止一处，并不奇怪。因为启母石的传说，只不过是把神话反映的石生子观念与地方风物相联系的产物，随便哪一块巨石，都可以成为联系的对象。然而启母石传说，却以地方风物为见证，证明了人们对石神生育功能的崇拜。

在石生子观念支配下，又产生了不少人化石的传说。

《太平寰宇记》卷八十三中说："石新妇，在（巴西县）剑阁上。《蜀记》云：'昔有人远征，妻送至此，大泣，不忍归，因化为石。'至今郡人祠之。"

《古小说钩沈》辑《幽明录》中说："武昌阳新县北山上有望夫石，状若人立。相传昔有贞妇，其夫从役，远赴国难，其妇携弱子饯送此山，立望夫而化为石，因以为名焉。"

《太平御览》卷四十六引《宣城图经》中说："望夫山。昔人往楚，累岁不还。其妻登此山望夫，乃化为石。其山临江，周回五十里。高一百丈。"

南朝宋王韶之的《始兴记》中说："中宿县有贞女峡。峡西岸水际，有石如人形，状似女子，是曰贞女。父老相传，秦世有女数人，取螺于此，遇风雨昼昏，而一女化为此石，今石人形高七尺。状此女人。"

《述异记》卷下中说："儋耳郡明山有二石，如人形。云昔有兄弟二人，向海捕鱼，固化为石，号曰兄弟石。"

《汉唐地理书钞》辑《顾野王舆地志》中说："南陵县有女观山。俗传云，昔有妇人，夫官于蜀，屡愆秋期，忧思感伤，登此盼望，因化为石，如人之形，所牵狗亦为石。今狗形犹存。"

中国有各种女子无夫而感孕生子的神话传说。《太平御览》便讲述了一位女子洗衣时与洗衣石接触而感孕，后生二龙的故事

这些人化石传说，时代不同，地域有别，事由各异，但都与古老的石生人神话相通。按神话的说法，石能生人，石与人便有了生命的联系，因此，反过来，人也可以化为石。人化石传说蕴含着对石的生命信仰，而这种生命信仰是由石生人神话所包含的生育信仰演化而来的。

中国有各种女子无夫而感孕生子的神话传说。在神话传说中，被视为生殖神或生育神的自然物，往往可以与女子发生感孕而使女子生子。女子感石而孕生子神话，便是其中一类。这类神话也反映了人们对石神主生殖神性的信仰。《太平御览》卷五十二引《郡国志》中说："梁州女郎山。张鲁女浣衣石上，女便怀孕。鲁谓邪淫，乃放之。后生二龙。及女死，将殡，柩车忽腾跃升此山，遂葬焉。其水旁浣衣石犹在，谓之女郎山。"这是女子洗衣时与洗衣石接触而感孕。此处的洗衣石为生殖神。《后汉书》中说："高琳母尝被禊泗滨，见一石，光彩朗润，遂持以归。是夜梦一人，谓之曰：'此浮磬之精，若能宝持，必令生子。'俄而有妊，及生子，因名琳，字季珉。"这是持石而孕，所持之石为生殖神。

石神主生育观念在现实生活中的表现形式是奉某些石头为乞子石，久婚不孕的妇女向这些石头举行乞子仪式以乞子。高禖石，是立于高禖祠中供祭祀乞子用的石头。《通典》卷五十五中说:"汉武帝得太子,始为立高禖之祠。高禖者,人之先也,故立石为主,祀以太牢也。"不少朝代都立有高禖石。魏时的高禖石饰以青龙。《通典》中说:"魏禖坛有石,青龙中造。许慎云:'山阴人以石为主。'"晋时高禖石破为二段。《太平御览》卷五二九引晋代束晳的《高禖坛石议》中说:"(晋惠帝)元康六年,高禖坛上石破为二段。"据干宝《搜神记》卷七记载,此为雷劈所致:"元康七年,霹雳破城南高禖石。高禖,宫中求子祠也。"南朝宋高禖石,史籍记有其传承情况。《隋书·礼仪志二》中说:"梁太庙北门内道西有石,文如竹叶,小屋覆之,宋元嘉中修庙所得。陆澄以为孝武时郊禖之石,然则江左亦有此礼矣。"宋代仍承袭晋隋礼仪,祭祀高禖石。马端临《文献通考》卷八十五中说:"宋仁宗景佑四年,御史张奎请亲祀高禖,下议院定筑坛南郊。春分之日祀青帝,本《诗》克禋以祓之义,配以伏羲、帝喾,以禖神从祀,报古为禋之先。石为主,依东汉晋隋之旧。"高禖石是高禖祠中坛上所设之石,多为朝廷祭祀乞子对象。民间乞子石则多处自然状况。《渊鉴类函》卷二十六引《郡国志》中说:"乞子石在马湖南岸,东石腹中出一小石,西石腹中怀一小石,故僰人乞子于此,有验。"选择与母腹类似的山石为乞子石,表明石神生殖崇拜已融入母腹生殖崇拜的因素。

向石乞子的习俗至近现代仍残存于一些地区和民族。云南峨山彝族认为山石主宰生育,每年农历第一个属牛日都要祭祀石神并乞子。贵州三都水族地区,不育或生怪胎的妇女,都要去敬岩石,以求得生育或求得婴孩平安成长。白族历史上崇拜巨石,至今仍残存巨石崇拜遗俗。在剑川县石宝山石窟的莲座上,供着一个形似女性生殖器的石头。每年石宝山会期间,久婚不育的妇女都要远道而来,焚香拜祭,祈求子嗣。南诏遗址太和村有一块巨石,人称女儿石,也是人们祈求生育的对象。由此可见,白族石神生殖崇拜已经融入了男女性器官生殖崇拜的因素。事实上,石神生殖崇拜与男女性器官生殖崇拜的融合,是一种普遍的现象,这种融合是十分自然的。最初,人们崇信石神主宰生育,是因为石神司云雨。由云雨与性、生殖的相通,引出了石神主生育的观念。后来,当人们渐知男女性器官在生育中的作用时,便开始从生殖器官的作用方面来理解山石的生育作用,一些酷似女阴的石凹、石洞、山沟,类同男根的石柱、石峰便渐渐成为特定的乞子对象，而其他形状的山石则渐渐排除于乞子范围。云南永宁左所区的摩梭人把泸沽湖西部的一坑凹崖视为女性生殖器，用于乞子；乌角区摩梭人把喇孜岩穴内的钟乳石凹视为女性生殖器，向其乞子；木里县俄亚纳西族把阿布山岩穴的石凹坑视为女性生殖器，用作乞子；白族曾把丽江县象山脚下曾有过的一座圆锥形大石头视为男根，当地妇女曾向此石乞子。在这些带有复合生殖崇拜观念的向石乞子活动中，由于其对象仍为石，石神生殖观念仍占一定地位。

石神主生育神性主要导源于石神司雨水神性，是云雨与性、生殖沟通的产物，属水崇拜范畴，故论述如上。

第十二章 水崇拜的仪式

中国水崇拜的仪式，见诸史籍、流行于民间的多为祈雨仪式，少有止雨仪式。这是因为止雨仪式仅仅用于洪涝发生之时，而祈雨仪式不仅仅用于旱灾之际，而且频频用于四时农祀祈雨，具有常用性。祈雨活动的频繁举行，与农业社会的人们经常忧虑农作物能否及时获得充沛适量的雨水有关。祈雨仪式，按表现形式划分，可分为巫术祈雨仪式、祭祀祈雨仪式两大类。在历史演进过程中，两类仪式又往往相互渗透、相互融汇。在具体的祈雨活动中，经常出现两类仪式并存，或以一类仪式为主、另一类仪式为辅的现象。

巫术祈雨仪式

巫术祈雨包括两方面的含义：其一，模拟祈求对象（主要指水神）的形象与行为动作（主要指降雨行为）以求得降雨；其二，模拟祈求对象并给予象征性的惩罚以求得降雨。

根据巫术行为动作所凭借的对象或方式的不同，巫术祈雨仪式大致可以划分为如下几种。

● 以龙祈雨

龙是最有影响的司雨水神，以龙祈雨便成为最为悠久、最为普遍的仪式。模拟龙的形象行为祈求降雨，或者模拟龙的形象施以压力要挟降雨，是以龙祈雨的基本方法。

以龙祈雨，由于方式的不同，又可以分为如下几种：

造土龙祈雨。《淮南子》中说："用土垒为龙，使二童舞之入山，如此数日，天降甘霖也。"造土龙祈雨发端于殷商时代。裘锡圭先生认为："'作龙'卜辞与焚人求雨卜辞同见于一版，卜辞中并明言作龙的目的在为凡间求雨，可知所谓'龙'就是求雨的土龙。造土龙祈雨术在汉代大为盛行。汉代造土龙祈雨，还融汇了多种方法。汉人对造龙祈雨的道理也做出了解释。东汉桓谭的《新论》中说："刘歆致雨，具作土龙，吹律，及诸方术无不备设。谭问：'求雨所以为土龙何也？'曰：'龙见者，辄有风雨兴起，以迎送之，故缘其象类而为之。'"以仿造的龙形来模拟龙的出现而祈雨，正是一种模拟巫术。造土龙祈雨的方法一直延续到宋代。《文献通考·郊社十》中说："内出李邕求雨法，以甲乙日择东方地作坛，取土造青龙。长吏斋三日，诣龙所，汲流水，设香案、茗果、糍饵，率群官乡老日再至祝酹，不得用音乐、巫觋以致婬。渎雨足，送龙水中。余四方衔如之，饰以方色，大凡日干及建坛取土之里数、器之大小、龙之脩广，皆取五行生成数焉。"看来，宋代基本保留了充满阴阳五行色彩的汉代土龙祈雨方法。

蜥蜴祈雨。这是以蜥蜴作为龙的替代物来祈雨的巫术。蜥蜴之所以能够替代龙，是因为古人视蜥蜴之类的爬行动物为龙的同类。《太平广记》卷四七七《蛇医》引唐代段成式的《酉阳杂俎》中说："王彦威镇汴之二年，夏旱。时表王傅李珏过汴，因宴。王以旱为虑，李醉曰：'欲雨甚易耳。可求蛇医四头，十石瓮二；每瓮实以水，浮二蛇医，覆以木盖，密泥之；分置于闹处，瓮前设席烧香，选小儿十岁以下十余，令执小青竹，昼夜更击其瓮，不得少辍。'"蛇医，即蜥蜴。《方言》卷八中说："守宫……南楚谓之蛇医，或谓之蝾螈。"让小儿轮流不停地击瓮，使瓮中蜥蜴不得安宁，不得不降雨，这是一种要挟巫术。《全唐诗》卷八七四《歌》所记蜥蜴祈雨法，还配有咒语性质的歌谣。《蜥蜴求雨歌》序："唐时求雨法，以土实巨瓮，作木蜥蜴；小童操青竹，衣青衣以舞，歌云云。"其歌为："蜥蜴蜥蜴，兴云吐雾。雨若滂沱，放汝归去。"蜥蜴祈雨法是造土龙祈雨法的变种。

画龙祈雨。画龙祈雨也是造土龙祈雨的变形形式。郑处海的《明室杂录》中说："唐

古时，让儿童轮流不停地击瓮，使瓮中蜥蜴不得安宁，不得不降雨，是一种祈雨巫术

开元中,关辅大旱,京师阙雨尤甚。亟命大臣遍祷于山泽间而无感应。上于龙池新创一殿,因召少府监冯绍正,令四壁各画一龙。绍正乃先于西壁画素龙,奇状蜿蜒,如欲振跃。绘事未半,若风雨随笔而生。上及从官于壁下观之,鳞甲皆湿。设色未终,有白气若帘庑间出,入于池中,波涌涛汹,雷电随起。侍御数百人皆见。白龙自波际乘云气而上,俄顷阴雨四布,风雨暴作。不终日,而甘露遍于畿内。"所记画龙致雨,不可能是客观事实,只能理解为巧合加虚构的产物,却反映了唐代存在画龙祈雨的习俗。宋代也用画龙祈雨。宋代张彦远的《历代名画记》记载了宋人用三国时期画师曹不兴所画龙图祈雨的故事:"吴赤乌中,不兴之青溪见赤龙出水上,写献孙皓,皓送秘府。至宋朝,陆探微见画叹其妙,因取不兴龙置水上,应时蓄水成雾,累日滂霈。"画龙祈雨至清代仍有遗存。《帝京景物略》中说:"凡岁时不雨,贴龙王神马于门,磁瓶插柳枝挂门之旁,小儿塑泥龙,张红旗,击鼓金,……群歌曰:'青龙头,白龙尾,小孩求雨天欢喜。麦子麦子焦黄,起动起动龙王,大下小下,初一下到十八,摩诃萨。'初雨,小儿群喜而歌曰:'风来了,雨来了,禾场背了谷来了。'"

舞龙祈雨。舞龙祈雨至少在汉代已盛行。董仲舒的《春秋繁露》中说:"春旱求雨,……暴巫聚尢八日,……于邑东门之外,为四通之坛,方八尺。……以甲乙日为大苍龙一,长八丈,居中央;为小龙七,各长四丈,于东方,皆东向,其间相去八尺。小童八人,皆斋三日,服青衣而舞之;田啬夫亦斋三日,服青衣而立之。""夏求雨,……以丙丁日为大赤龙一,长七丈,居中央;又为小龙六,各长三丈五尺,于南方,皆南向,其间相去七尺。壮者七人皆斋三日,服赤衣而舞之;司空啬夫亦斋三日,服赤衣而立之。""季夏祷山陵以助之。……以戊己日为大黄龙一,长五丈,居中央;又为小龙四,各长二丈五尺,于南方,皆南向,其间相去五尺。丈夫五人皆斋三日,服黄衣而

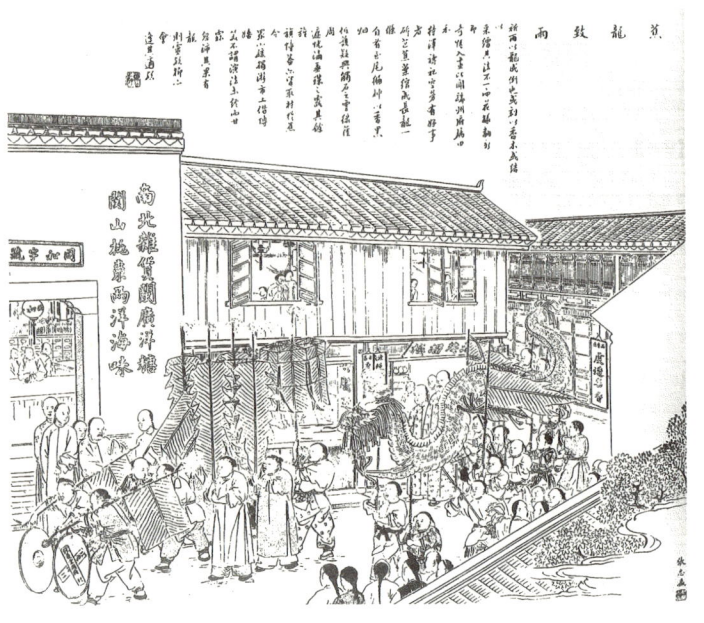

清末祈雨民俗画中展现了舞龙祈雨的场景

舞之。""秋暴巫尪至九日，……以庚辛日为大白龙一，长九丈，居中央；为小龙八，各长四丈五尺，于西方，皆西向，其间相去九尺。鳏者九人皆斋三日，服白衣而舞之；司马亦斋三日，衣白衣而立之。""冬舞龙六日，祷于名川以助之。……以壬癸日为大黑龙一，长六丈，居中央；又为小龙五，各长三丈，于北方，皆北向，其间相去六尺。老者六人皆斋三日，衣黑衣而舞之；尉亦斋三日，服黑衣而立之。"

汉以降，舞龙逐渐由祈雨性质向娱乐性活动方面演化。至宋代，出现了娱乐性的舞草龙活动。南宋吴自牧的《梦粱录》中说："以草缚成龙，用青幕遮草上，密置灯烛万盏，望之蜿蜒，如双龙飞走之状。"龙身内置有灯烛，通体透亮，因此，舞龙又可称为舞龙灯。舞龙灯多在春节期间举行，虽然为娱乐性的活动，但仍包含了人们在新的一年，对风调雨顺、五谷丰收的祈求。

以龙祈雨的巫术仪式，发展到晚近，还出现了晒龙王、游龙王等要挟巫术仪式。一些地方遇天旱，人们便把龙王像放在阳光下曝晒，俗信认为龙王受不了烈日曝晒之苦，便会降雨。颇有上古暴巫祈雨韵味。曝晒龙王之后，还要抬着龙王游街。游街之时，既有隆重的护送礼仪，又有群众震耳欲聋的祈雨口号。大概是让龙王倾听一下群众的呼声，不犯众怒，早日降雨。

- 以蛙祈雨

《春秋繁露》记载有这种祈雨巫术："旱时取五蛤蟆置方池中，进酒，脯祝天，再拜请雨。"西汉焦赣的《易林·太过》中也说："蛤蟆群坐，从天请雨，应时辄下，得其愿所。深二尺，置水蛤蟆焉。"以蛙祈雨习俗直到晚近仍存在于壮族等南方少数民族中，前已详述，从略。

- 以石祈雨

把石与雨水联系起来并用作祈雨的工具，可能出于两个方面的原因：其一，古人崇山，有山兴云致雨的观念。石往往为山体的一部分，表现为山岩、山洞中的钟乳石等，因此被奉为山之神灵，并被赋予致雨功能。其二，石子又多存在于河流溪泉之中，古人由此将石与雨水联系起来。贵州水族的借霞即是以石祈雨的活动。将像人形的石头称作霞神，霞神有降雨功能。水族每隔几年举行隆重的仪式，浇淋霞石，最后秘密收藏霞石，唯恐被外地人偷去。据说举行浇淋霞石后便能保证风调雨顺。借霞属于接触巫术：以水或酒浇淋霞石便会引起霞石降雨。

在一些游牧民族中，往往取走兽腹中之石（称牛黄、马宝）祈雨。杨璃的《山居新语》中说："蒙古人有能祈雨者，辄以石子数枚，浸于水盆中玩弄，口念咒语，多获应验。石子名'酬答'，乃走兽腹中之石，大者如鸡子，小者不一，但得牛马者为贵，恐亦是牛黄、狗宝之类。""酬答"为蒙古语音译名称，为走兽腹中之石，蒙古人用以祈雨。"酬答"又有人译为"楂达"。方观承的《从军杂记》中也记载了这种巫术："蒙古、西域祈雨以楂达石浸水中，咒之，辄验。楂达生驼羊腹中，圆者如卵，扁者如虎胫，在肾似鹦鹉嘴者良，色有黄白。驼羊有此则渐羸瘁，生剖得者尤灵。"《回疆风土记》中则介绍了回族的同类巫术。先介绍选石："剳答，坚如石，青、黄、赤、白、绿、黑色不一，大小亦不齐，生于牛马腹中，亦有生蜥蜴尾根及野猪头，腹中者尤良。"然后介绍祈雨方法："惟取净水一盆，浸石子数枚而已，其大者如鹅卵，小者不等，然后默持密咒，将石子淘漉玩弄，如此良久，辄有雨。"

● 性巫术祈雨

性巫术祈雨仪式以男女交媾行为或象征性的男女交媾行为为祈雨的表现形式，原本由原始"野合"婚遗俗转化而来，由于与在中国影响较大的阴、阳宇宙观相契合，便得以长期传承、流变，直到晚近仍显其流风余韵。

男女交合与降雨本来毫不相干，古人何以将两者联系起来呢？这要从古人对雨水生成的认识说起。从古人祈雨遍求诸神的现象来看，古人关于雨水生成的认识是多元复杂的。仅就性巫术所蕴含的雨水生成观念来看，古人显然是从人类自身的繁衍活动来推想出了雨水的生成。人的生殖繁衍，离不开男女的交媾，这是古人凭直觉都能认识到的生命现象。古人在很大程度上受原始的"万物有灵"观念的支配，往往视天、地万物为自己的同类，与自身有着同样的生命、灵魂与行为。由此，他们以为，天、地万物的形成、繁衍、生成，同人类一样，也要经由类似男女交媾的行为，而其中雨水的生成，就是关涉雨水的神灵两性交媾的结果。

具体到某类神灵的交合降雨，古人最初的观念又多是复杂模糊的，而其中比较清晰而又影响较大的观念，是天地交合而形成雨水的观念。

"雨者，天地之施也。"(《渊鉴类函》卷七引《河图帝通纪》)

"天地合而后万物兴焉。"(《礼记·郊特牲》)

"天地絪缊，万物化醇，男女构精，万物化生。"(《易·系辞下》)

"天地不合，万物不生。"(《礼记·哀公问》)

"天地之气和即雨。"(《大戴礼》)

"是月也，天气下降，地气上腾，天地和同，草木繁动。"(《吕氏春秋·孟春纪》)

古人认为，天与地交合，才能化生万物，也才能产生雨水

天与地交合，才能化生万物，也才能产生雨水。天地交合的形式，是地气上升，天气下降，天气与地气在空中合二为一。这是古人根据地上的水汽上升与天上的水汽汇合成云气，云气变化成雨水的现象所得出的认识。那么，为什么地气与天气的汇合会被看成是天地的交合行为呢？这与古人关于天、地的生成与质地的认识有关。原来，古人认为天与地都是由气构成，不过是构成两者的气各有所不同罢了。构成天的气为清气，构成地的气为浊气。《广雅》中说："太初，气之始也，清浊未分。太始，形之始也，清者为精，浊者为形。……轻清者为天。"天地分别为相应的气构成。所以，天气与地气实际上分别代表着天、地的精魂，两者的汇合，即是天与地的交合。

在有关天与地交合的观念中，天被当作男性的一方，地被当作女性的一方。对此，古人也有明确的说明：

"乾为天，为圆，为君，为父；……坤为地，为母。"(《易·说卦》)

"以天为父，以地为母。"(《管子·五行》)

所以俗称天为"天公"、地为"地母"。古人把天与地划分成男与女、公与母，正是出于天、地与人类男、女有着同样交合行为的观念。这样，古人从男女交合的角度来认识雨水的产生，便形成了天为公、地为母，天公地母交合而化生雨水的一套比较完整的观念。性巫术祈雨仪式便是建立在这套观念基础之上的。

既然雨水在古人的观念中为天地交合的产物，那么，当人们需要雨水的时候，只要促成天地交合便可求得降雨。性巫术祈雨仪式便是用来促成天地交合的方式。这是一种交感巫术。在交感巫术中，相同的事物可以相互影响、相互作用。在天地面前实施男女交媾，可以对天地产生影响，诱发其交合，从而产生雨水。每当春季来临，农作物需要雨水的季节或久旱成灾之际，古人往往施行性巫术祈求雨水。

春季节日的男女狂欢野合，是含有祈求春雨时降的具有性巫术性质的活动。《周礼·地官·媒氏》中说："仲春之月，令会男女，于是时也，奔者不禁，若无故不用令者罚之，司男女之无夫家者而会之。"无故不施行野合的男女，之所以受罚，是因为事关感应天地交合降雨，确保风调雨顺。上古三月三上巳节也有野合习俗，《诗经·郑风·溱洧》描绘了这种习俗：仲春时节，男女相约赴会在溱水、洧水边，调笑戏谑，互赠芍药，极尽狂欢。该诗反映的郑国习俗，又见诸典籍记载。《韩诗外传》中说："三月桃花水之时，郑国之俗，三月上巳于溱洧两水之上执兰招魂续魄，拂除不祥。"

《初学记》卷五引《五经通义》中说："郑国有溱洧之水，男女聚会讴歌相感。"郑国在溱洧之滨举行的上巳节活动，除祓禊之外，尚有男女欢狂野合。有关春季节日野合的记载还可以举出一些。

《后汉书·鲜卑传》中说："以季春月大会，饶乐水上，饮宴毕，然后配合。"田雯的《苗俗记》中说："花苗每岁孟春合男女于野，谓之'跳月'。预择平壤为月场。及期，男女皆更服饰妆，男编竹为芦笙，吹之而前。女振令继其后以为节，并肩跳舞，回翔婉转，转日不倦。暮刚挟所私归，谑浪笑歌，比晓乃散。"《峒溪纤志》中说："溪峒男女相歌于正月朔，三月三，八月十五，而三月谓'浪花歌'，尤无禁忌。"

野合活动，多在春季举行，绝非偶然。春天是万物勃发、农作物生长急需雨水的季节。所谓"好雨知时节，当春乃发生"，"春雨如膏"，"春雨贵如油"等，都强调了春季雨水对农作物的重要作用。在春季举行野合，正是为了感应春雨时降。这也就是《周礼·夏官·牧师》规定"仲春通淫"的原因所在。

野合本是原始社会群婚制的残余形式，到了封建礼制时代之所以未完全禁绝，与其具有巫术祈雨作用有关。从现有的材料来看，野合也不仅限于春季，春季以外的野合也具有祈雨的巫术性质。《墨子·明鬼下》中说："燕之有祖，当齐之社稷，宋之有桑林、楚之有云梦也，此男女之所属而观也。""祖""社稷""桑林""云梦"分别是所属国家的宗教性场所，也是实施男女交合巫术以祈雨的地方。其中的桑林野合其实不仅限于宋国，在其他国家也流行，大概是春秋战国时代影响较大的一种野合巫术仪式。《汉书·地理志下》中说："卫地有桑间濮上之阻，男女亦亟聚会，声色生焉，故俗称郑卫之音。"颜师古注："阻者，言其隐阨，得肆淫僻之情也。""桑间"，即桑林里面，是男女通淫之所在。《诗经·鄘风·桑中》也反映了卫地这样的习俗："云谁之思？美孟姜矣。期我乎桑中，要我乎上宫。"桑中，即桑林之中，是该诗所反映的男女约会的地方，当然也是男女恣情纵欲之所。

汉画像砖男女野合图

《楚辞·天问》中说："禹之力献功，降省下土四方，焉得彼涂山女而通之于台桑？"台桑之"台"为社坛，台桑即为社坛旁的桑林。把社坛建于桑林附近，与便于举行男女交合巫术仪式有关。文中的"通"，即"通婚"，也即男女交媾。王逸注《天问》解释得非常明确："言禹治水，道娶涂山氏之女，而通夫妇之道于台桑之地。"禹与涂山女的结合实际上是桑林中的野合。《史记·孔子世家》有关于孔子父母野合而生孔子的记载："纥与颜氏女野合而生孔子。"《正义》引干宝《三日纪》则透露出了野合的地点："徵在生孔子空桑之地。"空桑，即桑林中的空地。据此，孔子父母的野合也在桑林中。桑林野合，蔚然成风，必有其宗教性的意义。桑林原是古人祈雨的地方。《吕氏春秋·顺民》中说："天大旱，五年不收，汤乃以身祷于桑林。"为什么祈雨要在桑林中举行呢？高诱注说得很明白："桑林，桑山之林，能兴云作雨也。"在古人的观念中，桑林是天地交合而兴云雨的地方，所以要到桑林祈雨。祈雨在桑林，野合也在桑林，两者之间必有联系。其实，桑林野合是桑林祈雨仪式的有机组成部分。《诗经·鄘风·定之方中》叙述卫文公复国后，到桑林中占卜，得到好雨，于是下令官员重返桑林，纵情声色。"降观于桑，卜云其吉，终然允臧。灵雨既零，命彼倌人，星言夙驾，说于桑田。匪直也人，秉心塞渊，骍牝三千。"以桑林纵乐的方式祝贺桑林祈雨成功，也可见桑林野合与祈雨的密切联系。桑林野合是为祈雨，桑林祈雨伴随着野合。

秦汉以降，人们的生活方式基本被纳入儒教正统礼仪的轨道，性巫术祈雨仪式必然随之而发生变化，野合的形式逐渐消失（只是在一些边远地区仍有遗存），取而代之的则是夫妻之间的"家合"。董仲舒的《春秋繁露》中说："四时皆以庚子之日，令吏民夫妇皆偶处。"《路史·余论》引董仲舒《祈雨法》中说："令吏妻各往视其夫，到起雨而止。""家合"祈雨由于符合儒教礼仪规范，所以能为当时社会所容，且能得到官方的提倡。风俗随历史时代的变迁而变化，由此也可见一斑。

在中国，具有司雨水神职的神灵不计其数，然而，其中的大多数都不具备天神、地神这样成双成对的形态，无法配成对偶神。对这些神灵，人们无法实施男女交合感应降雨仪式。因此，便衍生出了另一类性巫术祈雨仪式，即人神交合巫术仪式。当然，人神交合只能是象征性的，而其中，尤以女性与神的象征性交合仪式最多，这是由于中国司雨水神灵多为男性的缘故。《春秋繁露》中说："凡求雨，大体丈夫藏匿，女子欲和而乐。"女子"欲和而乐"，即女子与神实行象征性地交合。

典籍中载有不少女子感物生子神话，已有学者指出这类神话是祈子仪式的反映，其实，这也是祈雨仪式的反映。因为祈子与祈雨常常是相通的，在古人的观念中，子是交合的产物，雨也是交合的产物。更何况，在这类神话中，女子所感之物大都是司雨水的神灵，女子与这些神灵的感交（模拟的性交合）必然包含着祈雨的意义。

献祭是常用的祈雨仪式。献祭用牛、马、羊、猪等牲畜，是从口腹方面取悦神灵以使其施雨。而献祭用女子则已无法从口腹的角度去理解，只能从性事方面去寻求答案了。事实上，历史上流传的山神、河神娶妇的传说已经透露出了这方面的消息。因此，可以认定，以女子作为献祭的祈雨活动，属于性巫术祈雨仪式的一种形式。人们为神灵献上女子，其目的是实行神灵与女子的交合而生成雨水。焚女巫是典型的女子献祭仪式。焚是献物给神灵的一种手段，至今仍沿用不绝，人们总是相信所焚之物能为冥冥中的神灵所接收。焚女巫则包含着所焚女巫能为天上神灵接收的观念。按性巫术祈雨原理，天上神灵接收了女巫，便能与之媾合而降雨。甲骨文中也有焚女巫祈雨的记载。

焚女巫祈雨包含了女巫与神灵交合的幻想。"暴女巫"是与"焚女巫"相类似的仪式。这种仪式通过女巫于烈日下曝晒致死而达到献祭目的。《山海经·海外西经》中说："女丑之尸，生而十日炙杀之，在丈夫北，以右手障其面，十日居上，女丑居山之上。"十日并出是大旱的象征，名叫女丑的女巫是为求雨而曝晒致死的。死后的状态是以手遮面，再现了女巫生时不堪曝晒的情景。《礼记·檀弓下》中说："岁旱，穆公召县子而问然……'然则吾欲暴巫而奚若？'曰：'天则不雨，而望之愚妇人，于以求之，毋乃已疏乎？'"此则记载也可以作为"暴女巫"祈雨仪式的佐证。"暴女巫"也是通向人神交合而施雨的途径。

女子与神灵交合巫术祈雨仪式至晚近则演变成了女子祈雨仪式。季羡林说，元明之际有处女祈雨习俗。旧时的漳州曾有过处女烧木屐祈雨的习俗。天旱，求雨无法，处女便私下把自己脚上穿的木屐放在露天地烧掉以祈雨。

这种祈雨仪式，仍潜含了女子与天神交合的观念。木屐在此代替处女。焚烧木屐，青烟升天，象征着女子与天神的交合，只不过这种象征意义已为人所遗忘罢了。

以女性祈雨的仪式，曾在世界范围存在。英国人类学家查·索·博尔尼博士在她的《民俗学手册》中举了一系列的例子：

"劳莱牧师描述了向麦潘培求雨的仪式：'由一位妇女主持，她是首领的姐妹（即王

以女子作为献祭的祈雨活动，属于性巫术祈雨仪式的一种

室的公主)。'……跳舞结束后,'取来一大罐水,放在首领面前,首先由她的姐妹洗自己的手、臂和脸,然后由另一妇女把水倒在她身上,所有的妇女手里拿着葫芦冲上前去,把葫芦放进水罐盛水,高声喊叫,用狂野的手势把水抛向天空。'"

"根据伽布特先生所述,在更远的南方,生长中的农作物受到干旱威胁时,由姑娘们出外召雨,她们几乎全部裸体,身上涂着一条条灰泥,状如斑马,沿着田埂敲鼓唱歌,从一个村庄到另一个村庄,在到达这一带的主要村庄,或返回自己的村子时,头人给她们谷子,让她们酿啤酒。她们有一支歌曲大意如下:噢,开始下雨了,让它下得很大,连续不停。让雨下吧,我们高兴!"

"……但妇女在求雨仪式中所起的突出作用引起人们的注意。甚至在印度也如此,那里的妇女平时从不犁地,在干旱季节,妇女们脱去衣服,夜间在田里拉犁。甚至社会上层的婆罗门妇女也不顾身份来参加这个仪式。"

国外的这些仪式,虽然不能说与我国的女性祈雨仪式有着完全相同的巫术意义,但从两者惊人相似的表现形式中,却也可以断定其以性的作用祈雨的意义与我国的同类仪式有着共同之处。

● 以雨状祈雨

这是指以模拟降雨现象和降雨时的相关状况来祈雨的巫术。最常用的手段是泼水和戴雨具。人们相信,再现了降雨的情景,就会诱发神灵降雨。这种巫术的反向用法是下雨不戴雨具以祈晴。这种巫术在现代人身上仍留有残迹。如阴天出门,人们盼望天不下雨,就不带雨具。不带雨具表现了对于天晴的祈求,是巫术性祈祷的残迹。

在台湾阿美人那里,遇上天旱,便要求雨。"巴卡龙哎"(部落中的青年组织)中的小伙子,摘来香蕉叶或棕榈叶做成伞。并举着这种伞,成群结队来到河边、溪旁或海岸,来回走一圈,然后下水互相浇水,边浇边呼叫老天快下雨。浇水过后,大家就手拉手唱歌跳舞,向"天神"祈雨:

咿哦咿哦嗬呀嗬哎,哈嗨!
咿哦咿哦嗬呀嗬哎,哈嗨!

> 下雨罗，下雨罗！
>
> 今天赶快下雨罗！

　　头顶芭蕉伞或棕榈伞，大家边跳边唱回到部落，最后，用芭蕉伞或棕榈伞用力摔打吆喝："嘿嘿，下雨呀！嘿嘿，下雨呀！"如果真遇上下雨，大家便会激动万分，欢歌狂舞，淋着雨闹上一个通宵。从阿美人的祈雨活动中可见，他们祈雨的方式主要是模拟降雨状况，属模拟巫术祈雨之类。

　　山东金乡县旧时还有一种更为有趣的模拟雨状的祈雨法，称寡妇扫坑。祈雨的主要人物有一个无儿无女的寡妇，一个满脸麻子的人（男女均可），次要人物还有七个寡妇（也可以由独生闺女担任）和村里众乡亲。祈雨在火坑边举行。先是众乡亲举行祭祀，全体背南面北，烧香磕头，然后举行巫术仪式。麻子头顶泡墨酱用的瓷缸，或头顶用柳条编的箔篮。群众中出一人持瓢舀水，往麻子脸上泼水，边泼边歌："不用哭，不用愁，大雨下得满地流。"麻子头顶瓷缸或箔篮，接受泼来的水，是模拟下雨时的情景。水泼到麻子脸上，则是希望水能像麻子一样形成密密集集的雨点。泼水时，那位无儿无女的寡妇则在一旁嚎啕大哭："不哭爹，不哭娘，单哭老天下一场；不哭男，不哭女，单哭老天下场雨。"这是用泪水模拟雨水，其中又含有以泪水打动老天，引起老天的怜悯而下雨的意思。无儿无女的寡妇，孤苦伶仃，容易引起老天的怜悯，同时这样的人易动感情，容易流泪，所以被选来祈雨。接下来，是七个寡妇持帚往火坑里扫土，要转3圈、扫3遍才告结束。扫坑为的是遮住坑里的火。遮火象征着遮太阳，因为在人们的感觉中，发出灼热光芒的太阳是火一类的东西。遮住了太阳，乌云密布，当然就能下雨了。这也是一种模拟雨状的巫术。

《山海经》中描述的旱魃（左侧无发矮人）

- 浇旱魃

　　浇旱魃，也称打旱魃、浇旱婆，是旧时流行于我国北方的一种祈雨巫术。旱魃为带来旱灾之神,其说渊源甚远。《诗经·大雅·云汉》中说:"旱魃为虐,如惔如焚。"神话中说旱魃为天帝的女儿。《山海经·大荒北经》中说:"大荒之中,有山名曰不句,海水北入焉。有系昆之山者,有共工之台,射者不敢北向。有人衣青衣,名曰黄帝女魃。蚩尤作兵伐黄帝,黄帝乃令应龙攻之冀州之野。应龙畜水,蚩尤请风伯雨师,纵大风雨。黄帝乃下天女曰魃,雨止,遂杀蚩尤。魃不得复上,所居不雨。叔均言之帝,后置之赤水之北。叔均乃为田祖。魃时亡之。所欲逐之者,令曰:'神北行。'先除水道,决通沟渎。""魃",一作"妭"。郭璞注:"音如旱妭之魃。"郝懿行说:"《玉篇》引《文字指归》曰:'女妭,秃无发,所居之处,天不雨也;同魃。'"可知,旱魃是古人创造的秃头女神,为天帝之女,能为旱。她居留的地方,总是发生旱灾;或者说,一遇旱灾,人们便以为是女魃作怪,便要驱赶她。上引神话还表现了上古驱旱魃的巫术仪式。举行仪式时,人们念咒语"神北行",意即要旱魃回到黄帝为她限定的赤水以北的地方。由此也可知,由于北方经常发生旱灾,上古人以为旱神来自北方。当时,人们还以开挖河道、疏通水渠来驱赶旱魃。由于旱魃观念的存在,上古人引水抗旱的活动也就具有了巫术意义。开河挖渠引水,意味着以水驱赶旱魃。水与旱是相反相对的,以水来驱旱魃,正是以相反相对的力量来制服对方的巫术方法。开河引水驱旱魃,到晚近又演变成以水浇旱魃的形式。

浇旱魃又有多种方法。《天津杨柳青小志》中记载了清末民初天津遇旱浇旱魃的盛况:一大群游行祈雨的人,以彩纹身,扮成鱼、虾、龟、蚌等水物状,头戴杨柳编成的帽圈,一手持柳枝,一手持水钵,边走边以柳枝醮钵中的水向空中抛洒。队伍末尾有两人扮旱魃,扮旱魃者头颈系着锁链,被人牵着游街。旱魃后面是由八人抬着的绿色绵帷大轿,轿中坐着红脸关老爷,轿前有鼓乐引道。关老爷也是民间信仰中的司水神灵,这里有借关老爷的力量驱除旱魃的意思。旧时还有

清末民初天津浇旱魃的场景

两种以寻找旱魃为先导的浇旱魃习俗。一种是抬庙神游乡，借庙神慧眼寻找旱魃。找到产妇即认为找到旱魃。俗信认为旱魃附于产妇身上。游行的人群便用水浇产妇的头发，以此来驱赶旱魃。另外一种习俗是抬庙神至坟地。如果抬神的绳子断了，便认为找到了旱魃，就近指定一坟，往坟内灌水；甚至挖坟暴尸责打，俗信认为旱魃藏在坟中尸体内。这种习俗可能源于南北朝时焚僵尸习俗。南北朝时民间认为旱魃为僵尸所变，必须予以焚烧，才能免去旱灾。

历史上还有一些制服旱魃的巫术习俗，不过不是用水浇，而是用其他的办法，可以看作浇旱魃的讹变形式。西汉东方朔《神异经》中的《南荒经》中说："南方有人长二三尺，袒身，而目在顶上，走行如风，名曰魃，所见之国大旱，赤地千里。一名格子，善行市朝众中。遇之者，投诸厕中乃死，旱灾消。"这则传说反映了投旱魃于厕的巫术行为。不过，传说中所说的怪物不可能存在于现实生活中，人们用什么来代替旱魃举行巫术仪式，则无法知道。宋代周密的《癸辛杂识》也记载了一则传说，反映了一种制服旱魃的巫术仪式。 金朝宣宗贞祐元年（1213年）洛阳大旱，登封西边的吉成村有旱魃为虐。当地的父老说："旱魃至，必有火光，即魃也。"年轻人在黄昏之后纷纷登高眺望，果然看到火光进入某农家，便赶去以木棍击打，火焰居然发出骆驼的嘶鸣声。这则传说，虽然虚构的成分很浓，但从中也可看到，当时存在以木棍击火（可能是农家火塘中的火）驱赶旱魃的巫术仪式。

旱灾为害，庄稼枯死，颗粒无收，自然引起以农为本的人们的切齿痛恨，种种驱赶制服旱魃的巫术也由此而产生。

● 擂马子

旧时流行于中原一带的祈雨巫术。"马子"，是人们信仰中有祈雨神通的神灵。"马子"附于人身，如果被认定附于某人身上，某人便成为祈雨的巫觋。要"马子"现出正身显灵，需用锣鼓擂打。所以这种巫术活动称作擂马子。清代李绿园的《歧路灯》第四十七回中说："是上年天旱，槐树庄擂了一个马子，说是猴爷，祈了一场清风细雨。如今施金神药，普救万人。"《乾隆新蔡县志》中也说："天旱聚，乡人鸣金击鼓，辇致神像，附其人名曰'捉马'。"

● 柳枝祈雨

　　杨柳枝之所以被用来祈雨，与古人对杨柳树的信仰有关。杨柳树性习水，多生长在水边，且枝条细长柔软，每当风雨到来，便随风飘舞。飘扬的柳枝如斜织的雨线，古人由此而奉杨柳树为雨水神，以为风雨的兴起与它有关。王孝廉先生说："水边的柳又被当作司雨的雨神。《广雅疏证》说，雨师的名字叫做柽（柳），段玉裁说：'一名雨师，罗愿云叶细如丝，天将雨，柽先起气迎之，故曰雨师。'……后世有瓶中插柳以求甘霖的祈雨仪式。"古代有用杨柳枝驱邪的习俗，也可见杨柳是人们心目中的神物，而且与杨柳水神信仰有关。《释化要览》卷下中说："北人风俗，每至重午等毒节日，皆以盆盛水，内插柳枝，置之门前以辟恶。"《齐明要术》中说："正月旦，取柳枝著户上，百鬼不入家。"段成式的《酉阳杂俎》又记有唐代戴柳圈驱邪的习俗。每逢三月三，皇帝都发给每个侍臣一个柳圈，让他们戴在头上驱邪。民间也有此俗。谚语说："清明不戴柳，红颜成皓首。"又说："清明不戴柳，来世变黄狗。"中国巫术，有用水驱邪的传统。杨柳的驱邪功能，可能源于古人对杨柳与水的密切关系的认识。事实上，上述节日插柳于门户上的习俗最初与雨水有关。至晚近，在有些地方留存的比较古朴的插柳于户上习俗还能说明这一点。《清嘉录》卷三"插杨柳"条说："清明日，满街叫

节日插柳于门户上的习俗最初与雨水有关

卖杨柳，人家买之插于门上。农人以插柳日晴雨占水旱，若雨，主水。谚云：'檐前插柳青，农夫体望晴。'"插柳门户的习俗，最初的意义在占水旱。这种习俗，含有农事经验的成分。杨柳是插枝繁殖植物，极易成活。门户上的折柳返青，说明空气中的湿度大，所以雨水多；折柳枯死，则说明空气干燥，无雨水。因此，以杨柳占水旱，必然多有灵验，杨柳被奉为雨水神，可能与此有关。杨柳的驱邪功能则与水神有关。

　　近世种种以柳枝祈雨的习俗，都是以杨柳雨水神信仰观念为内在意蕴的。辽宁省方

志《凤城县志》（民国十年石印本）中说："天旱，乡人多集龙神庙前，以祈甘雨。不烟、不酒、不撑伞、不戴笠，概以柳圈罩头，剪纸为旗各执一，上书'沛然下雨'等字，悉面庙跪香。如三日不雨，便各处告求，舁龙神牌以行，张旗鸣鼓，放纸炮，人皆跣足从之，多至数百。路遇井泉、庙宇，皆焚香叩拜，有捧水瓶者，以柳枝蘸洒之，众口同呼雨降，乃起乃行。如过乡村，门外各以筒贮水散泼人群，衣湿不怒，俗例然也。"

《义县志》（民国二十年铅印本）中说："大旱之年，时有求雨之举。聚众庙前，向龙王焚香跪祷，头上皆戴一柳枝之圈而跣足，并手执纸旗，上书降雨之词，复舁神牌到处游行，人皆跣足从之，不数武，辄跪呼曰：求雨了，号佛了。遇井泉、庙宇，辄焚香拜祷。是时，家家门首设龙神牌位。如降雨，则宰牲或演剧及影戏以酬神。"

吉林省方志《海龙县志》（1937年铅印本）中说："雨水为禾苗之命脉，是以久旱之岁必设坛祈雨，以期甘霖之沛降，而冀禾苗之来苏也。祈雨时，先于城镇或乡村相地设坛三日，供桌上虔奉四海龙王，延僧道诵经，大意为向天祈祷。主其事者，斋戒沐浴，袒肩跣足，头衔柳圈，以柳条编成之，并跪香跪锁，虔诚祈祷。各界人士亦来参加，惟不许戴笠。民户门旁均供有四海龙王木主一座，并插柳于门，张帜于斗，设供焚香，并备水缸一口，满贮清水，中插柳枝。断绝屠宰，禁食酒肉，每日肩舆龙王木主游行街中，僧道导前，乡民随后，主事长官则扶轿而行，迨至井泉、庙宇、溪泽、渡口，辄长跪祈祷。甘霖既降，或演剧，或演影（皮影），以答天麻。"

《望奎县志》（民国八年铅印本）中说："乡人每当天旱，则必祈雨。或三五村会集，家各一人手持柳条，头戴柳条圈，不茹荤，不饮酒，先诣龙王祠，请出龙王牌位置于行亭中，谓之'龙驾'。数人轮流舁之，皆赤足巡行郊野、街市，遇庙必焚香叩拜，虔诚祈祷。家家门前供龙王牌位，旁置缸一口，内注清水，插以柳枝，祈让神灵获得精神上的享乐。人们以为，神灵从人间获取了物质利益或精神上的享乐之后，便会反过来满足人们的愿望而普降甘霖。这是人世间的利益交换原则、酬答关系在宗教信仰中的体现。

第十三章 水崇拜与古代政治

古代中国自始至终是一个农业大国。社会政治的稳定与否，在很大程度上取决于农业的丰歉，所谓农业为立国之本即为此意。而农业收成的丰歉，在生产力水平低下的古代中国，几乎完全取决于天气的好坏、雨水的充沛适量与否。由此，雨水通过农业生产这个中介，便与政治发生了密切的联系。滥觞于原始农耕时代的水崇拜，便一直在中国社会发展、蔓延，对于各种司水神灵以及种种左右雨水的神秘力量的信仰、祈求，不仅在民间盛行昌炽，而且直接进入朝廷、官府，渗入中国的政治。

祭祀祈雨（止雨）是重要的政事活动

中国历朝都把祭祀各种司水神灵列为重要的政事活动。天旱祭祀祈雨，水涝祭祀祈晴，平时定期祭祀则祈求风调雨顺。这些活动，不仅有各级官吏的参与，而且有最高统治者的主持与倡导。一些朝代还把对某些司水神灵的祭祀列为国家祀典，设专职管理，并且还一再为这些神灵加封晋爵。

殷商时代，祭祀之风极盛。《礼记·表记》中说："殷人尊神，率民以事神，先鬼而后礼。"殷王朝为求雨而普遍祭祀诸种自然神灵。

天、地、风、雨、云、山、河等自然神都是殷王朝祈雨的对象。在殷人祭祀祈雨活动中，最引人注目的是商汤祈雨。《吕氏春秋·顺民》中说："天大旱，五年不收，汤乃以身祷于桑林。"当大旱连年不解、粮食颗粒无收时，最高统治者所能做的只是以身祷于桑林，以祈求天上神灵降雨作为寻求政治出路的唯一办法。

周朝，祭祀活动渐趋正规化、制度化，国家明确规定了上自天子、下至诸侯的不同的祭祀祈雨对象。《史记·封禅书》引《周官》中说："天子祭天下名山大川，五岳视三公，四渎视诸侯，诸侯祭其疆内名山大川。四渎者，江、河、淮、济也。"以当时社会政治制度下严格的等级划分，来规定不同等级的祭祀对象，可见祭祀祈雨活动已纳入政治制度的框架。周朝还设有等级不同的巫官掌管各级各类雩祀。《周礼》中说："司巫掌群巫之政令，若国大旱，则帅巫而舞雩。""女巫掌岁时祓除、衅浴。旱暵则舞雩。""雩"是古代祭祀祈雨的一种仪式，《说文解字》中说："雩，夏祭乐于赤帝，以祈甘雨也。"

秦朝，宫廷仍以名山大川为主要祭祀对象。《封禅书》说："自崤（崤山）以东，……；大川祠二，……水曰济、曰淮。""自华以西……名川四……水曰河，祠临晋；沔（汉水），祠汉中；湫渊，祠朝那；江水，祠蜀。"秦朝所祭名川，主要有黄河、长江、汉水、济水、淮水、湫水等，各条名川都有朝廷官府设立的祠庙供祭祀水神之用。另外，《封禅书》中还说："灞、产、长水、沣、涝、泾、渭皆非大川，以近咸阳，尽得比山川祠，而无诸加。"秦朝还大兴土木，广建祭祀风伯、雨师诸司水神灵的庙宇。《汉书·郊祀志上》说秦时"拥有二十八宿，风伯、雨师之属，百有余庙"。规定如此庞大的祭祀群神，设置如此众多的祭祀场所，表明秦时水祀活动的繁重。

南阳汉画像石风雨图展现了汉代祭祀祈雨的场景

汉朝，雩祀成为官方祭祀祈雨的主要仪式，并被纳入国家的礼仪制度，国家对雩祀规模大小都有明确规定。大雩为国家祀典。《文献通考》中说："穆帝末，和时仪，制雩坛于国南郊之旁，依郊坛近远祈上帝百辟，旱则祈雨大雩社稷山林川泽，舞僮八佾，凡六十四人，皆元（玄）服，持羽翳而歌云汉诗。"祭祀场面庞大，参加者达64人，有歌有舞，所述正是由国家举行的大雩。除大雩外，又有各级地方官吏举行的级别依次不等的雩祀。两汉之际，佛教传入中国，带来了佛教中的龙王。中国本有崇龙传统，而龙王兴云致雨的功能与中国本土的龙神有着惊人的一致性，所以两者很快在内容与形式上融为一体。龙王崇拜不仅为普通百姓所认同，而且为统治阶层所推崇，祀龙祈雨之风渐盛。东汉桓谭的《新论》也记有汉人造龙祈雨仪式："刘歆致雨，具作土龙，吹律，及诸方术无不备设。"汉代的祀龙仪式，汇集了前代多种巫术祈雨仪式，所谓"诸方术无不备设"，又与当时流行的雩祀相融合，吸收其舞、乐形式，而且渗入阴阳五行观念，在不同的时令节气有不同的仪式，因而十分繁杂、隆重。汉以降，龙成为官方祭祀祈雨的主要对象，凡有河流、湖泊、井泉之所，莫不建有龙祠、龙坛。

宋代龙图

唐朝，官方雩祀的主要对象为龙。据《文献通考·郊社考》记载，唐玄宗在开元二年(714年)，降诏祠龙池，又降诏修建祭坛与祠堂，每年仲春都要行祀龙大礼。在崇龙祈雨风气的影响下，佛教、道教均以各自的方式向龙祈雨。朝廷祭龙祈雨，既用道士，也用僧人。《册府元龟》中说："贞元十五年三月，以久旱，令李巘、郑三逸于炭谷秦岭祈雨。四月以久旱，令阴阳术士陈混常、吕广顺及摩尼师祈雨。"为召龙祈雨，塑龙、绘龙也成为官方的祈雨方式。五代唐庄宗同光三年(925年)四月，"令河南府于府门造五方龙，集巫祷祭徙市。五月壬子勅：'时雨尚未沾足。宜令河南府徙市闭坊门，依法画龙，置水祈请'"。在官府大门口雕塑龙像，门上绘龙，足见向龙祈雨已成为随政而行的活动。

宋朝，朝廷广建五龙祠，每年春秋两季由官方组织大规模的祭龙活动。届时，地方最高长官要率全体官吏及长老参加祭祀。《宋会要辑稿·礼四之一九》中说："京城东春明坊五龙祠，太祖建隆三年自元武门徙于此。国朝缘唐祭五龙之制，春秋常行其祀。"祭五龙祠，都用大礼，为朝中诏令政事。祭五龙祠祈雨灵应，五龙还要受到朝廷嘉奖。传说熙宁十年(1077年)八月信州的五龙祠特别灵验，凡求雨，祷则灵，所以宋徽宗大观二年(1108年)十月，下诏天下："五龙神皆封王爵。青龙神封广仁王，赤龙神封嘉泽王，黄龙神封孚应王，白龙神封义济王，黑龙神封灵泽王。"由是，宋徽宗开帝王封龙神为王的先河，从此，龙神不仅具有巫、道、佛等宗教的色彩，而且具有政治色彩了。

到清朝，雩祀仍行不止。清朝雩祀在以龙神为主祀对象的同时，还广祭天帝、风、雷、雨、云、五岳、四海及其他名山大川诸神。清朝皇帝经常亲临雩坛祈雨。乾隆二十四年（1759年），乾隆皇帝举行过一次大雩，"减膳虔斋，不设卤簿，不陈乐，不乘辇，乘骑出宫，诣坛斋宿，次日，御雨冠素服，步祷于坛"。嘉庆二十二年（1817年）五月，嘉庆帝撰祝文天神坛祈祷，同时派仪亲王祭地祇坛，成亲王祭太岁坛。有清一代，雩祀活动十分频繁。仅康熙一朝，就可略见一斑。据康熙皇帝本人说："京师初夏，每少雨泽，朕临御五十七年，约有五十年祈雨。"祭祀祈雨几乎成了为政者的第一要事。

祭祀祈雨（止雨）是水崇拜的外在表现形式，它是建立在对司水神灵虔诚信仰基础上的宗教性活动。中国各朝各代从政为官者，以祭祀祈雨（止雨）为治农之策、安邦之道，无疑是虚妄荒唐、徒劳无益的。尽管中国历史上不乏以兴修水利、治河灌溉来解决农业旱涝问题的皇帝、官吏，但在整个封建迷信笼罩的中国，毕竟是凤毛麟角，代代沿用的仍是祭祀与祈求。上至皇帝、下至官吏，都把风调雨顺、农业丰收的希望，寄托于人类自己手造的神灵上，这是中国古代封建政治体制的悲哀！

编造水神神话为神权政治服务

借用神灵的权威进行统治是神权政治的特点之一。然而，要真正发挥神权政治的作用，所借助的神灵必须有着广泛的民众信仰基础。中国是一个多神崇拜的国家，在众多的神灵中，与生活在农业社会的广大百姓利害攸关的则是司水神灵。司水神灵在中国始终受到最普遍、最热烈的崇拜。因此，中国的统治者用来维护神权政治的神灵必然多为司水神灵。从某种意义上说，农业中国的神权政治是渗透着水崇拜观念的神权政治。这主要表现在为帝王编造司水神灵后裔子嗣的神话，便于帝王以神的使者或代言人身份发布政令、行使权力。这种编造有时出自帝王的授意，有时则出自维护帝王统治的史家的自觉行为。

山东嘉祥县武氏祠左右室第五五下格图据分析与《史记·高祖本纪》中的刘媪感龙而孕的记述较为符合

（引自《人民日报海外版》2006-09-二第07版）

汉高祖刘邦没有显赫的家世，为了树立自己的权威，便借助于神灵，编造其母刘媪感龙而孕的神话。《史记·高祖本纪》中说："高祖，沛市丰邑中阳里人，姓刘氏，字季。父曰太公，母曰刘媪。其先刘媪尝息大泽之陂，梦与神遇。是时雷电晦冥，太公往视，则见蛟龙于其上。已而有身，遂产高祖。高祖为人，隆准而龙颜，美须髯，左股有七十二黑子……常从王媪、武负贳酒，醉卧，武负、王媪见其上有龙气，怪之。"龙在中国是受到普遍信仰的司水神灵，所以被用来编造刘邦先天不凡的出身。刘邦既为其母感龙而生，自然与龙有着血缘联系，所以"隆准龙颜""其上有龙气"。这种神化意在表明刘邦称汉王，是命中注定，他是以水神的使者的身份而君临天下的。

晋朝也有帝王母感龙而孕的神话。《晋书·后妃传》说东晋简文帝诏一宫人侍寝，该宫人"数梦两龙枕膝，日月入怀，意以为吉祥……遂生孝武帝及会稽文孝王、鄱阳公主"。孝武帝也为感龙而生。

这类司水神灵后裔子嗣神话的编造，不仅限于当朝皇帝，而且推及远古传说时代的部落首领。

伏羲是南中国苗蛮传说中的部落首领，又称太昊，其母华胥。有神话说华胥感雷神而生伏羲。《太平御览》卷七十八引《诗纬含神雾》中说："大迹出雷泽，华胥履之，生伏羲。"大迹，既然出自雷泽，必为雷神之迹。《山海经·海内东经》中说："雷泽中有雷神。"华胥感雷神之迹而孕，是感应雷神而孕。由此，伏羲，即为雷神之子。雷神，俗称雷公，是国人信仰中影响较大的司雨之神。把伏羲说成是雷神之子，意在表明其出身高贵。

炎帝是最早进入中部地区的西方游牧部落的首领，其母为女登。神话说炎帝为女登感龙而生。《史记·补三皇本纪》中说："炎帝神农氏，姜姓，母曰女登，为少典妃，感神龙而生炎帝，人身牛首，长于姜水，因以为姓。"说炎帝为感龙而生，也是突出其神异非凡。《玉函山房辑佚书》辑《春秋纬元命苞》中也有类似的记载。把神农炎帝说成是神龙后裔，表现出农业国人民以司水神灵后裔为贵的崇水心理。

黄帝是击败炎帝而定居中原的西北游牧部落的首领，其母为附宝。黄帝也被说成是雷神之子。《史记·五帝本纪》中说："母曰附宝，之祁野，见大电绕北斗枢星，感而怀孕，二十四月而生黄帝于寿丘。"电与雷本为同一种自然现象，古人最初也视雷电为一神。卜辞中的"电"作"申"，"像闪电之形，当为电之本字"。卜辞中的"雷"，是"电"的象形。附宝感大电而孕，即感雷神而孕，故黄帝为雷神之子。《艺文类聚》卷二引《河图帝纪通》中说："黄帝以雷精起。"《太平御览》卷五引《春秋合成图》中说："轩辕，主雷雨之神。""轩辕"即黄帝，黄帝为雷神之子，所以也被神化成司水之神了。对于农业国而言，具有司水神性的首领自然是正宗的和至高无上的。

神农炎帝画像，神话传说炎帝是由其母女登感龙而生

颛顼相传是黄帝之子昌意的后裔，为中原部落首领，其母女枢。清代马辅的《绎史》卷七注引《诗纬含神雾》中说："瑶光如霓，贯月正白，感女枢，生颛顼。"霓即虹，瑶光即虹之光流。女枢感虹之光流瑶光而孕，即是感虹而孕。

后稷名弃，相传为黄帝族高辛氏的后裔，为周的祖先，其母姜原。有姜原感巨人迹而孕生后稷的神话。《史记·周本纪》中说："周后稷，名弃。其母有邰氏女，曰姜原。姜原为帝喾（高辛氏）元妃。姜原出野，见巨人迹，心忻然说，欲践之，践之而身动，如孕者。居期而生子，以为不祥，弃之隘巷，马牛过者，皆辟不践；徙置之林中，适会山林多人。迁之，而弃渠中冰上，飞鸟以其翼覆荐之。姜原以为神，遂收养长之。初欲弃之，因名曰弃。"巨人迹，神话中没有说明是何种神

轩辕黄帝画像，神话传说黄帝是由其母附宝感雷神而孕

灵之迹，但结合华胥履雷神大迹生伏羲的神话来看，应与大迹同为一物，也是雷神之迹。由此，姜原也是感雷神而孕生后稷。

舜帝相传为颛顼的七世子孙，是中原部落联盟的首领。舜母为握登。《史记·五帝本纪》中说："瞽叟……妻曰握登，见大虹。意感而生舜于姚墟。"舜帝也是感虹而生。

上述神话中的远古部落首领，大都分别与龙神、虹神、雷神等司水神灵拉上了亲缘

关系。这些神话，绝不会产生于远古时代，而很可能为后世史家的杜撰。为远古时代的统治者编造神圣出身的神话，意在以古证今，为当朝神权政治追溯传统渊源，提供历史依据。

水情与政治兴衰的联系

中国水崇拜与政治的联姻，还表现在以干旱洪涝、风调雨顺等水情来推测国家政治兴衰方面。《庄子》中记有荀子对汤时大旱的感叹："政不节与使民疾与，何以不雨致斯极。宫室崇与女谒盛与，何以不雨至斯极也。苞直行与，谗夫昌与，何以不雨致斯极也。"《魏书·灵征志》引《洪范论》中说："大水者，皆君臣治失而阴气蓄积盛强，生水雨之灾也。"在古人的眼里，河流的枯竭往往预示着朝代的更迭，即所谓"川竭国亡"也。如《国语·周语》中说："昔伊、洛竭而夏亡，河竭而商亡。……夫国必依山川，山崩川竭，亡之征也。"这些话都表明古人认为水情关涉政治的兴衰、为政者的德行政绩。

古人把风调雨顺和政治昌明看作有相互感应的关系

古人把风调雨顺和政治昌明看作有相互感应的关系。风调雨顺必然影响政治，使政治昌明；而政治昌明，又必然感动神灵，使其带来风调雨顺。两者这种相互影响、相互依存的关系，达到了合二为一的地步。《礼斗威仪》中说："君垂金而王其政象平，则喜雨时至。"政象平，即政治昌明；政治昌明，则雨水按农业生产的需要而及时降落，也即风调雨顺。《管子》中甚至对春秋时期政治昌明的标准作了具体阐述，认为符合这些标准，便会风调雨顺："春秋察五政：一曰论幼孤，赦有罪；二曰赋爵列，授禄位；三曰修沟洫，复亡人；四曰治封疆，正阡陌；五曰无杀麑麋，无绝华萼。五政顺时，春雨乃来。"由此，风调雨顺便被认为是政治昌明、太平盛世的象征。《论衡》中说："夫风气雨露本当和适。儒者论太平瑞应，言其风祥甘露，风不鸣条，雨不破块，可也。言其五日一风，十日一雨，褒之甚也。风雨虽适，不能五日十日正应其数。"风祥露甘，即风调雨顺。为了确立预测、检验政治昌明的准确尺度，《论衡》的作者又对风调雨顺的内涵作出了界定，即所谓"风不鸣条，雨不破块"，同时认为前人所规定的"五日一风，十日一雨"则过于苛刻，因为自然界的风雨现象实难以数字来作限制。风调雨顺的反面是"烈风淫雨"。《尚书大传》中说："天久无烈风淫雨，意中国有圣人乎。"无烈风淫雨，即风调雨顺，这是圣人出现的标志，而圣人的出现又是政治昌明的保障。

古籍记有不少政治昌明而风调雨顺的事例。《尸子》中说："神农氏治天下，欲雨则雨，五日为行雨，旬为谷雨，旬五日为时雨，正四时之制，万物咸利，故谓之神。"《淮南子》说："神农之治天下，甘雨时降，五谷繁殖。"神农是农业的创始神，也是人们心目中的英雄神，他治理天下，必然政治昌明，所以要风得风，要雨得雨，风雨协调，"甘雨时降，五谷繁殖"。《盐铁论》中说："周公太平之时，风不鸣条，雨不破块，旬而一雨，雨必以夜。"

古代中国有着这样的政治迷信，即有德行的君王官吏能够感动神灵，使国家风调雨顺

政治昌明，往往以从政为官者的德行为标志。为政者的德行好，即使遇水旱之灾，也可以化解。《后汉书》中说："百里嵩，字景山，为徐州刺史。境旱，嵩出巡处，遽甘雨辄澍，东海、祝其、合乡等三县父老诉曰：'人等是公百姓，独不迁降。'回赴，雨随车而下。"为政者的廉政、勤政可以感应神灵降雨，其巡游之处，雨随车下，旱情解除。上书还有同类记载："郑弘为驺令，勤行德化。鲁国当春大旱，五谷不丰，驺独致雨，偏熟。迁淮阳太守，消息徭赋，政不烦苛，行春大旱，随车致雨。"郑弘"勤行德化"，当鲁国大旱时，他所治理的地方却是甘雨时降。后来，他任淮阳太守，由于推行德政，竟能够化解旱情，雨随他的行车而降。《东观汉记》有顺烈皇后受封即解除旱情的记载："顺帝阳嘉元年，立顺烈皇后。是时自冬至春不雨，尊后之日，嘉澍沾渥。"这是说，顺帝阳嘉元年（132 年），从冬至春，旱情不解，立顺烈皇后以后，就降下了嘉雨。这是因为顺烈皇后是一个有德行的人，所以能感应神灵降雨。《盖部耆旧传》中说："赵瑶为阆中令，遭旱，请雨于灵星，应时大雨。"有德行的官吏祈雨特别灵验，是因为他的德政

能感应或感动神灵。德政通神,神权政治观念于中清晰可见。顺着这种政治迷信的逻辑思维还引申出更为荒唐的认识:即行德政的官吏还可以于大旱之时许诺或者指令降下雨水。《管辂别传》中说:"辂遇清河太守时,天旱。辂曰:'今之当雨。'树中已有少女微风,树间又有阴鸟和鸣。又少男风起,众鸟乱翔,其应至矣。须臾,风云兴,元气四合,大雨注倾。"行德者几乎与雨水神灵合二为一,能行司雨水之神职。水情与政治相连的观念,荒唐之极。《大唐新语》还记载了一个君主利用贤臣请雨灵验的故事,也反映了行德政者能感应神灵降雨的迷信观念。"贞观末,房玄龄避位居第。时天旱,太宗将幸芙蓉园,以观风俗。玄龄闻之,戒其子曰:'銮舆必当见幸。'亟使扫洒,兼备馔具。有顷,太宗果先幸其第,便载入宫。其夕大雨,咸以为优贤之应。"房玄龄随皇帝进宫,意味着结束退居生活,重涉政事,所以当天傍晚便下了大雨,解除了旱情,这是对房玄龄"优贤"的感应。

古籍中还有政治失度而遭旱涝灾害的记载,反映了古人观念中的水情与政治相互感应、相互制约的另一方面。《太公伏符阴谋》就记载了一则政治失度而降暴雨致灾的事例:"纣常以六月猎于西土。西土之老少相与谋曰:'君王逆人,此其命固不寿也。'后数日而暴风大雨发屋拔木,漂杀人民六畜。明年诸侯谋合,四海兵起。""纣王残暴无德,所理朝政极其黑暗,所以导致"暴风大雨"。第二年,"诸侯谋合,四海兵起",则"暴风大雨"之水情又成了纣王朝覆灭的预兆。《后汉书》有不少把水旱之灾与政治生活中的动乱、腐败、枉法相联系的记载,也反映了古人水情关涉政治的观念。

"桓帝延熹二年夏,霖雨五十余日。是时,大将军梁冀秉政,谋害上所幸邓贵人母宣,冀又杀议郎邴尊。上欲诛冀,惧其持权日久,威势强盛,恐有逆命,害及吏民,密与近臣中常侍单超等图其方略。其年八月,冀卒伏罪诛死。"

"灵帝建宁元年夏,霖雨六十余日。是时大将军窦武谋变废中宫。其年九月,长乐五官史朱瑀等共与中常侍曹节起兵,先诛武,交兵阙下,败走,追斩武兄弟,死者数百人。"

"嘉平元年夏,霖雨七十余日。是时,中常侍曹节等,共诬白渤海王悝谋反,其十月诛悝。"

"中平六年夏，霖雨八十余日。是时，灵帝新弃群臣，大行尚在梓宫，大将军何进与佐军校尉袁绍等共谋欲诛废中宫。下文陵毕，中常侍张让等共杀进，兵战京都，死者数千。"

水涝之害归咎于政治，旱荒之灾也归咎于政治。是书还说：

"世祖建武五年夏，旱。《京房传》曰：'欲德不用，兹谓张，厥灾荒，其旱阴亏不雨……。'"

梁代刘昭注："《春秋考异邮》曰：'国大旱，冤狱结。旱者，阳气移，精不施，君上失制，奢淫僭差，气乱感天，则旱徵见。'"明确说明了天旱是由于君上失制，以至于感应上天，致使怨怒，不降雨水，天下大旱。刘昭还引用《方储对策》的话作了进一步论证："百姓苦，士卒烦碎，责租税失中，暴师外营，经历三时，内有怨女，外有旷夫。王者熟惟其祥，揆合于天，图之事情，旱灾可除。夫旱者过日，天王无意于百姓，恩德不行，万民烦扰，故天应以无泽。"强调了旱灾的发生是上天对人间帝王政治失治的惩罚。

是书又载：

"章帝章和二年夏，旱。时章帝崩后，窦太后兄弟用事奢僭。"

"阳嘉二年夏，旱。时李固对策，以为奢僭所致也。"

"冲帝永（嘉）元年夏，旱。时冲帝幼崩，太尉李固劝太后（及）兄梁冀立嗣帝，择年长有德者，天下赖之，则功名不朽。年幼未可知，如后不善，悔无所及。时太后及冀贪立年幼，欲久自尊，遂立质帝，八岁。此不用德。"

"桓帝元嘉元年夏，旱。是时梁冀秉政，妻子并受封，宠节。"

"（光和）六年夏，旱。是时常侍、黄门僭作威福。"

"献帝兴平元年秋，长安旱。是时李榷、郭汜专权纵肆。"

这些记载，都突出强调了水涝、干旱与政治失度之间的因果关系。把这两者联系起来是毫无道理的，但我们也不能完全否认这些记载的真实性。那么如何看待这类记载所反映的现象呢？只能理解为，古代的政治经常出现问题，所以容易与自然灾变相耦合。

2015年02月22日，北京天坛祈年殿举行祭天乐舞表演

由于古代盛行水旱之灾皆源于为政者之过的观念，所以帝王及官吏又往往采取补救的方法，补救的方法之一是纠正政治过失，以求得水旱之情的解除或缓解。

《后汉书·志》中说："和帝永元六年秋，京都旱。时洛阳有冤囚，和帝幸洛阳寺，录囚徒，理冤囚，收令下狱抵罪。行未还宫，澍雨降。"这是说和帝平反了冤假错案，即祈得雨水，解除了旱情。

帝王纠正政治过失，多是在大臣的劝谏下实施的。在此水旱出于为政者之过的观念又为大臣的进谏提供了最好的借口，使不可一世的帝王能在神的名义下，采纳劝谏。《南唐书》中说："南唐时，关司敛率尤繁，商人苦之属，近甸亢旱。一日宴于北苑。列祖谓侍臣曰：'旬雨，都城不雨，何也？得非狱市之间违天意与？'申渐高乘谈谐进曰：'惧抽税不敢入尔。'列祖大笑，下令除一切额外税。信宿之间，膏泽告足。"在玩笑之间，列祖采纳了减去苛税的劝谏，其间，雨神信仰观念起到了关键性的作用。

帝王及官吏采取的另一种补救政治过失的方法是自焚自曝、引咎自责，谢罪神灵以祈雨。它是借用焚巫曝巫的巫术祈雨仪式来表达政治上的忏悔。应当指出的是，焚巫、曝巫与为政者的自曝自焚虽然形式相同，内涵却大不一样。前者包含的是人神相通的意义，后者包含的是检讨为政之过的意义。

《吕氏春秋·顺民篇》中说："大旱五年不收，汤乃以身祷于桑林曰：'余一人有罪，无及万夫；万夫有罪，在余一人。无以一人之不敏使上帝鬼神伤民之命。'于是剪其发，刳其手，以身为牺牲。"《文选·思玄赋》注引《淮南子》则记载了汤的以身作牺牲为自焚："汤……乃使人积薪，剪发及爪自洁，居柴上，将自焚以祭天，火将燃，即降大雨。"

《艺文类聚》卷六十六、《太平御览》卷十均引《庄子》中说："宋景公时，大旱三年，卜云以人祀，乃雨。公下堂顿首曰：'吾所求雨者为人。今杀人不可，将自当之。'言未卒，天大雨，方千里。"

《说苑·辩物篇》中说:"齐大旱之时,……晏子曰:'君诚避宫殿暴露,与灵山河伯共忧,其幸而雨乎?'于是景公出野暴露,三日天果大雨。"

《太平御览》卷十一引谢承《后汉书》中说:"戴封,字平仲,迁西华令,其年大旱,祈请无获,乃积薪坐其上以自焚,火起而大雨,远迩叹服,迁中山相。"

《太平御览》卷十一引范晔《后汉书》中说:"谅辅仕郡为五官掾,时夏大旱,太守自出祈祷山川,连日而无所降,辅乃自暴庭中,慷慨咒曰:'辅为股肱,不能进谏纳忠,和调阴阳,至令天地否隔,万物焦枯,咎尽在辅,今敢自祈请,若至日中不雨,乞以身寒无状。'于是积薪聚艾茅,以自环构火。将自焚,未及中时,天云晦合,须臾澍雨。"

焚是以人焚烧祈雨,曝是以人曝晒祈雨。为政者自焚自曝,是以自我惩罚的形式,检讨为政之过,以感动司水神灵降雨。其中,固然不乏为民请命、引咎自责的成分,但不能作过多肯定。因为:其一,他们的引咎自责自罚是向神灵而为,不仅不会损害其政治权威,而且还为其政治过失包裹上了一层神圣的面纱。其二,这种"神圣"的自责自罚,还可以起到麻痹人民、平息民怨、化解危机的作用,因为大旱连年,民不聊生,必然怨声载道,危机四伏。其三,为政者的自焚从来就没有真正实行过,史籍中也从未有过为政者真正实行自焚的记载。

综上所述,可见水崇拜对中国古代政治产生了深刻而突出的影响。从为政者的政事活动,到神权政治体制、政治兴衰迷信等,无一不打上了水崇拜文化的烙印。

第十四章 水崇拜与道教

道教是在中国本土各种原始自然宗教的基础上发展起来的宗教。水崇拜作为原始自然宗教的一种类型，对道教产生了尤为深刻的影响。水崇拜所包含的水生人、生天地万物，气生人、生天地万物的观念形成了道教的宇宙观、"道"的信仰。并成为道教"长生不死"等观念的理论支柱；水崇拜对道教神仙谱系的形成也产生了较大的影响：道教不少神仙都直接来源于水崇拜的对象——各种水神，同时，道教一部分尊神也被赋予了水神司雨水的神性；水崇拜的信仰与仪式还对道教的科仪方术产生了广泛的影响：水神司雨水的功能转换为道士呼风唤雨的本领，水的神力信仰则孕育出了道教符水禁咒之法及其他法术。受朝廷与民间祈雨之风的影响，道教也形成了独具特色的祈雨仪式。水崇拜为道教提供了多方面的养料，在所有影响道教形成的自然崇拜中，占有突出的位置。

水崇拜生命观与道教的宇宙观、长生不死观念

水崇拜的基本观念之一便是以水为天地万物的本源，人及天地万物皆由水生。水蒸发变化为水汽，水汽为水的变形形式。因此，由水生人、生天地万物的观念又引申出了气生人、生天地万物的观念。水生命观与气生命观实同出一源。在我国汉族盘古创世神话及西南少数民族创世神话中，水生人、生天地万物与气生人、生天地万物往往混为一谈。同为盘古诞生神话，民间流传的叙事诗《根古传》说盘古生于水："那时有座昆仑山，天心地胆在中心。一山长成五龙形，五个嘴唇往下伸，五个嘴唇流血水。一齐流到海洋内，聚会天精与地灵，结个胞胎水上存，长成盘古一个人。"意为盘古为昆仑山血水（雪水）与海水孕育而成。古籍资料则说盘古为气所生。《艺文类聚》卷一引《三五历纪》中说："天地混沌如鸡子，盘古生其中，万八千岁，天地开辟，阳清为天，阴浊

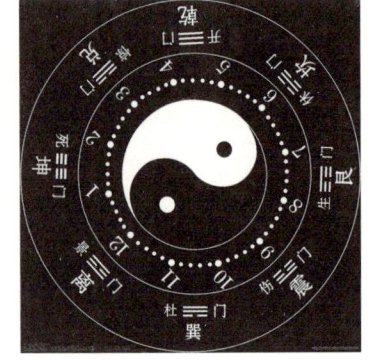

八卦太极图是道教文化中的典型代表

为地,盘古在其中……。"混沌,即气之状貌。在彝族、景颇族、侗族、布依族、土族、傣族等民族的创世神话中,气往往表现为水汽或雾气。《管子》一书既说"水"为天地万物的本源,也说"气"为天地万物的基始。也可见两说同为一说,气生人、生天地万物的观念与水生人、生天地万物的观念同属水崇拜生殖观的范畴。

道教的宇宙观,本源于水崇拜气生人、生天地万物的观念。道教的重要经典《太平经》就阐述了这种宇宙观,其中的《夷狄自伏法》中说:"一气为天,一气为地,一气为人,余气散备万物。"

《太平经》又把最初造成天、地、人及万物的"气"称为"元气"。"天地开辟贵根本,乃气之元也。"(《经钞》乙部《修一却邪法》)"元气"即气的初始状态,也是最根本的气。"元气"能产生一切,就在于"元气乃包裹天地八方,莫不受其气而生"(《经钞》乙部《修一却邪法》)。可以说,"元气"就是构成天地万物的基本材料,亦即原始信仰中的"水汽""云气"。两汉时期,"气"的思想无限膨胀,"气"的概念延伸到众多的思想领域。道教理论的形成必然受到这种风气的影响。道教理论对"气"也作了多种引申,划分了多种类别,因而涉及到了天、地、人、万物的各个方面乃至抽象思维的领域。

汉代将"气"分成了"天""地""人"三类,称"天气""地气""人气",有所谓"三元"之说:"上元者,天气也""下元者,地气也""中元者,人气也"。(《乐纬动声仪》)道教经典《太平经》中的《经钞》戊部则说:"元气恍惚自然共凝成一,名为天也;分而生阴而成地,名为二也;因为上天下地,阴阳相合施生人,名为三也。"这种说法事实上也是将元气分成了"天气""地气""人气"。由此三大类"气",又可无休无止地引申出多种多样的类别,以至于越说越玄乎神秘。然而所有的引申都有一个共同的出发点——气生天地万物。既然天

金木水火土是中国传统文化中相生相克的五大元素

地万物皆由气生，那么，天地万物的属性，都应是由气带来的。可以说，事物有什么样的性质，就存在什么样的"气"。

把人的种种属性赋予给"气"，便有"生气"与"死气"，"内气"与"外气"，以及"喜、怒、哀、乐"之气，如"悦乐气至，急怒气去"。

把统治阶级的等级观念引入"气"，气便有了帝、王、相、侯、微之级别，如"常先动其帝气，其次动王气，其次动相气，其次动侯气，其次动微气"。

把人世间的是非好恶观念纳入气中，便有了正气、邪气、善气、恶气、吉气、凶气等，如"邪气休止，正气遂行""善气蔽藏""恶气行也""不欲见刑恶凶气，俱欲得见乐气"。

把大自然的四季和五行学说归入气论，便有春、夏、秋、冬与金、木、水、火、土之气，如"有木行，有春气""有火行，有夏气""有土行，有四季中央之气""有金行，有秋气""有水行，有冬气"，又如"金气断，则木气得王，火气大明，无衰时也……；火不明则土气日兴……，金囚则水气休"。

借气来表现政治的昌明，则有"太平气"，如"太平气至，万物皆理矣"。

凡此种种，一切事物都能被道教纳入气中，被说成是气的不同存在状态，气由此具有了一切事物的属性，而气之所以包含天地万物的属性，就在于天地万物本由气生。《太平经》中说："夫气者，所以通天地万物之命也。"

由此可见，气生天地万物的宇宙观深入渗透到了道教理论的各个层面，成为道教理论的根本支柱。所以道教最重要的概念"道"，也往往用"气"来解释，"气"经常被用作"道"的同义语。《太平经》中的《经钞》丁部中说："道者，天也，阳也，主生。"又说："元气，阳也，主生"。这是说"气"与"道"有同样的功能。《老子想尔注》中说："一者，道也……，一散形为气。"刘勰的《灭惑论》引齐道士《三破论》中说："道以气为宗。"陶弘景的《养生延命录》引《服气经》中说："道者，气也。"这些言论则表明"气"与"道"是一而二、二而一的同义关系。总之，以"气"论"道"，说明气宇宙观在道教理论中占有核心的地位，也说明水崇拜的气生命观对道教理论的形成起到了至关重要的作用。

道教还从气生人、生天地万物的宇宙观出发，来创造其神灵，把道教诸神说成是由气化生。

道教的最高神——三清尊神，就被说成是由三气化生。南朝宋时的《三天内解经》中说："幽冥之中，生乎空洞，空洞之中，生乎太无，太无变化玄气、元气、始气，三气混沌相因，而化生玄妙玉女。玉女生后，混气凝结，化生老子。……老子者，老君也。"这已包含三气化生神灵之说。《云笈七签》卷3《道教三洞宗元》中又进一步说明三气化生三清尊神："原夫道家由肇，起自无先，重迹应感，生乎妙一，从乎妙一，分为三元，又从三元变生三气，……三元者，第一混洞太无元，第二赤混太无元，第三冥寂玄通元。从混洞太无元化生天宝君，从赤混太无元化生灵宝君，从冥寂玄通元化生神宝君。"三元变生三气，又代表三位尊神，三位尊神即为三气所化生。陶弘景的《真诰·甄命授》又在三气化三清尊神说中融入《易经》的太极说："道者混然，是元气生。元气成，然后有太极。太极则天地之父母，道之奥也。"

三清尊神为道教的最高神，从左至右分别是灵宝天尊、元始天尊、道德天尊

接下去，"太极生两仪(两仪即天地、阴阳等——笔者注)，两仪生四象，四象生八卦"等。这就使得三清尊神的内涵更加丰富，从而成为道教全部宇宙观的象征或符号。三清尊神供奉于道教宫观的主殿，称"三清宫"或"三清殿""三清阁"。三位尊神并列供奉：中间为元始天尊，左手虚拈，右手虚捧，象征"天地未形，万物未生"时的"混元""无极"状态；左边为灵宝天尊，双手捧着一个半黑半白、黑中有白点、白中有黑点的圆形阴阳镜，象征从"元气"或"混元"状态衍生出的太极(太极为天地父母)；右边为道德天尊，右手拿一把画有阴阳镜的扇子，象征由太极分化出的"两仪"。三清神像既展示了道教宇宙生成的图式，又表明了三清尊神皆由气化生而来，气是三清神构成的基本元素。道教所谓"一气化三清"之说即缘于此。

三清尊神之下的各级神仙，也是由气所化生。如前引文所述及的老子的出生，就有"混气凝结"化生之说。又如玉皇大帝为三清祖气所化,"玉帝,在道教即三清之化"。事实上,由三清尊神所展示的宇宙生成图式,已可知道教诸神无不源于三清祖气,无不为气所化生。《洞神经》中说:"大道降神,应接一切,或有名无字,有字无姓,或有位号,姓名亦无,各由感致,参差不同,是谓正神皆道应化。"用"气"来塑造神灵,解释神灵的形成,便使得道教气宇宙观理论能够以物质化、形象化的形态而存传于世,便于民众理解接受。

水崇拜气生命观对道教的影响还表现在道教的基本信仰方面。道教的基本信仰是"长生不死""肉体成仙"。道教关于"长生不死"信仰理论的阐发,是以水崇拜气生人、生天地万物观念为理论根据的。正是根据气生人的观念,道教把人的生命看作是由气构成的,因而提出了"长生不死"的秘诀及其途径。

道教认为人的生存与气密切相关。《抱朴子》中说:"夫人在气中,气在人中,自天地以至万物,无不须以气生者。"道教还把精神看成是一种气。《太平经》中说:"气生精,精生神,神生明。"《老子想尔注》则把人的精神说成"精气":"人之精气满藏中。"基于人的生命由气或精气构成的观念,道教提出了"长生不死"的秘诀:保存精气。《老子河上公注》中说:"专守精气使不乱,则形体能应之而柔顺。""人能抱一,使不离身则长存。一者道始所生,太和之精气也。"精气能使身体内部得到协调,所以人必须守住精气,使不离身。人的身体精气长存,则可以长生不死。"人生含和气,抱精神,故柔弱;人死则和气竭,精神亡,故坚强。"

养气存气便可长生不死,那么如何养气存气呢?道教又提出了修炼成仙一途。按道教的理解,修炼成仙便可长生不死。所谓长生不死,既要求肉体不坏,又要求精神长存,并与肉体相结合。然而这一点,从一般常识的角度来理解,是不可能实现的;因为人总是要死的,人死形体便要腐烂。但是,道教对此有解决的办法——修炼成仙。所谓修炼,就是要使人的肉体变得和"气"一样轻,同时,使人的精神能够长居其中。这样,就可以"肉体飞升",成为长生不死的神仙。修炼方法之一便是所谓"服气"。"服气"就是"食气",而不食五谷,以便把身体炼得轻如"气"。原来所谓长生不死就是把肉体修炼得轻如气以升天,可以说是玄而又玄。当今时传某某气功大师数月甚至一年不食五谷的事迹,想必即源于此。

下来要考虑的问题是:人成仙升天以后的存活状态如何呢?道教也有自己的说法:"委气神人乃与元气合形并力,与四时五行共生""与天地共其元"。这就是说,成仙的人与天地合为一体,成为"气"的状态。可见,道教"长生不死""成仙"理论,完全是建立在气生命观基础上的。

道教中,得道成仙的人由于形体与精神俱化作了"气",也就具备了万物所具有的神通。因为"气"不仅是构成天地万物包括人的肉体的材料,同时也是一种支配天地万物的力量。气的神秘力量来自于气生万物的观念。气生万物,万物便与气同质,于是,生万物之气又进一步被赋予了万物的力量。由此,修炼达到身体清轻如气的仙人,就能运用气的各种功能了。

论述至此,我们可以作一个小结了。气生命观是道教理论大厦的最主要的基石。道教的宇宙观理论、"长生不死"理论都是建立在气生命观基础之上的。"气"的原始意义本来很单纯,即原始水崇拜中构成天地万物的"水汽"。经过历代思想家、尤其是道教的广泛引申和反向推论,"气"竟无所不包,变得非常复杂、含混模糊了。但是,道教中的"气"与原始水崇拜中的"气"的渊源关系仍是有迹可寻的;而且,尽管道教的"气"较之原始水崇拜中的"气",内容要复杂丰富得多,但在形态上却仍保留了"水汽"的特征,从而显示出两者之间的血缘联系。如道教论及"气"的形态时说它"清微不见""元气无形,汹汹隆隆,偃者为地,伏者为天"。只有水汽,才具有这样一种看不清、摸不着、四处弥漫、上天入地的特征。可见,以"气"为核心的道教理论实源于水崇拜的气生命观。

唐代李唐皇室自称是老子李耳的后裔,尊老子为"圣祖",从而使道教得以快速发展

水崇拜的水神信仰与道教的神仙谱系

道教神仙谱系所包容的众多神灵,几乎无一例外地都可以从中国本土文化中找到它的渊源,水崇拜文化便是其渊源之一。

水崇拜最初表现为对水的神秘力量的崇拜,后来发展到对司水水神的崇拜。水崇拜的水神信仰对道教的神仙谱系产生了两个方面的影响：一是为道教提供了部分神灵的原型；二是赋予了道教部分尊神司雨水的水神神性。

道教的一部分神灵的形成，是对水崇拜中的水神的继承与改造。

龙神是水崇拜中最主要的水神。它伴随着水崇拜的产生而逐渐形成，伴随着水崇拜的发展而不断演变，是集水崇拜文化之大成、在中国有着广泛而深刻影响的主宰雨水的神灵。道教为了迎合广大民众的信仰心理，扩大自身的影响，也必然将其纳入自己的神仙谱系。道教吸收龙神时，也效法佛教，将龙神帝王化，塑造出了自己的龙王。道教的龙王十分庞杂，按东南西北四海来划分，有四海龙王：东海龙王沧宁德王敖广、南海龙王赤安洪圣济王敖闰、西海龙王素清润王敖钦、北海龙王浣旬泽王敖顺。按"东西南北中""金木水火土""青赤白黑黄"划分，则有五方龙王：东方青帝龙王、南方赤帝龙王、西方白帝龙王、北方

道教的龙王，十分庞杂，其中就有广为人知的四海龙王。

黑帝龙王、中央黄帝龙王。此外，影响不大，不为一般人所知，仅见于道教典籍的龙王，则更是名目繁多，数不胜数。

雷神也是水崇拜中的重要水神，其影响仅次于龙神。道教根据水崇拜中的雷神形象，创造了道教的雷神。道教的雷神可分为最高的天尊雷神与部将雷神。最高的天尊雷神封为"九天应元雷声普化天尊"。天尊雷神行雷时，便击雷鼓。这一说法显然取自于民间早已流传的雷神观念。天尊雷神的部将，一说为三十六位雷神。天尊雷神行雷击雷鼓，三十六位雷神即将本部雷鼓一齐击发，人世间隆隆的雷声便响成一片了。另一说天尊雷神的部将为二十四位"催云助雨扩法天君"，即闪电神金克圣母、助风神菡芝仙，以及邓忠、辛环、张节、陶荣、庞洪、刘甫、苟章、毕环、秦完、赵江、董全、袁甬、李德、孙良、柏礼、王变、姚宾、张绍、黄庚、金素、吉立、余庆等各位天君。还有一种说法是天尊

雷神总司五雷。"五雷",一说为天雷、地雷、水雷、神雷、社雷,另一说为天雷、地雷、水雷、神雷、妖雷。道教招雷致雨的法术"五雷天心正法"即缘于此。道教的雷神也具有司雷雨神性。杜光庭的《神仙感遇传》卷一《叶迁韶传》中记载,一次,雷公行雷雨,被树枝夹住,不能脱身。后为叶迁韶救出,雷公"愧谢之""以墨篆一卷与之曰:'依此行之,可以致雷雨、祛疾苦、立功救人。我兄弟五人,要闻雷声,但唤雷大、雷二,即相应。'自是行符致雨,或有殊效"。雷神司雷雨,所以道士以之为唤雨的使役神。

赤松子,传为神农时雨师,是民间信仰中的司雨水神灵。道教将其改造,列为仙人之一,编造了赤松子修炼成仙的事迹。《淮南子》中说:"今夫王乔,赤诵(松)子,吹呕呼吸,吐故纳新,遗形去智,抱素反真,以游玄眇,上通云天。"这是说赤松子服气而成仙。《山海经图赞》中说:"水玉冰体,潜映洞渊;赤松是服,灵蜕乘烟;吐纳之气,升降九天。"《艺文类聚》卷九十八引《抱朴子》中说:"佚往来其间,予也化一赤虬,追随其后。朝谒元始众圣,因予能随风雨上下,即命为雨师,主行霖雨。"雨师司雨水的神性与道教仙人形象相结合,构成了道教的赤松子。由此也可见,道教对自然神的吸收与改造,有一套自己的方法:一是让其修炼成仙,二是按道的观念改变其形。

道教中的最高雷神"九天应元雷声普化天尊"及诸天将

道教的女神云华夫人,其原型为水崇拜水神信仰中的巫山神女。据宋玉的《高唐赋》记载,巫山神女名瑶姬,为炎帝之女,是巫山行云致雨的女神。道教以巫山神女为雏形,经过加工改造,创造出了道教的女神云华夫人。云华夫人较之神女瑶姬,只不过是多了一层道教的色彩:其出身由炎帝之女摇身一变成为道教另一尊神西王母之女,并被封为妙用真人,其神迹则由女神朝云暮雨的简单行状演绎成助禹治水的丰功伟绩。《历世真仙通鉴》中说:"云华夫人者,金母之女也。夏禹治水,随山峻川。老君遣云华夫人,往阴助之。时驻巫山之下,大风卒至,崖谷振损,力不可制。忽遇云华夫人,禹拜而求助。

夫人即勅授禹，策召鬼神之书，助禹诛害，为人力所不能制者，禹治水乃成功。"云华夫人与巫山神女的渊源关系是显而易见的。如果没有巫山奇峰神秘莫测的自然景观及其相关的动人传说，云华夫人是断难凭空产生的。宋代陆游的《入蜀记》卷六中记巫山妙用真人庙感叹道："所见八九峰，惟神女峰最为纤丽奇峭，宜为仙真所托。"

道教创造出了司职雨水的水官大帝

为道教所承袭的水崇拜中的水神还有风、云、电、江、河、湖、海等神灵。江、河、湖、海等神灵涉及面最为广泛，凡有江、河、湖、海等水域的地方，莫不设有道教的水神，而这些道教水神又莫不来自当地信仰的自然水神。

道教不仅吸纳了水崇拜中众多的水神，而且还汲取了水崇拜中水神司雨水的神性元素，创造出道教独具的司雨水的尊神或赋予其尊神以司雨水的神性，以博得农业社会生活中的国人的普遍喜好。最典型的例子要数三官大帝中的水官大帝。三官大帝为道教独创的三位尊神，指天官、地官、水官。其中的水官便是根据水神司雨水的原理创造出来的，它的主要神性当然是司雨水。《元始天尊说三官宝号经》中说水官大帝的职掌："下元三品解厄水官，洞阴大帝。"《三元品戒经》中则说得更为详细："下元三品水官隶太清境，结风泽之气，凝晨浩之精而成，……总主水帝汤谷神王、九江水府河伯神仙，水中诸大神及仙箓簿籍。"《三官经》中也说水官大帝"居青华宫中，部四十二曹，主管江河淮海水域万灵，掌死魂鬼神之籍"。这就是说，水官大帝为天下水域水神的总头目。

道教塑造的真武大帝，也融入了水神神性。真武大帝，又称玄武大帝，是蛇神与龟神合一而演变成的人格神。玄武庙中塑真武像为："披发黑衣仗剑，踏龟蛇，从者执黑旗。"龟与蛇都是水崇拜中的水神，把它们和真武大帝联系起来，便赋予了真武大帝司雨水的神性。神像中的龟与蛇既是真武大帝司雨水的法宝，又是其具有司雨水神性的象征。在道教中，真武大帝的主要事迹是助武王伐纣。《道藏·洞神部·玉洪类·太上说玄天大圣真武本传神咒妙经》中说真武大帝从天上下凡，协助武王伐纣，平治社稷，功成而蹴踏龟蛇回天。如此说来，真武大帝是一员武将、一位战神。然而他与龟蛇的血缘关系又决定他还保留着司水神性，能退水消除水灾，也能以水胜火消除火灾。这种信仰直到明清仍十分流行。紫禁城内许多宫室均供奉真武像，各地衙门设真武庙殿，都包含真武属水、能免水火之灾的意义。末代皇帝溥仪在《我的前半生》中记有老太监讲述的乾隆年间真武灭火的故事。一次，乾清宫失火，真武大帝走出殿门，站在台阶上向失火的方向指一指，火焰顿息。说是至今钦安殿西北角台阶上还留有一个脚印。故事当然无真实性可言，仅传说而已，但它却反映了当时人们对真武大帝司水神性的信仰。

真武大帝是蛇神与龟神合一而演变成的人格神。道教中，他的功迹主要在于助武王伐纣，但同时他还保留着司水神性

城隍本是民间信奉的守护城池之神。道教奉祀城隍后，除了因袭民俗继续保留城隍神保护地方、主管当地疾疫、阴司冥籍的神职外，还赋予其主司当地水旱的职能。杜光庭删定的《道门科范大全集》卷十二至卷十七中所记祈求雨雪的斋仪，即以城隍社令为祈请神灵之一。城隍庙多由道士主持。道教以农历五月十一日为城隍诞生日，是日要举行祭祀。

此外，道教中履海如平地的八仙，能够带来风调雨顺的玉皇大帝，海神妈祖，雷部、火部天将王灵官，泰山神东岳大帝，磨刀致雨的关帝圣君等都莫不与水神神性有着丝丝缕缕的联系，都莫不融入了水崇拜文化的因子。

水崇拜信仰、仪式与道教的法术、仪式

水崇拜的信仰观念与仪式对道教的法术与仪式产生了很大影响。

水崇拜的重要信仰观念便是认为水具有生命力、生长力。以这种观念为核心，又衍变出关于水的种种神秘力量的观念。如关于水具有驱邪功能的观念，便是由水生命观念引申而来；而水具有驱邪功能的观念，又直接为道教所承袭，成为道士符水施咒、喷水

驱邪法术的内在根据。符水施咒，是道士为病人驱除病魔以治病的法术，其基本方法是让病人饮用经道士画过符、施过咒的水，以为由此可以驱邪除病。在符水施咒法术中，符与咒都是道士驱邪的法宝，然而，符与咒的驱邪功能最终又都是通过水来实现的，因而这种法术包含了对水的驱邪功能的崇拜。事实上，在道教以外，民间也有以水驱邪的巫术，如泼水驱邪、接无根水（未落地之水）驱邪的巫术。道教不过是在这类驱邪巫术中加进了符与咒而已。符水施咒是道士惑众谋生的重要手段。《三国志·张鲁传》中说："鲁据汉中独立，行五斗米道。以符水治病，致一斗米，疾苦立愈，奉者甚众。"张鲁为后汉道教团体创始人张道陵之孙，他的符水施咒直接师承张道陵。据载，张道陵入蜀之鹤鸣山修炼，自称得老君传授秘笈，行符水禁咒之法。升天后，子孙将其法推广教门。《后汉书》中说："张鲁，字公旗。初，祖父陵，顺帝时客于蜀，学道鹤鸣山中，造作符书，以惑百姓。受其道者辄出五斗米，故谓之米贼。陵传子衡，衡传于鲁，鲁遂自号君师。其来学者，初名为鬼卒，后号祭酒，各领部队。众多者名曰埋头，皆校以诚信，不听欺妄。有病，但令首过而已。"道教法术的祖师爷张道陵，是在汉时的蜀地创立道教符水禁咒法的，当时的蜀地处于相对封闭状态，原始自然崇拜与巫风仍十分盛行。张道陵的法术必然受到当地水崇拜巫术与习俗的影响。

道教对传统的祈雨仪式予以程序化和规范化，使之成为既定模式

喷水驱邪，道教称为噗水，是道教另一种驱邪法术。这种法术驱邪的功力主要来自所谓的"法水"。因此，其法也包含了对水的神秘力量的信仰。道教认为，用法水施法，能除尘垢秽浊、洒荡妖气，并能驱除众生烦恼，众生烦恼也被看作是邪魔所致，所以能以驱邪之水除之。道士登坛作法之初，要步罡书讳，然后口含法水，噗之坛上，意为清净坛宇，祛除邪气，迎接天真。噗水之法可以驱邪，也就可以祛灾，因为古人认为灾难为邪魔所致。

《神仙传》记有一则噀酒救火的传说，其中的酒为水的替代物。"栾巴，蜀之成都人，性道术，举孝廉，除尚书郎。正旦大会，上赐百官酒，巴不饮，而向西南方噀之三口。上问之，对曰：'适见成都市上被火，臣故漱酒救之。'上乃发驿书问成都，奏复：'是日果有失火，得大雨三阵，从东北方向来，火乃止，雨着人身，皆作酒气云。'"栾巴三口酒，能化作三阵大雨，当然是不可能发生的事，但这一传说却反映了人们对道术的迷信与对水的驱邪功能的信仰到了何等程度！水的驱邪功能，被道士任意发挥，以至于三口酒能化三阵大雨，而且能对远隔数千里的地方产生作用，真是神奇之至、荒唐之至。

　　道教仪典"沐浴"，也缘于对水的驱邪力量的信仰。道士举行醮祭与读经活动前，都要行沐浴，以"洁净其体"，表示对神明的尊重。道教认为，只有这样，才能"交于神明"，法术灵验。《无量度人上品妙经》中说："行道之日，皆当香汤沐浴。"《云笈七签》中说："太上曰：'兆之为道，存思大洞真经，每先自清斋，沐浴兰汤。'"在道教中，沐浴的意义不仅仅在于洗去身体的污垢，而且更在于荡涤身上的邪气，甚至还包括洗去心头的污垢与邪念，所以道教又有内心沐浴之法。《沐浴身心经》中说："沐浴内净者，虚心无垢。外净者，身垢尽除。存念真一，离诸色染，澄入无为，进品仙阶。"内心沐浴是在外身沐浴基础上施行的意念上的沐浴，以水沐浴身体除去污垢的现象来想象以水沐浴内心的杂念，仿佛清澄的水从心中流过一样。在此，水的驱邪力量变得更加抽象，完全靠想象来发挥了。

　　水崇拜的另一重要观念是认为众多水神具有司雨水的神性，能降雨止雨，导致或消除人间的水旱之灾。道士呼风唤雨的法术便是建立在水神司雨水观念基础之上的。道士呼风唤雨的行为往往表现为对风伯、雨师、雷神等水神的役使。《神仙通鉴》中说："莫月鼎，名洞，浙西人。生而聪颖，慕神仙术，得《侍宸王真君九天雷晶隐》书，由是名著。至元间召赴阙，显扬符法，能呼风唤雨，一时名动京师。于延祐庚申岁，年七十四，端坐而化，颜面如丹。"莫月鼎呼风唤雨，名动京师，可见当时的人们对道士呼风唤雨本领深信不疑。北宋时，道教的神霄派又创造出呼招风雷祈雨祈晴的法术，称"雷法"。该法主要强调以人气感应神灵之气，以达到召唤风雷、降雨止雨的目的。要实施感应，道士必须修炼，除去其精气中后天染上的种种情欲滓质，回到先天的纯净状态中去，因为只有纯净状态的人之精气（真气），才能与天地神灵之气相感合，即《道法会元》卷一《道法枢纽》中所说："以我之真气合天地之造化，故虚为云雨，嘻为雷霆……。"运用雷法，重在养气、炼气，即重在修炼。雷法的创立，标志着道士呼风唤雨的法术完全纳入了道教的体系。

祈雨仪式是水崇拜的主要表现形式，它的具体形式五花八门，变化无穷。祈雨仪式在中国数千年的农业社会中有着广泛的市场，因此，必然为道教所吸收。道教在承袭传统的祈雨仪式时，又对其加以改造，使其与道教的教规教仪相统一。道教不少经典记述了道教的祈雨仪式。如《太上护国祈雨消魔经》中说："尔时月光真人又白天尊言：'天下及诸方外国时遭炎旱，如此苦恼，作何法事，即得雨水调和，五谷会得丰熟，人民饱满？'天尊月光真人曰：'子受吾教于阎浮之内，或在聚落、或在高山、或在水岸、或在洞穴、或在清净之处建立坛场，安置尊像，挂诸幡盖，烧香燃灯，香汤沐浴，著新净衣服；转读此经，广为众生设诸花果、名香，随时供养；广设斋馔，上献十方无量天尊、三十六天帝君、天功父母及诸神仙、一切龙神及诸灵圣，作大利益。天帝当遣八部大龙王，云、雷、雨师，兴动云雾，施绕人间。须臾之顷，即令江河溪涧、上下四畴令得霂霈，草木丛林、一切花果五谷之类，悉皆生成枝叶茂盛。"道教的祈雨仪式主要包括设坛、诵经、献祭等部分，是用道教的方式对传统的祈雨仪式加以程式化、规范化的产物。道教祈雨发展到清代则更为繁琐复杂。祈雨前，要选定地点筑坛，用八张桌子分别放上一支瓷瓶，瓶中插上柳枝和一面彩旗。八张桌子围成一圈，分别代表八个方位，方位名称用彩笔书于旗上。设坛毕，须择吉日良辰，请高道登坛祈雨。届时，道士登坛先默祷祝文："天地定位，山泽通气，雷风相搏，水火相射，八卦相错，雷以动之，风以散之，雨以润之，日以恒之，艮以止之，兑以说之，乾以君之，坤以藏之，神也者，妙万物而为言者也……大哉乾元，万物资始，乃兑天也；至哉坤元，万物资生，乃顺天地，云行雨施，品物流行，大明经始，六位以成，时乘六龙以御天，呵呵呵。"这段经文用道教的理论述说雨水生成的原理。接下去是念诵"祈雨咒"："窃惟生民急务，骄阳可畏，荷锄负耒，望切云霓，播种分秧，宝滋稼穑，仰惟上帝；德在好生，伏念龙神，职司行雨，谨取吉日，敬设法坛，乞祐生灵，立驱旱魃，宏施大泽，握沛甘霖，田野成沾，三农有庆，密云在望。膏何恤以旁数，树德务滋，深不妨于下尺，杨柳遍洒，即是慈悲，桑林有求于焉降，鉴诸万姓，有涵濡之乐，百苗无枯槁之虞，仰率同僚，同伸虔祷。"祈辞陈说农务急需雨水的情状，诉说农夫盼雨之切，可谓晓之以理，动之以情。道士念咒时，还要取净瓶中的杨柳枝蘸水向四周挥洒。如不降雨，道士则反复念诵："天地纲绳""风调雨顺""物阜民安"等语。道教祈雨仪式，既有传统的因袭，也有道教的独创。

水崇拜对道教的理论、神仙谱系、法术仪式等的形成产生了重要的作用。这从一个侧面说明，道教是一种深植于中国本土文化土壤中的宗教，与中国的历史、社会有着千丝万缕的联系。鲁迅先生曾经说过："中国根柢全在道教……以此读史，有多种问题可以迎刃而解。"这话至今仍启人深思。

第十五章　水崇拜与风水

以踏勘所谓"吉祥"的自然地形作为宅居或墓穴处所的中国风水，实际上是一种融汇了多种学说与观念的复合形态的自然崇拜。这种复合形态的自然崇拜的理论基础，便是水崇拜所包含的水生命力、水生殖力与气生命力、气生殖力信仰。

从风水的"聚气"说起

　　风水一词，最早见于东晋郭璞的《葬书》："气乘风则散，界水则止。古人聚之使不散，行之使有止，故谓之风水。"这种说法，历来被看作是对风水的经典性的解释。从中可见，风水的基本原理是"聚气"，找到了生气结聚的地方，就是找到了风水宝地。风水对"气"的注重，显然与中国渊源流长的气宇宙观、气生命观有着直接的联系。

　　气宇宙观、气生命观源于原始创世神话。我国汉族和少数民族的一些创世神话都说：天地万物、人的生命都是混沌的气凝聚而成的。这种神话观念后来被哲学化，成为一代又一代哲学家、思想家阐释生命现象的基本观点。

　　《庄子·知北游》中说："人之生，气之聚也；聚则为生，散则为死。"人的生命从精神到形体，均是由气凝聚而成的，气一旦消散，生命也就完结了。这种由原始创世神话反映的气生命观引发出来的哲学思想，从先秦到近世，不断为历代哲学家、思想家所阐述、引申、发挥，并任意扩大到社会意识形态的众多领域，形成了中国独特的丰富而庞杂的"气"论；而这种以气聚而生、散而亡来认识人的生死、物之生灭的思想，竟成了庄子以后的中国人认识生死的基本思想。

　　西汉刘向的《淮南子》中说："气者，生之充也。"认为气是生命的实体。《淮南子》还按地域环境的不同把气分成了不同类别。这种划分直接成为风水理论的根据。该书认为不同类别的气所形成的人在性别、体质、气质、性格、智力上都各有不同："土地各以其类生人。是故山气多男，泽气多女，水汽多喑，风气多聋，林气多癃，木气多伛。"该书又说：住在河岸下的人，由于地气的缘故多足肿者；住在岩石山陵地带的人，多有力者；住在险阻地域的人，多瘿者。在暑气强的地方多短命者，在寒气强的地方多长命者，在谷气之地多痹足，丘气地方多尪脑，平野地区居民多仁者，丘陵地区居民多贪欲。该书还说："坚土人刚，弱土人脆，垆土人大，沙土人细，息土人美，耗土人丑。"

《淮南子》按地域环境的不同把气分成了不同类别，这种划分直接成为风水理论的根据

这一切都是因为"皆象其气，皆应其类"。不同的自然环境，有不同的气，不同的气，对人有不同的影响。这就为风水择地提供了依据。

东汉王充的《论衡·无形》中说："人禀元气于天，各受寿夭之命，以立长短之形……用气为性，性成命定。"王充用前人元气思想来解释人的生命，认为人是从客观自然中禀受元气而形成肉体和精神的。而且，他还进一步发挥说，人的生成与死亡都在元气之中："人未生，在元气之中；既死，复归元气。元气荒忽，人气在其中。"人有生死，元气却是永存不灭的，从而强调了气的永恒的生命力。这就为风水择地——既包括活人的居所，也包括死人的墓穴，提供了依据。

至清代，气生命观仍为人津津乐道。清代中期著名的经学家、考证学家戴震在他的《孟子字义疏证》中说："气化流行，生生不息。"意为气不停地翻卷运动，不断地产生生命，并使之延续下去。

由上述可见，中国人自始至终都认为气为生命的本源、原素、生命的力量，并涉及生命的各个方面。正是这种在中国有着旺盛生命力的气生命观孕育出了风水的理论与方法。

历代风水家们，以气生命观为依据，编造出了一套又一套聚气择地的离奇古怪的理论。

郭璞从气生命观出发，提出了死者获得的风水宝地的生气能感应生者，从而福及生者的风水理论。他在《葬书》中说："五气行乎地中，发而生乎万物。"五气，即金木水火土五气，亦即风水中常说的生气。这里沿袭传统的气论，说明天地万物，包括人的生命，都是由气形成的。以这种气生命观为前提，郭璞继而说明气在生者与死者之间所起的感应作用，并以此证明选择聚气葬地的意义与作用。"人受体于父母，本骸得气，遗体受荫。《经》曰：'气感而应鬼福及人。'"人的身体受之于父母，父母的骸骨为子孙之本；父母的骸骨如能得到生气，子孙就能得到荫佑。这就是说，父母所感之生气能与子孙后代相感应，其结果是父母之鬼福及后代子孙。这些说法都意在证明选择聚气的葬地是合理的，而且是必需的。

汉代青乌子所撰《葬经》，则从人体之气与风水宝地之生气相互感应的角度阐述了风水理论。"百年幻化，离形归真，精神入门，骨骸反根，吉气感应，鬼神及人。"注："人死形脱，离而化为土。真气归本，精神聚于坟墓中，受生气荫佑骨则吉。人祥之气与穴气相感应，积祯祥以及子孙。"人本身的祥瑞之气在人死后凝结于枯骨，如果所葬之地有生气，就能相互感应。二气感应的结果，便是人的祥瑞之气得以兴盛，就能造福子孙，即所谓"积祯祥以及子孙"。这就更直接地说明了为死者选择生气聚结的穴地的重要意义。同样的道理也适宜于阳宅，人之气与阳宅基地之生气相感应，则于人大吉大利，福禄双授，子嗣发达。

这些玄妙的说法，都是对气生命观的任意发挥，其目的在于阐明风水聚气的意义。

气的原型与水崇拜

风水的宗旨是"聚气"，风水所谓的"气"来自传统的气生命观。那么，"气"究竟为何物呢？抛开其复杂的引申义不论，单就其原型而言，它不是别的什么，就是我们司空见惯的水汽或云气。对此，古人多有说明。

《说文解字》释"气"说："气，云气也，象形。"意即"气"为云或者为形成云的气体。《庄子》中将云与气并提："乘云气。""云气不待族而雨。"说明"云""气"同为一物。

又"气"的篆文作"气",像从下朝上的气体的流动。显然,古人是把地表面、水表面蒸腾的水汽当作了云的初始状态。《说文》释"云"条说:"云,山川气也,从雨,云象回转形。"可见,气与云在古人的观念中为同一物质。

气为云,云又与雨水密切相关。古人早就注意到了行云致雨、雨落地为水、水又蒸发上升凝聚为云的现象。气、云、雨水实为同一物质的不同状态。风水对气的注重,实际上也是对水的注重,风水的"生气"实为水的变形形态。《葬书》中说:"噫而为风,升而为云,降而为雨,行乎地中,而为生气,生气行乎地中,发而生乎万物。"这是由水、水汽能使万物生长而引申出来的生气孕育万物(包括人类)的理论。

风水中的"气",其原型为"水汽""云气",亦即是"水"。风水对"气"的生命力的崇拜,实为对水的生命力的崇拜。

水生命力崇拜,属于原始自然崇拜水崇拜的重要组成部分。其基本内容是:水为天地万物的本源,人及天地万物皆由水生。彝族典籍《六祖史诗》中说:"人祖来自水,我祖水中生。"《管子·水地篇》中说:"水者,何也?万物之本原,诸生之宗室也。"这种水生命观,在我国西南少数民族的创世神话中往往表现为水汽生人、生天地万物的形式。水生命观、气生命观同出一源,同属水崇拜的范畴。

追根求源,可见风水"聚气"的理论根源于水生命力、气生命力崇拜,与原始水崇拜有着十分密切的关系。

风水之法,得水为上

风水崇气,实为崇水。所以风水以水为第一要素。《葬书》中说:"风水之法,得水为上。"上乘的风水,必须有水。

古人把地表面、水表面蒸腾的水汽当作云的初始状态,气与云视为同一物质

风水崇水，又是通过崇气来体现的，所以风水解释注重水的目的在于聚气。首先，风水家们认为水有止气作用。《葬书》中说："《经》曰：气乘风则散，界水则止。……风水之法，得水为上，藏风次之。"风水的目的是聚气，气随着风吹而四散，遇到水就停止了。所以宅地周围有水，就能止气以聚气。其次，风水家们认为水有产生气的作用。《葬书》说："气者，水之母，有气斯有水。"按此，有水也就有气。宋代黄妙应的《博山篇·论砂》中说："水者，气之子；气者，水之母。气生水，水又聚注以养气，则气必旺。"在风水家们看来，水能止气生气，所以选择风水宝地必须得水。

宋代洪迈的《夷坚志·志景卷第一》中还用典型事例说明了风水得水的重要性。蔡人朱忠靖公，在北宋南移后居于湖州城，后来染病而亡。他的后人把他葬在妙喜山下。几年以后，有个风水先生路过妙喜山，感叹道：这里的山势看上去倒还吉利，可是离水太远，秀气不集，以此地为葬地，葬者的子孙虽然蕃昌，但最终难以科名。这番话传到了朱忠靖公的儿子们那里，并没有引起他们的重视，当

古人风水理论中非常重视水的选择

然也就不可能迁玟。后来，朱忠靖公做侍郎的次子亡故，其子朱翌主办丧事，决心放弃祖茔，另寻风水宝地为父亲落葬；原则是"唯以水为上"。很多人劝他不要放弃祖茔而另寻墓地，朱翌坚持己见。寻得一穴，前临清溪，朱翌便葬父于此。20多年后，朱翌的小弟弟和朱翌的儿子朱侨同时中了进士。接着，朱翌次子与三子也先后中了进士，一家兴旺发达。洪迈所举事例，如实有其事，应纯系巧合，但却也反映了古人寻穴看重得水的事实。

风水重水，但并非所有的水都符合风水的要求。风水对水又有种种的选择。首先，要选择水形。风水最看重的水形是水口。所谓水口，是指众水汇集之口，或泉水的源头。在平原，水口为河口；在山区，水口多是山口或泉之源头。山口其地多为众水冲积而成的盆地，土地湿润，水草肥美，适于居住。古人以水口周围为风水宝地，是基于这样的认识：水能聚气，众水所归，水多必气盛。至于泉水水口，则因为是水之源头，古人以

其为气之源。总之，选择水口是为了聚集更加旺盛的生气。

明代缪希雍的《葬经翼·水口篇十》中说："夫水口者，一方众水所总处也。昔人谓：入山寻水口；又云：中士求水口；又云：平地难得者，水口。盖局之大小，山之贵贱，咸于是乎别也……，若在山中，必得交互水口，方为有力；若结都会及帝王陵，必有北辰尊星坐镇水口，高命耸异，望之惊愕者始合，……此总水口也，亦名大水口。若中间只结一地，余皆为用者，其近身当必有小水口……，昔人谓：大水之中寻小水者，指此。盖水口乃地之门户。"这段话强调了水口的重要性，并将水口分为大水口与小水口。水口的大小之分，主要是依据水口周围的山势来划定的。大水口，有高耸而惊愕人心的山峰坐镇水口，小水口则砂势平缓。大水口多为帝王陵地。由此又可见，山区的水口还与周围的山相关，一般要求有山回抱。《青乌经》中说："水口宜山川融结，峙流不绝。"水口两边的山形成把门之势，山与水形成山回水转的格局，而且山重水转，最好看不见水的去向。《青乌经》中说："狮象蹲踞回互于水上或隔水山而缠裹，大转大折不见水去方佳。"宋代黄妙应的《博山篇·论水》也谈到水口应有山峦环抱："水口重重，将相之关。山谷水口，倍加结硒。……左右交牙，气聚其间。"这就说明了要求水口山环水绕的意义在聚气。

古人依据《桃花源记》所绘桃花源图展示出村落入口即坐落在河流水口之处

以泉水源头为水口风水宝地的例子，见于晋代陶渊明的《桃花源记》所记桃花源。桃花源式的水口常在村落入口处，进入水口即进入了该村的界地。这种水口成为全村汲取洁净饮水的所在，其实用价值不言自明，在观念上，又成为"地之门户"，聚气藏气的屏障。桃花源具有这种水口格局，所以成为人间天堂："林尽水源，便得一山。山有小口，仿佛若有光，便舍船，从口入，初极狭，才通人；复行数十步，豁然开朗。土地平旷，屋舍俨然，有良田美池桑竹之属……"

风水水口的理论，与我国城镇村落选址有很密切的联系。我国许多历史悠久的城镇村落大都建在水口之地，在山区尤其如此。我国城镇村落的这种建造格局，正好与风水水口的要求相吻合。这里面，可能有风水水口观念影响方面的因素，但可以肯定，更多的还是出于实用方面的考虑。因为在山区，水口之地往往是由两水或数水冲积而成的小块盆地，四周有连山环绕。这样的盆地，避风挡寒，气候温暖，土地肥沃，水源充足，是适于农业生产、人类居住的好地方。我们的祖先，没有理由不选择这样的地方来作为栖息繁衍之地。显然这种选择，主要不是出于风水的所谓聚气。由此看来，风水水口选址的原则有其合理性，是我国城镇村落选址经验的理论总结，但风水水口理论聚气的目的则纯属妄说。

风水对水形的另一种要求是屈曲环抱。《水龙经·自然水法》中说："自然水法君切记，无非屈曲有情意。来不欲冲去不直，横不欲返叙不息。来则之玄去屈曲，澄清停蓄甚为佳……。急泻急流财不聚，直来直去损人丁。……屈曲流来秀水朝，定然金榜有名标。……水法不拘去与来，但要屈曲去复回。三回五度转顾穴，悠悠眷恋不忍别。"

孟浩然的《水法方位辨》中说："水法之妙，不外乎形势、性情而已。今以水之情势宜忌其详于左：凡水，来之要玄，去要屈曲，横要弯抱，逆要遮拦……合此者吉，反此者凶。明乎此，则水之利害昭昭矣。"

《玉髓经》中说："夫水屈曲来朝斯为吉也。若木形、火形水城、当胸直撞，则冲散堂气，必有败家荡业之凶。"

黄妙应的《博山篇·论水》中说："水近穴，须梭织。到穴前，须环曲。既过穴，又梭织。若此水，水之吉。""看水城，转何处，论得穴，此足据。山坐北，面向南。水自西，趋而东，转而北，北有地。何以故，水之抱，抱在北，气斯聚，宜融结，类而推，穴易得。""湾环曲折，水格之贵。直流直去，下贱无比。"

清代吴鼒的《阳宅摄要》中说："其基既阔，宜以河水辨之。河水之弯曲，乃龙气之聚会也。若隐隐与河水之明堂、朝水秀峰相对者，大吉之宅也。"

上述表明，屈曲、环抱回复的水流之所以被视为上品，是因古人认为这样的水形能留住宝地中的盈盈生气。这种观念虽属幻想，但也不是没有一定的根据。水曲环绕，云蒸霞蔚，确显一片生机盎然；反之，水直来直去，一泻无余，云气散尽，确使人感觉生气荡然。

由于水的形态千差万别，千姿百态，屈曲环绕的水形也就有多种形态。对此，风水家们作过种种具体的探讨，制定出了种种具体的规定，其中多有重复繁琐矛盾之处，这里不详述。

风水家们不仅把水形与聚气联系在一起，而且还把水质与聚气联系起来。他们认为："水味以甘甜为上，辛咸次之，酸苦最下。"黄妙应的《博山篇·论水》中说："寻龙认气，认气尝永：其色碧，其味甘，其气香，主上贵。其色白，其味清，其气愠，主中贵。其色淡，其味辛，其气烈，主下贵。若酸涩，若发馊，不足论。"水的味道反映出气的优劣，为什么呢？这是因为："水本无味，因土而变味。气以变土，土以变味。地有气而后水有味，故盐地皆龙气所钟。其余州郡之大者，城内必多咸水。乡村有咸水者必多富贵，此亦可以地气矣。"原来水甜、水咸、水酸、水苦，皆由地气所决定，因此反过来，由水味可以辨气之高下、优劣。选择水质好的水流，也就可以找到生气聚结的地方。水质与所谓生气的关系，虽属迷信观念，但其中也掺杂了一定的科学道理，水质好的流水，居民饮之健康长寿，自然会人丁兴旺。

风水家们还注意到各种地下水与聚结生气的关系。认为好的地下水有结龙气、生气之功能："阴穴近之，乃龙气之旺，大富贵地方有此应"；而不好的地下水则有冲犯损耗、削弱龙气的弊端，不宜择穴。如下列地下水的周围就不宜结穴：冰浆水又称泥水泉，"阴穴近此最凶"，大概泥水泉混浊无生气可言；汤泉又称温泉，"凡是汤泉莫寻地"，可能是温泉水散发快不能凝气；矿泉又称红泉，"龙脉气钟于矿，他时矿利发泄，必致掘凿伤毁"，矿泉水呈红色，气味又难闻，也许被认为会损伤生气，但矿泉确于人的身体不利；涌泉，"泉自地中涌出起泡喷沸，或石岩涌出，乍起乍没如潮水起白泡者，不可求穴"；

古人认为屈曲环抱的水形是上品之地

溅泉，"出窍如射，冷冽殊常，乃阴极肃杀之气，不可求穴"，涌泉与溅泉或许都因为喷溅激烈，不能凝气，所以不能为穴；没泉，漏气之泉，当然不能作为穴地，"水从下漏者也。下有虚窍潜通他所，水溜其下，如没池中，不见其去。此乃虚陷之地，气不融结，不必求穴"；黄泉，因为容易干涸，耗损龙气，故不能结穴，"水落黄泉，春雨乍起则其水骤涨而起。雨才止，而水即浸入地中，四时干竭，乃浮沙之地，龙气虚耗，不结阴地"；漏泉，气随水漏，固然也不是好墓地，"点滴渗漏，乃龙气之弱者，不可求穴"；冷泉，多阴冷之气，也不能结穴，"清流冷冽，乃受极阴之气，决不能融结造化也"。风水家察看地表水形，品尝水质，判别地下泉水，其目的都是为了寻找聚结生气的风水宝地。

寻龙问砂为聚气

风水中所说的龙，有时指水，有时指山，但多数是指山，这是因为蜿蜒起伏的山脉，符合龙的形象："龙"与"穴""砂""水"一起组成风水的基本要素。

看风水，要根据龙、穴、砂、水的情况来推测生气聚结之地。"专注龙、穴、砂、水之相配。"所谓"入山寻龙"，就是顺着山脉的走向找到山脉的止息处，这种地方也是山脉的生气止息凝聚的界水处。实际上，是指顺着山脉走向，在山与水相交处找到佳地。山脉的作用似乎是将内在的生气灌注于止息处，实际是挡风护气，因为"气乘风则散"。山的止息处也应是山与水的交合处，山水交合，水生气，山才有挡风止气的必要。所谓"藏风得水"，就是说挡风是为了得水之气。

能否聚住水土生气，光有山脉挡住大风还不够，还要考察穴地（阳宅基地或墓地）周围"砂"的情况。风水又有问砂一说。砂是指穴地周围的小山。问砂，就是要看穴地周围的小山丘是否呈重叠环抱之势，呈环抱之势，就能挡住从山脉起伏之间透进来的风，使聚结在穴地中的生气不被风吹散。细加玩味，就可以体察到，风水中的龙，是指大的山脉，砂是指穴地周围的小山丘。大山脉与小山丘层层环绕穴地，就能使风力不断减弱，以保生气不被吹散。龙与砂的作用均在于藏风聚气。我国西南山区的一些县城，几乎都处于这样一种格局：城址地处山中小块盆地，近处有砂质小山丘环绕，远处有石灰岩质大山环绕。盆地中有水流蜿蜒而过。城内空气滋润，阳光充足，很少有大风吹刮，是居家的好去处。这些城镇的选址无疑暗合藏风聚气的要旨。

问题是，龙、砂的作用都在藏风聚气，为什么又要两者同时具备而不只取其一呢？这是因为龙脉虽然能挡住大风，但是如果紧逼人家住宅，形成高山压头之势，自然阳光不照，阴气逼人，宅居与周围环境幽暗阴冷。这样的地方在风水中叫"阴极"。住在阴极里的人，好比住在"天牢"里的人一样，家业萧条，疾病缠身。所以，龙脉离穴地要稍远，不能直接环绕穴地，直接环绕穴地的应是被称作砂的小山丘，小山丘既能阻挡穿过山凹之残风，又不遮住阳光。龙、砂层层关锁，就能形成既挡风又不遮阳的风水宝地。龙、砂各有妙用，有砂无龙，不能挡住大风；有龙无砂，或紧逼人家形成阴冷之气，或远离人家形成空谷来风，都于居家不利。龙、砂配套的观念，虽出于风水迷信，但其中包含着合理的成分。按其选择村落、城镇之址，必然会找到阳光充足、温暖、润泽的好地方。事实上，凡符合龙、砂组合原理的盆地，往往不是城镇，就是村落。

为了把握天下山脉绵亘起伏之势，我国古代风水家们还对中国山脉作过系统考察，从而形成了完整的风水龙脉大系。风水家们认为：昆仑山是龙脉之源，从龙脉源头分成左、中、右三大支脉，即左、中、右三大行龙。左支环阴山贺兰，入山西起太行，渡海而止，称作北龙。中支循西蕃入趋岷山，沉岷江左右，出右江者叙州而止；江左者北去，趋关中，系于大敬阙，左渭右汉，为终南太华，下泰华起嵩山，右转荆山，抱淮水，左落平原，起泰山入海，称为中龙。右支出吐番以西，下丽江，趋云南，绕沾益、贵州、关索，而东去沅陵，分其一支由武关出湘江，西至武陵；又分其一支由桂林海阳过九嶷、衡山，出湘江，东趋匡庐止；又分其一支过庾岭，渡草坪，去黄山、天目、三吴止。过庾岭的

环境优良的小城往往处于小山环绕、大山环抱、小河蜿蜒流过的位置

一支又分仙霞关，至闽止；分衢为大拌山，右下括苍，左为天台、四明，渡海而止，称为南龙。

风水龙脉大致把握了我国山脉的走向。但它只能为具体的风水勘察提供一个宏观的背景。真正要寻求具龙脉正息聚气界水之穴，还有很多名堂。有些山的山势、山形，于聚气不利，不是佳地。《葬书》列举了五种山不能下葬，都因一个"气"字。"山之不可葬者五，气以生和，而童山不可葬也；气因形来，而断山不可葬也；气因土行，而石山不可葬也；气以势止，而过山不可葬也；气以龙会，而独山不可葬也。"这段话译成白话，大意是：光秃秃的山不可作葬地，因为没有草木，就不可能产生润泽之气；中断的山不可葬，因为山脉中断气就不能贯通；没有土，只有石头的山不可以作葬地，因为气靠土来运行；没有起伏止息之势的山不可作葬地，因为山之止息地才能聚气；孤零零的山不可作葬地，因为没有来龙去脉的山是没有生气随脉而来的。五不葬说明，入山寻龙是为聚气。那么，哪些形态的山可以聚气，可以作为上好的穴地呢？《葬书》有一个总的说明："上地之山，若伏若连，其原自天。若水之波，若马之驰，其来若奔，其止若尸，若怀万宝而燕息，若具万膳而洁斋，若橐之鼓，若器之贮，若龙若鸾，或腾或盘，禽伏兽蹲，若万乘之尊也。"

风水中的"龙"大多指山脉，而"砂"则指丘岭

说明上好穴地，用了许多比喻：上好的地势，它的山起伏连绵，原本从天而降，如水波荡漾，来势如万马奔驰，停止就如遗体一样止息；又像怀揣成千上万的宝贝而安息，还像准备了无数食物而沐浴斋戒；又如装满了东西的器皿，或似龙腾飞，又似凤凰盘坐，如飞禽走兽蹲伏，像天子那样的万乘富贵。

一连串的比喻，无非要说明风水中的山要连绵起伏，来有气势，止有定静的意味。总之是要呈环绕曲屈之形以抱水聚积生气。

《管民地理指蒙》还将山脉之势，概括为"九龙"，即九种山脉之势。《博山篇·论龙》

则将山脉走势概括为十一种类别，以十一种龙相称："汝见龙形，当知穴形。……有飞龙的龙，蟠龙的龙，舞凤的龙，踞虎的龙，奔马的龙，游蛇的龙，平冈的龙，嵯峨的龙，光射的龙，乱杂的龙，孤秀的龙，凡十一样，相穴状可知。"这些分类，都意在为踏勘风水者认"龙"提供参考。

不难看出，无论哪种"龙"，都要与水相合，无水，并不能聚气，因为"气乘风散，界水则止"。《管民地理指蒙·三奇第五》还进一步将龙的形势概括为赴、卧、蟠三奇，而三奇仍与水相关。"龙之变化无穷，不外赴、卧、蟠三式，而三式之结，一趋于长江，一枕于碧溪，一归于河涧。其远近正侧虽不详，所以契于水者一也。"龙虽有三种奇态，但却都要"契于水"，或契于长江，或契于碧溪，或契于河沟，总是要归于水。因为龙只有止息于水，才能藏风聚气。因此，风水宝地对龙的种种要求，都可归结为藏风得水聚气的主旨。

此外，因为龙与砂都指山，对砂的考察总的说来与对龙的考察大同小异，此处不赘述。

在风水中，与聚积生气有关的，还有很多因素与术法。不过，寻龙、问砂、察水却是最主要的方面。由此，我们可以看出，历代风水家们费尽心机、踏破铁鞋孜孜以求的不过是一个"气"字，他们的一切理论、术数，莫不根植于气生人、生万物的原始生命观。可以说，远古时代产生的气生命信仰，是一代又一代风水赖以生存发展的生命线。尽管风水先生们在寻求风水宝地时也创造和积累了一些属于建筑学范畴的科学理论与经验，但他们的整个理论根基是建立在原始愚昧的水崇拜信仰基础之上的。因此，从总体上来讲，风水的理论难免虚妄与荒唐！

无论「龙」还是「砂」，都要与水相合，才能聚「气」

参考文献

[1] 诗经 . 十三经注疏本 [M]. 北京：中华书局，1980.

[2] 袁珂，校注 . 山海经校注 [M]. 上海：上海古籍出版社，1988.

[3] 马昌仪 . 古本山海经图说 [M]. 桂林：广西师范大学出版社，2007.

[4] 刘安，等 . 许匡一，译著 . 淮南子全译 [M]. 贵阳：贵州人民出版社，1993.

[5] 司马迁 . 史记 [M]. 北京：中华书局，1985.

[6] 班固 . 汉书 [M]. 北京：中华书局，1983.

[7] 范晔 . 后汉书 [M]. 北京：中华书局，1982.

[8] 董仲舒 . 苏舆，义证 . 春秋繁露义证 [M]. 北京：中华书局，1992.

[9] 欧阳询 . 艺文类聚 [M]. 上海：上海古籍出版社，1982.

[10] 干宝 . 搜神记 [M]. 北京：中华书局，1979.

[11] 李昉，等 . 太平广记 [M]. 北京：中华书局，1961.

[12] 宗懔 . 荆楚岁时记 [M]. 武汉：湖北人民出版社，1985.

[13] 古今图书集成 [M]. 北京：中华书局 .1934.

[14] 向柏松 . 中国水崇拜 [M]. 上海：上海三联书店，1999.

[15] 金增煆 . 西方哲学史 [M]. 上海：上海人民出版社，1983.

[16] 黄心川 . 印度哲学史 [M]. 北京：商务印书馆，1989.

[17] 李子贤 . 云南少数民族神话选 [M]. 昆明：云南人民出版社，1990.

[18] 刘尧汉 . 中国文明源头初探 [M]. 昆明：云南人民出版社，1985.

[19] 陶阳，钟秀 . 中国创世神话 [M]. 上海：上海人民出版社，1989.

[20] 林新乃 . 中华风俗大观 [M]. 上海：上海文艺出版社，1991.

[21] 张紫晨 . 中国巫术 [M]. 上海：上海三联书店，1990.

[22] 何新亮 . 自然神与自然崇拜 [M]. 上海：上海三联书店，1992.

[23] 陈梦家 . 殷墟卜辞综述 [M]. 北京：中华书局，1988.

[24] 刘志雄，杨静荣. 龙与中国文化 [M]. 北京：人民出版社，1992.

[25] 中国各民族宗教与神话大辞典编委会. 中国各民族宗教与神话大辞典 [M]. 北京：学苑出版社，1993.

[26] 王孝廉. 水与水神 [M]. 台北：三民书局股份有限公司，1992.

[27] 丁世良，赵放. 中国地方志民俗资料汇编 [M]. 北京：书目文献出版社，1989.

[28] 叶大兵，乌丙安. 中国风俗词典 [M]. 上海：上海辞书出版社，1990.

[29] 惠西成，石子编. 中国风俗大观 [M]. 广州：广东旅游出版社，1988.

[30] 庞进. 八千年中国龙文化 [M]. 北京：人民日报出版社，1993.

[31] 谢守灏. 道藏 [M]. 文物出版社，上海书店，天津古籍出版社，联合出版，1988.

[32] 本书编委会. 南阳汉代画像石 [M]. 北京：文物出版社，1985.

[33] 丁山. 中国古代宗教与神话考 [M]. 上海：上海文艺出版社，1988.

[34] 宋兆麟. 巫与巫术 [M]. 成都：四川民族出版社，1989.

[35] 葛兆光. 道教与中国文化 [M]. 上海：上海人民出版社，1987.

[36] 葛兆光. 中国思想史 [M]. 上海：复旦大学出版社，1998.

[37] 汤用彤. 汉魏两晋南北朝佛教史 [M]. 北京：中华书局，1983.

[38] 宗力，刘群. 中国民间诸神 [M]. 石家庄：河北人民出版社，1987.

[39] 朱天顺. 中国古代宗教初探 [M]. 上海：上海人民出版社，1982.

[40] 朱芳圃. 中国古代神话与史实 [M]. 郑州：中州书画社，1982.

后记

水崇拜作为一种植根于农业社会生活土壤中的自然宗教，在中国这个以农业为本的国度里，延续了数千年，影响深广，涉及政治、经济、哲学、宗教、文艺、医学、民俗等众多领域。

尽管20世纪末至21世纪初，中国社会已经发生了飞跃性的变化，农业文明已经离我们渐行渐远，但是，作为农业文明产物的水崇拜却并未销声匿迹，其影响或深或浅地依然存在。特别是由水崇拜形成的一些仪式，已经成为或将成为中国非物质文化遗产保护的重要组成部分。如节日中的龙抬头节、端午节、洗澡节、沐浴节、泼水节、春节；诞生习俗中的洗三、送水礼；婚俗中的泼水礼、喷床、喝子茶；葬俗中的洗尸、洗骨葬礼；社会习俗中的龙王庙会、各种祈雨仪式等，可以说是数不胜数。此外，水崇拜在意识形态中根深蒂固的影响，恐怕在相当长一段时间内都不会消失。因此，向读者介绍中华水崇拜方方面面的情况，就不仅仅是为了向诸君打开一扇传统文化之门，而且还为了揭示我们现实生活中诸多活的文化现象的构成奥秘，揭示一部分非物质文化遗产的发展规律。

本书文字部分在1999年由上海三联书店出版，书名为《中国水崇拜》。为上海三联书店推出的"中华本土文化系列丛书"之一种，责任编辑是任关华先生。任先生对本书的校勘付出了颇多心血，当时，匆匆忙忙出书，竟未写个后记表示感谢，事后深感遗憾。现在借本书配图出版之际，特向任关华先生表示迟来的感谢！同时也向上海三联书店表示谢意，当年在出书十分艰难的情况下，上海三联书店很爽快地出了这本小书，不仅未收任何费用，书出后，还付给作者稿费，实在是令人感动。

现在，笔者受"图说中华水文化丛书"主编靳怀堾先生的邀请，将旧作修改整理后配上插图重新出版，以便起到普及传播水文化的作用，而那些旧日的文字，配上大量而丰富的插图，好像又获得了新的生命，也是一件快意之事。在这里要特别感谢靳怀堾主编的知遇之恩，同时，还要感谢中国水利水电出版社和本书责任编辑李亮先生，为本书配图出版所给予的支持和帮助！

十几年前，这本小书文字部分出版的时候，我还只有40出头，现在增添了许多岁数，但是仍无老之将至之感，因为人尚在行进途中！

编者

2015年1月

图书在版编目（CIP）数据

图说中华水崇拜 / 向柏松著. -- 北京：中国水利水电出版社，2015.5
（图说中华水文化丛书）
ISBN 978-7-5170-3296-0

Ⅰ. ①图… Ⅱ. ①向… Ⅲ. ①水—崇拜—中国—通俗读物 Ⅳ. ①B933-49

中国版本图书馆CIP数据核字(2015)第126755号

丛 书 名	图说中华水文化丛书
书 名	图说中华水崇拜
作 者	向柏松 著
出版发行	中国水利水电出版社 (北京市海淀区玉渊潭南路1号D座 100038) 网址:www.waterpub.com.cn E-mail:sales@waterpub.com.cn 电话:(010)68367658(发行部)
经 售	北京科水图书销售中心(零售) 电话:(010)88383994、63202643、68545874 全国各地新华书店和相关出版物销售网点
书籍设计	李菲
印 刷	北京印匠彩色印刷有限公司
规 格	215mm×225mm 20开本 14印张 266千字
版 次	2015年5月第1版 2015年5月第1次印刷
印 数	0001—4000册
定 价	60.00元

凡购买我社图书，如有缺页、倒页、脱页的，本社发行部负责调换
版权所有·侵权必究